Friedrich Mickley

Tatort: Volkstheater Rostock

Grenzbericht aus den Anfangsjahren der DDR

FRIELING

Die Deutsche Bibliothek – CIP-Einheitsaufnahme
Mickley, Friedrich:
Tatort: Volkstheater Rostock: Grenzbericht aus den
Anfangsjahren der DDR / Friedrich Mickley. –
Orig.-Ausg., 1. Aufl. – Berlin: Frieling, 1996
(Frieling-Belletristik)
ISBN 3-8280-0083-5

© Frieling & Partner GmbH Berlin
Hünefeldzeile 18, D-12247 Berlin-Steglitz
Telefon: 0 30 / 7 74 20 11

ISBN 3-8280-0083-5
1. Auflage 1996
Titelgestaltung: Graphiti/Corel
Sämtliche Rechte vorbehalten
Printed in Germany

1. Kapitel

Leise schloß Rolf Konrad die Tür seiner Wohnung in der Dethardingstraße in Rostock hinter sich ab. Die Abendprobe auf der Studiobühne am Volkstheater hatte länger gedauert, als geplant war. Er wollte seinen Sohn Ulrich nicht wecken, hing vorsichtig seinen Blouson an die Garderobe und öffnete die Tür zum Wohnzimmer. Seine Frau Charlotte saß unter der Stehlampe und las. Sie blickte kurz auf: „Schon wieder so spät; konntest kein Ende finden?"

„Ach, Herzchen, du weißt doch -" „Ja, ja, ich weiß", lächelte sie ihn spöttisch an, „da stimmt das nicht, und das andere war unklar, und der eine meinte es so und ein anderer ganz entschieden anders."

„Woher weißt du?" Er ließ sich müde in einen Sessel neben ihr nieder.

„Na, von wem wohl", lachte sie ihn offen an, „das war heute sicher so wie gestern oder vorgestern – oder im vergangen Jahr."

„Kluges Mädchen, du hast ein glänzendes Gedächtnis."

Er tätschelte ihre Hand. „Kann ich trotzdem etwas zu trinken haben, ich bin richtig ausgedörrt."

„Aber gern, mein Lieber." Sie stand auf und ging in die Küche. „Ich habe aber nur Selters, der Obstsaft ist alle."

„Bring nur, was du hast!" Er streckte sich im Sessel lang aus, legte den Kopf auf die Sessellehne und hörte sie in der Küche die Speisekammer öffnen und aus der Eiskiste die Selters holen.

„Hoffentlich kommt der Eismann bald, ich habe statt Eis nur noch kaltes Wasser in der Kiste. Bitte schön!" Sie setzte das Glas Selters auf den Rauchtisch.

„Wie oft kommt der eigentlich?" wollte er wissen.

Charlotte nahm ihr Buch wieder auf: „Ist verschieden, ich denke, in dieser Woche müßte er kommen."

Rolf nahm einen langen Schluck und setzte das Glas ab. „Wie findest du übrigens 'Der stille Don'?"

„Oh, recht gut, ich bin stärker beeindruckt als vom 'Doktor Schiwago'."

„Siehst du, also auch. Doktor Kalder machte übrigens neulich in der Dramaturgie vorsichtige Andeutungen, daß Scholochow da irgendwo abgekupfert haben soll."

„Im Ernst? Und von wem?"

„Wußte er nicht. Aber was soll's, der Roman ist verdammt gut."

Seine Frau klappte das Buch zusammen und legte es auf den Tisch. „Wie ging die Probe?"

Rolf winkte müde ab: „Ach, nach wie vor ist es schwierig, die Kollegen auf Sternheims Sprache einzustellen, seine Diktion zu treffen. Das deutsche Theater krankt unentwegt am Naturalismus."

„Ist das nicht zu allgemein?"

„Na ja, gut, ich überspitze mal wieder, aber erinnere dich an den gewalttätigen 'Tell', der liegt noch immer unter seinen Steinquadern aus Pappmaché."

„Ach, komm, jetzt übertreibst du wieder. Was fehlt denn bei Sternheim, kannst du es nicht genauer sagen?"

Sie machte eine entschuldigende Geste: „Mein Gott, ich habe ganz vergessen, daß du schon einen langen Tag hinter dir hast, laß es bis morgen."

„Nein, nein, die paar kritischen Gedanken kriege ich noch zusammen: Sternheims geradezu selektierte Sprache läßt ein breites Ausspielen nicht zu, es ist überspitzte preußische Diktion, und darauf müssen die Handlungen und Aktionen der Darsteller abgestimmt werden. Hier darf man nicht an Hauptmann denken und auch nicht an Stanislawski. Das über Hauptmann kann man ja noch sagen, beim Säulenheiligen Stanislawski muß man natürlich vorsichtig formulieren. Aber das können wir ja schon."

„Kriegst du es noch hin bis zur Premiere in 14 Tagen?"

„Ach, meine Liebe, es geht doch immer nur um Annäherungswerte unserer Möglichkeiten; wenn wir 60 % erreichen, bin ich schon zufrieden, bei 70 % freue ich mich und bei 80 % werde ich stolz sein, von da bis 100 % sind Grenzbereiche. Ich bin schon glücklich, daß ich weiß, wie es eigentlich sein sollte, alles andere ist ein weites Feld. Warten wir also ab."

„Etwas anderes, Rolf, können wir morgen nachmittag rausfahren? Das Wetter ist so schön."

„Nach Warnemünde, ich denke doch, ich habe vormittags Probe bis 13 Uhr, den Zug kurz vor 14 Uhr könnten wir schaffen und um 18 Uhr wieder zurück sein. Vier Stunden am Strand Sonne und Luft getankt." „Wasser nicht zu vergessen!" „Das werden wir wohl draußen lassen müssen, meine Liebe."

Charlotte gab ihm einen kleinen Klaps: „Du bist ein unwiderstehlicher Scherzbold" und stand auf. „Ich gehe schlafen und mache mich im Bad fertig."

„Gut, ich komme nach. Übrigens, gab es in den Nachrichten etwas Besonderes?"

Sie drehte sich noch einmal in der Tür um: „Eigentlich nicht, die Flüchtlingszahlen in Berlin haben sich bei 200 eingependelt."

„Mein Gott, wie soll das nur weitergehen, das Land blutet doch aus!"

„Du hast recht, aber laß uns morgen darüber reden."

Sie verschwand im Bad, er trank seine Selters aus und ging in sein Zimmer.

2. Kapitel

„Ulrich, kommst du mal!" Charlotte Konrad rief aus der Küche ihren sechsjährigen Sohn, der in seinem Zimmer mit dem kleinen Drahthaardackel rumtollte.

„Hörst du denn nicht!"

Der Junge blickte kurz an der Tür: „Was ist denn, Mutti, aua, Biene", er stieß ärgerlich den kleinen Dackel zur Seite und guckte in die Küche.

„Ach, Uli, hilf mir ein bißchen, wir wollen zum Strand rausfahren, Vati muß gleich hier sein, deck drüben den Tisch, das kannst du doch schon."

„Wenn du meinst", maulte Uli, „aber Biene beißt mich immer in die Beine."

„Komm, er beißt doch nicht. Sperr ihn in dein Zimmer und trage das Geschirr rüber, aber vorsichtig."

„Was gibt's denn, Mutti?"

„Siehst du doch, Kartoffelsalat und Würstchen."

Die Wohnungsklingel ertönte einmal kurz und dann lang.

„Da ist Vati. Nun mach schon." Sie drehte den Elektroherd auf, damit die Würstchen schnell warm würden, und wandte sich zum Flur, in dem Rolf erschien.

„So, da bin ich, genau Viertel nach eins. Das Wetter ist herrlich und um 14 Uhr können wir draußen sein. Ich mache mich gleich für den Strand fertig." Er verschwand im Herrenzimmer. Uli drängte sich hinterdrein: „Du, Vati, wir schwimmen heute, ja?!"

„Natürlich schwimmen wir, hilf nur Mutti, daß wir den Zug nicht verpassen."

„Hab' schon geholfen, nicht Mutti?!"

„Sagen wir mal, du hattest damit angefangen." Sie trug die Schüssel mit dem Salat und den Getränken auf.

„Die Würstchen sind gleich soweit."

Rolf hatte Badehose, Shorts, Freizeithemd und Sandalen angezogen und kam ins Zimmer. „So, ihr seid auch schon fertig, dann können wir: Mahlzeit!"

„Laßt es euch schmecken – ach, den Senf habe ich vergessen, entschuldigt …"

„Ich hol' ihn schon, Kleines." Er drückte seine Frau auf den Stuhl zurück und holte den Senf aus der Küche.

„Heute wird's ein 'Theatertreffen', nehme ich an."

„Du meinst", Charlotte blickte ihn fragend an.

„In Warnemünde, Schatz!"

„Ach so."

„Es wollen noch mehr rausfahren."

„Bist du verabredet?"

„Gott behüte, der Vormittag mit den Kollegen reicht mir voll und ganz." Er sah, wie sich Uli mit dem Würstchen abmühte: „Uli, wenn es mit dem Messer noch nicht geht, dann nimm sie doch in die Hand."

„Versuchen sollte er es schon, Rolf."

„Hat er doch."

„Und will es auch, gell, Uli, du bist doch schon ein großer Junge."

„Recht, recht, meine große Pädagogin, wenn wir mehr Zeit haben." Er blickte auf die Armbanduhr: „Wir haben zu knapp kalkuliert."

„Der Senf war nicht eingeplant", bemerkte sie spöttisch.

„Du sprichst in Rätseln."

„Er war nicht auf dem Tisch und mußte erst geholt werden."

Sie lachten.

Uli guckte sie verständnislos an: „Was habt ihr denn?"

„Ach, nichts, mein Junge, Mutti hat mal wieder einen Irrenwitz gemacht."

„Was ist das, Vati, versteh' ich nicht."

„Ich erkläre es dir nachher im Zug." Er trank zügig seinen Obstsaft aus.

„Willst du noch, Rolf?" „Nein, danke, und wie ist es mit dir, Uli, willst du auch noch etwas trinken?"

„Nein!"

„Nein danke, Vati!"

Uli nahm den leichten Hinweis der Mutter auf: „Nein danke, Vati."

„Können wir?" Sie standen auf. „Ich nehme meine Ente mit, Vati." Er lief in sein Zimmer und stolperte über den Dackel. „Guck doch hin, Biene! Immer ist er im Weg!"

„Aber Herzchen, es ist doch ein Hund, sei nicht so streng, sieh lieber nach, ob er noch Freßchen hat und sein Wassernapf sauber ist, er muß ja hierbleiben."

„Ja, ja", Uli klemmte seine Gummi-Ente unter den Arm und wartete an der Tür.

„Kannst du es von da aus sehen, Uli?"

„Natürlich kann er es nicht, Kleine, aber es ist schon in Ordnung. Hast du Sachen zum Wechseln und auch Tücher?" Er sah noch mal zur Uhr: „Das wär's. Zur Haltestelle ist es Gott sei Dank nicht weit, geht voran, ich halte Bienchen zurück."

Charlotte und Uli gingen schnell zur Tür hinaus, und das Herrchen schlüpfte hinterdrein. Bienchen blaffte zwei-, dreimal mit seinem hellen Stimmchen und winselte resigniert.

Sie gingen zügig links in Richtung Stadt, dann einen Weg an Gärten vorbei zur Bahnstrecke Rostock–Warnemünde, die ungefähr 100 Meter parallel zur Dethardingstraße führt, mit der Haltestelle „Parkstraße". Auf dem Bahnsteig standen 20 bis 30 Fahrgäste, die offensichtlich auch baden wollen. Konrad entdeckte einige Kollegen der Oper, die können heute länger draußen bleiben, da im „Großen Haus" das Schauspiel „Florian Geyer" gegeben wird. Er ist darin beschäftigt, spielt den „Geyer" und müßte sich eigentlich ausruhen, aber das Wetter war so schön, daß er darauf verzichtet. Er legte seine Hand auf Charlottes Schulter: „Da steht übrigens unser Heldentenor, dahinten in der mittleren Gruppe."

„Wer ist es, der Große?"

„Nein, nein, der Mittelgroße. Du kennst doch den kleinen Spaß mit ihm, oder wart ihr noch in Halberstadt?"

„Weiß ich nicht. Was für ein Spaß war es denn?"

„Ach, keine große Sache, mehr eine amüsante Begebenheit. Ich war zwei, drei Tage hier, da suchte er mich in einer Probe auf, stellte sich vor und fragte: 'Sie sind doch der neue 1. Held?' Ich nickte verwundert. 'Ich bin der Heldentenor, wir Helden müssen zusammenhalten – sehen Sie das auch so?' 'Aber gewiß doch', konnte ich nur stammeln und er ging tief befriedigt davon."

Charlotte lachte amüsiert: „Und hast nicht den Wunsch verspürt, ihm zu erklären, daß du eigentlich kein 1. Held bist."

„Wie werd' ich denn! Wie kann ich das, wenn ich hier den 'Tell' gespielt habe und groß und blond und blauäugig bin!"

„Und lieber den Landvogt gespielt hättest."

„Allerdings, aber ohne die diabolische Maske unseres verehrten Oberspielleiters – und da kommt schon unser Zügli!"

„Uli, komm, faß mich an." Die Mutter nahm den Jungen an die Hand und stieg gleich in den ersten Wagen ein. Der Zug war nur mäßig besetzt. Im Nebenabteil saß das Kollegenpaar Heinz Rosenberg und seine Frau Sonja Gericke, die in seiner Inszenierung „Die Hose" den „Maske" und die „Luise" spielen.

„Man kommt sich nicht aus den Augen, Heinz!", rief Konrad hinüber.

„Die Welt ist ein Dorf!" bestätigte Frau Gericke, „aber bei dem Wetter wundert's nicht. Übrigens sitzt im nächsten Wagen der Intendant mit seiner Frau."

„Die Oper ist auch vertreten", ergänzte Konrad, „und der Strand ist weit und groß. Wir gehen in Richtung 'Afrika'."

„Schaffen Sie denn das zeitlich?", fragte Sonja Gericke.

„Ich meinte den FKK-Strand und nicht den Erdteil", lachte Konrad, „meine Frau geht sonst vormittags dahin."

„Ohne männlichen Schutz?"

„Unser Sohn ist dabei, nicht Uli?"

Der Zugschaffner kam ins Abteil und sie lösten die Fahrkarten. Ein kurzer Halt in Lichtenhagen, rechts kamen die Werft-Anlagen und im Vordergrund der kleine Bahnhof von Warnemünde.

„Auf, Leute! Uli, hier hast du deine Ente, wir müssen raus!" Sie nahmen die Badesachen und sprangen auf den Bahnsteig. Die Mehrheit der Fahrgäste zog es zum offiziellen Badestrand. Auch der Intendant Dr. Rath schlug mit seiner Frau die Richtung ein, Konrads gingen in die östliche Richtung zur „Hohen Düne", erst über die Brücke und dann über eine Straße querbeet in die Dünen hinein. Rosenberg mit seiner Frau folgte ein Stück des Weges.

„Wir sehen uns heute abend, Heinz", rief Konrad ihnen zu, bevor sie hinter einer Düne verschwanden. Zwischen Sanddorn, Strandhafer und Dünengras trafen sie vereinzelt andere Badegäste, legten beim Gehen schon die Kleidung ab, warfen sie in eine Mulde und stürzten mit Geschrei ins Wasser, spritzten sich gegenseitig und versuchten sich zu tauchen.

„Mein Gott, ist das schön!" Rolf ließ sich immer wieder in voller Länge ins Wasser platschen, dann legte er sich auf den Rücken, spielte „Raddampfer" und zur Abwechslung die „Otter-Rolle", indem er sich beim Schwimmen mal links, mal rechts um die eigene Achse drehte. Charlotte und Uli waren in der Nähe des Ufers geblieben und riefen ihn zurück.

„Vati, du hast versprochen, mit mir zu schwimmen!"

„Ja, ja, ich komme schon, Mutti hilft auch."

Er ging ins flachere Wasser: „Kommst du, Kleine, wir fassen uns an den Händen und Uli legt sich drauf."

„Ach, das bringt doch nichts, Rolf."

„Weißt du etwas Besseres?"

„Im Augenblick nicht; ich kann mich doch auch nur so gerade über Wasser halten."

„Als junges Mädchen zu faul gewesen, meine Kleine, und lieber in Erfurt bei 'Kossenhaschen' zum 5-Uhr-Tee gegangen – oder?"

„So ist es, mein Lieber, aber ich habe eine Idee: Wie wär's, wenn wir das nächste Mal einen breiten Gurt aus festem Stoff mitnehmen, auf den sich Uli dann drauflegen kann."

„Hätten wir schon früher drauf kommen können, mach doch so etwas."

„Heute müssen wir noch so üben, komm, Uli, wir versuchen es mal so."

„Ich bin verdammt daran interessiert, daß er endlich schwimmen kann. Wann fangen sie eigentlich in der Schule damit an?"

„Leider erst später."

Sie machten mit Uli einige Übungen. „Ach Vati!" Uli richtete sich auf, er hatte etwas Wasser geschluckt.

„Tut mir leid, Kleiner, machen wir erst mal Schluß."

Er spritzte Charlotte einen Schwall Wasser ins Gesicht und lief schnell an den Strand.

„Feigling, komm du mir nach Hause – aber ich lege mich auch in den Sand. Komm, Uli, komm, ich trockne dich ab, dein Vater ist ja zu faul dazu!"

Sie gingen an den Rand der Düne und trockneten sich ab.

„Gib mir mal die Nivea-Creme, Rolf, ich will Uli einreiben, damit er keinen Sonnenbrand bekommt."

„Ein bißchen Bräune hat er schon – ich aber auch!"

„Ja, wie ein Kalkeimer. Du kannst mir jetzt den Rücken eincremen."
„Tue ich, mein Herzchen, wenn du es auch bei mir tust."
„Erpresser!"
„Gleichberechtigung, meine Liebe."
„Willst du eine Grundsatzdiskussion führen?"
„O Himmel, nein!" Er warf sich auf den Rücken und streckte alle viere von sich: „Wer gab mir die Idee ein, dieses Weib zu heiraten!"
„Wer hat wen?"
„Schlagfertig bist du, Kleine, das muß man dir lassen."
„Charmanter Schmeichler."
„Nein, Wahrheitsfanatiker!"
„Hast du es nicht ein bißchen kleiner?"
„Gut, ehrliche Haut."
Charlotte hatte sich ebenfalls auf den Rücken gelegt: „Das ist mir zu altbacken, zu simpel, das bist du nicht."
„Was bin ich sunnsten, Dame meines Herzens?"
„Von allem ein bißchen – nein, schränken wir ein: Von vielem ein bißchen."
„Ist mir ein bißchen zu wenig, Kleines."
„Es ist interpretationsfähig."
„Dann laß mir Gnade widerfahren."
„Habe ich schon."
„Ich höre!"
„Ich habe dich geheiratet."
Er blickte auf und strich ihr zärtlich über die Schulter: „Oh, vielen Dank."
Ihr Söhnchen hatte verständnislos das Gespräch verfolgt und schüttelte den Kopf: „Was ihr immer so redet", stand auf, grapschte seine Ente und lief zum Wasser. Sein Vater blickte ihm nach: „Sag mal, haben wir keine Schaufel, keinen kleinen Eimer oder so was?"
„Siehst du, das habe ich ganz vergessen, weil es so schnell gehen mußte. Natürlich kann sich Uli damit besser beschäftigen."
„Meine ich auch: Kanäle bauen und Burgen und wieder zerstören, das Destruktive aktivieren."
„Mir fehlt etwas in deiner Bemerkung", stellte sie nach einer Pause fest.
„So, hab' ich wieder einmal nichts Endgültiges verkündet?"
„Tatsächlich nichts, es fehlte der Unterton, es war nicht ironisch und auch nicht zynisch, nur einfach so hingesprochen."
„Du wirst es nicht glauben, es war auch einfach nur so gemeint."
„Nach fast zehnjähriger Ehe immer noch für eine Überraschung gut, eine beachtliche Leistung."
„Du wirst es zu würdigen wissen."
„Ich komme darauf zurück."
Er lächelte sie an: „Ich freue mich schon darauf", und richtete sich auf.

„Was macht denn unser Sprößling? Ach, da ist er ja, hundert Meter weiter hat er mit anderen Kindern Bekanntschaft gemacht; seine Ente ist die größte, man scheint es aber noch zu diskutieren."

Er sah sich um, vom westlich liegenden Badestrand über die leichte Dünung der Ostsee hinüber zu den Wäldern bei Markgrafenheid, und atmete tief durch: „Sag, was du willst, es war doch die bessere Entscheidung, nach hier abzuschließen und nicht nach Magdeburg zu gehen – allein schon das hier", er machte eine Geste, als wollte er alles umfassen und legte sich entspannt auf den Rücken.

„Aber sicher, Schatz, und wer weiß, was für Scherereien du da wieder gehabt hättest."

„Ja, gut, daß mich Ernst Saueracker vor Magdeburg gewarnt hat. Übrigens war die Anfrage nach meiner gesellschafts-politischen Tätigkeit durch die Betriebsgewerkschaftsleitung reichlich blöd, und der Hinweis, daß ich im Krieg Offizier war, lächerlich. Nur gut, daß man immer noch irgend jemanden hat, der einem so etwas stecken kann."

„Na ja, mein Lieber, in dem Fall hast du es mal erfahren, aber in welchem nicht?"

„Hast leider recht." Nach einer Pause fuhr er fort:

„In den ersten Jahren nach dem Krieg war es noch nicht so. Im Grunde hängt es auch von den Intendanten ab. Der Magdeburger hat mir trotz der Auskunft den Vertrag zugeschickt, den ich dann dankend ablehnen konnte."

Er lachte spöttisch: „Der läßt sich offenbar noch nicht von seiner BGL dominieren."

„Ja, es hat den Anschein."

„Und Doktor Rath auch nicht. Allerdings nahm er mich nach der Begrüßung beiseite und fragte, was ich mit Ehm, dem vorigen Intendanten, gehabt hätte."

„So – das hast du mir aber nicht gesagt. Und was hast du geantwortet?"

„Ich wüßte es nicht. Was ja wohl auch stimmt. Es kommt immer noch darauf an, ob man dringend gebraucht wird. Natürlich kann sich ein Intendant mal behelfen, wenn er keinen 1. Helden hat, da tut es dann vielleicht auch ein Charakterheld, aber wenn man Schiller spielt – oder spielen muß ..."

„Wieso muß?"

„Hast du das nicht mitgekriegt, Kleine? Denk an den 'Tell'! Ulbrichts politische Losung 'Deutsche an einen Tisch' war doch der Anlaß, den 'Tell' zu bringen."

Er sah sie an: „Haben wir uns nicht darüber unterhalten?"

„Das müßte eine andere gewesen sein, mein Lieber."

„Sei stad, Herzchen, du bist meine Einzige. Der ungewöhnliche Erfolg sogar mit 'Eisernen Vorhängen' – übrigens von Hoffmeister ganz schön rausgekitzelt – war doch vor allem eine politische Demonstration."

Spöttisch fuhr er fort: „Unsere klugen Knaben in Berlin kamen nicht ganz auf ihre Kosten, nicht das Zitat 'Wir wollen sein ein einzig Volk von Brüdern' bekam die anhaltende, stürmische Zustimmung, sondern 'Wir wollen frei sein, wie die Väter waren'", fuhr er lachend fort. „Das war mehr als ein Nasenstüber."

„Ja, ja, ich erinnere mich, du ewiger Skeptiker."

„Ich hab' dir doch erzählt, daß der Oberbürgermeister bei der Premierenfeier den Intendanten gefragt hat, ob es wirklich eine so große künstlerische Leistung gewesen sei oder nur eine politische Demonstration. Dr. Rath hat die politische Kundgebung natürlich in Abrede gestellt." Konrad lachte: „Welcher Intendant hätte sich anders verhalten?"

„Du kannst aber nicht bestreiten, daß es eine sehr geschlossene Inszenierung war."

„Das walte A. P. Hoffmeister, der Dompteur!"

„Du bist zu kritisch."

„Wie du meinst, aber ich habe mir die Mühe gemacht, den Mitschnitt in der Beleuchterloge anzuhören, und ich habe von meinem ganzen Text nur einen einzigen Satz akzeptiert."

„Einen, du bist wahnsinnig!"

„Ja, nur einen, wenn ich nämlich zum Sohn Walter auf dem Markt zu Altdorf sagte: 'Was kümmert uns der Hut, komm, laß uns gehen'."

„Ach nein!" Sie wandte sich ärgerlich ab.

„Komm, grolle nicht, mein Herzchen. Erinnere dich, daß ich nach der Premiere gebeten hatte, auf die eine und andere Szene mal zu achten."

„Der Intendant hat mich glücklicherweise nicht danach gefragt, warum ich mir das alles noch mal ansehen wolle."

„Der Intendant, nee, ist kaum anzunehmen, der ist doch von der Oper und hast klugerweise auch den Hoffmeister nicht gefragt, der hätte unter Umständen nein gesagt. In dem Fall hättest du Eintrittskarten kaufen müssen – nein, was sag ich da!" er klatschte sich auf den Bauch, „vielleicht hätte er angenommen, du würdest aus reiner Begeisterung den 'Tell' zum zigsten Male ansehen."

Charlotte drehte sich wieder um: „Sag mal, du Kritikaster, deine Änderungsversuche in einzelnen Szenen haben doch auch nichts erbracht, wenn ich nicht irre."

„Da hast du recht, es war in dem gesetzten Rahmen nicht möglich und außerdem wußte ich damals nicht, was da falsch lief."

„Und jetzt weißt du es?"

„Ungefähr. – Ich weiß nicht, ob du mich bei der Applaus-Orgie, die Hoffmeister veranstaltet hatte, beobachtet hast. Ich war nämlich ziemlich verdutzt über die starke Resonanz und habe ein bißchen dumm aus der Wäsche geschaut und nur gedacht: Nanu, was haben die denn, so war es doch auch wieder nicht."

„Ewiger Miesmacher!"

„Nein, meine Liebe, das bin ich nicht, ich habe Gott sei Dank meinen kritischen Verstand wiedergefunden, der mir vor zwanzig Jahren abhanden gekommen war."

Sie blickte ihn verwundert an: „Meinst du im politischen Sinn – aber das ist doch etwas ganz anderes, Rolf."

„Nein, nein, das ist ein großer Irrtum, wir sollten bei allen kleinen und großen Emotionen den kritischen Verstand mobilisieren, und als Interpret habe ich eine Mittlerfunktion, ich stehe in der Situation und muß auch ihre Auswirkung überblicken."

„Ein bißchen weit hergeholt, und mit dieser Einsicht und Verantwortung stehst du unter deinen Kollegen ziemlich allein da, mein Lieber."

„Mag sein, ich gehe mit meinen Einsichten ja nicht hausieren, aber mit der Bemerkung des Oberbürgermeisters hatte ich die Erklärung. Natürlich hast du recht, die Inszenierung war sehr geschlossen."

„Das ist doch etwas!"

„Gut, aber geh mal ins einzelne. Nimm zum Beispiel die erste Szene Tells im Haus mit seiner Frau."

„Ja, ja, die Axt im Haus", Konrad lachte, „erspart den Zimmermann. Was läßt sich unser Regisseur als Handlung einfallen? Seine Frau steht am Waschtrog und schrubbt Wäsche. Eine Szene wie im 'Biberpelz', aber doch nicht bei Schiller, wo der Mann zum 'Eni' nach Altdorf will, aus Gewohnheit mit seiner Armbrust. Wir wissen, er wird sie am Ende auch brauchen, er muß sie gebrauchen, doch welche Verkennung der Situation, die läppische Verrichtung von Tells Frau am Waschtrog und die klassische Sprache Schillers."

Charlotte blickte ihren Mann an: „Was hätte sie denn sonst machen sollen?"

„Nichts machen, meine Kleine, sich nur mit ihrem Mann unterhalten soll sie sich und dabei ein paar Bedenken äußern. Oder nimm ein anderes Beispiel, wenn Tell nach seiner waghalsigen Flucht den Fischer trifft. Ich muß dem Mann nicht die Flucht berichten, erschöpft und glücklich, ich mußte ihm, nochmal zeigen, wie ich es gemacht habe, mit Händen und Füßen. Ja, du lieber Himmel, das war doch reinster Pleonasmus. Aber in einem stimme ich mit Hoffmeister überein: Die Szene in der 'Hohlen Gasse', ich mußte sie zwar auch wieder mit Schaum vorm Maul spielen, aber die Auffassung fand ich richtig, daß ich nicht langatmig lamentieren und moralisieren mußte, sondern schnell zur Sache kam, kommen mußte, nicht Mord, sondern mehr im Affekt handelnd, eine kurze Erklärung seiner Absicht, der Landvogt kommt und wird nach der Armgard-Szene erschossen."

„Aber mein Bester, darüber haben wir doch während der Proben schon diskutiert."

„Ich erwähne es auch nur, um zu zeigen, daß ich nicht alles von Hoffmeister ablehne. Mir geht der Schiller mit seiner Moralpauke manchmal auf den Wecker – aber sag's nicht weiter. Hoffmeister war sehr stolz auf seine Interpretation – kann er auch." Lachend fügte er hinzu: „Übrigens hat er mal während einer Probe erzählt, daß er die Strecke von der Tells-Platte bis Küßnacht während eines Urlaubs abgelaufen sei, um zu sehen, ob das Tell tatsächlich hätte schaffen können, eine Melange von Hauptmann und Stanislawski."

Rolf ließ sich entspannt auf den Rücken fallen.

„Wie darf ich denn das wieder verstehen, mein wortreicher Kritiker?"

„Kennst es nicht? Wenn bei dem Russen ein Darsteller abgehetzt auf der Bühne aufzutreten hatte, mußte er erst eine Runde ums Theater laufen."

„Ach, komm, jetzt bist du wieder bissig. Ich weiß, du magst die Russen nicht."

„Wie kommst du denn darauf? Ich merke, daß wir durch meinen Beruf ab und zu getrennt leben müssen. Lach dich tot, ich mag die Russen, auf jeden Fall lieber als die Amis."

„Was heißt das schon."

„Allerhand! Ich schätze zum Beispiel ihre Klassik und werde demnächst 'Wassa Schelesnowa' inszenieren, aber mit ihrer Gegenwartsliteratur für die Theater kannst du mir gestohlen bleiben. Wangenheims 'Auch in Amerika' und ähnliche Machwerke kannst du gleich mit einschließen. Mein Gott, ist das einfältig gestrickt. Das mußte sogar unser ewiger Opportunist Dr. Kalder zugeben und dafür inszeniere ich auf der Studiobühne 'Die Hose' von Sternheim. Nebenbei, ob der beim hiesigen Publikum gut ankommt, bezweifele ich allerdings, aber aus anderen Gründen. Auf jeden Fall ist er nicht so vordergründig und politisch schmalspurig."

Er blickte zum Sohn hinüber. „Uli verträgt sich anscheinend gut mit den anderen Kindern. Ich möchte nochmal ins Wasser, kommst du mit?" Er stand auf und klopfte sich den Sand ab.

„Wir könnten mit Uli noch ein bißchen üben, das vorhin war wohl nichts."

Er reichte ihr die Hände: „Nun kommen Sie schon, Frau Konradin!"

Sie zog sich an ihm hoch und schüttelte anhaltend den Kopf: „Ich habe wieder Sand ins Haar gekriegt."

„Sieht man doch gar nicht in deinem blonden Haar."

„Du bist gut, Rolf, du brauchst 'ne Brille. Sieh mal, wie es rieselt."

Sie hielt ihm den Kopf unter die Nase und schüttelte das schulterlange Haar.

„Schon gut, Schatz, ich glaube es dir auch so, nun komm schon. Uli! – Uli! – Der ist nicht ansprechbar, ich glaube, ich muß ihn holen." Er lief hinüber. „Uli, hörst du nicht?"

„Was ist denn, Vati, ich habe hier Freunde."

„Schönchen, mein Junge, aber wir müssen nach Hause und wollen vorher ins Wasser und mit dir Schwimmübungen machen."

Uli holte sich seine Ente von einem kleinen Mädchen und folgte dem Vater. „Das bringt doch nichts, Vati, hat Mutti auch gesagt."

„Diskutieren wir nicht lange, mein Kleiner, willst du Schwimmen lernen oder nicht?"

„Ja, schon, aber Mutti." – „Und so weiter und so weiter, wir probieren es noch mal so wie vorhin, und Mutti macht uns fürs nächste Mal einen breiten Gurt, damit geht es dann besser. Warte nur ab, wir packen das schon. So, bringe die Ente zu unseren Sachen – und dann hinein!"

Er lief zu Charlotte, die bis zu den Schultern im Wasser stand, und tauchte vor ihr, um ihr die Beine wegzuziehen.

„Hilfe, geh weg, du Ungeheuer!" Sie wehrte sich mit Händen und Füßen.

„Ich doch nur Spaß, Herzchen!"

„Hat sich was mit Spaß, laß uns lieber mit Uli üben."

Sie gingen näher ans Ufer. „Komm, Ulrich, mein Herzensbübchen, wir versuchen es noch mal."

„Ich habe eigentlich keine große Lust, Mutti."

„Machen wir es mit 'ner kleinen, Uli."

Konrad stellte sich wieder neben die Mutter, reichte ihr die Hand, daß Uli sich drauflegen konnte, und gingen langsam mit dem Schwimmkommando voran: „Arme vorstrecken, einatmen, die Arme seitwärts nach hinten ziehen – ausatmen und gleich vor der Brust nach vorne ausstrecken. Und wieder dasselbe: Arme nach hinten, einatmen, seitwärts führen, wieder nach vorn und ausatmen. Und wieder schön tief einatmen, Arme weit ausbreiten und unter der Brust nach vorn ausstrecken und ausatmen, wieder dasselbe, einatmen, Arme seitwärts nach hinten, dann ausstrecken und ausatmen."

Zehn Meter hatten sie so zurückgelegt. „So, Uli, jetzt verpustest du dich, das war nämlich schon ganz schön." Seine Mutter tätschelte ihn lobend. „Immer schön den Kopf hochhalten, damit du nicht Wasser schluckst. So, wollen wir noch mal?"

Sie wiederholten mit gutem Zuspruch und freundlicher Aufmunterung die Übung und warfen sich zum Abschluß noch mal ins Wasser.

„Meine Lieben, wir müssen!" Rolf gründelte noch mal kurz und ging zum Liegeplatz. Er blickte zur Uhr: „Es ist an der Zeit, wenn wir rechtzeitig am Bahnhof sein wollen. Zu Hause leg' ich mich ein bißchen auf die Couch."

Sie trockneten sich gegenseitig ab und wechselten die Kleidung.

„Ich spüle meine Badehose noch aus, gebt mir eure Sachen."

Charlotte warf sie ihm kurz zu: „Hepp, mein Lieber, mach dich beliebt und komme nach, wir gehen."

Der Weg zum Bahnhof kam ihnen diesmal kurz vor. Auf dem Bahnsteig standen andere Badegäste, die zurückfahren wollten.

„Dahinten am Bahnsteigende steht Dr. Rath mit Frau, Rosenberg und Frau sind auch dabei."

„Schon gesehen, aber wir bleiben hier, nach dem Zitat deines Vaters: 'Gehe nicht zu deinem Fürscht, wenn du nicht gerufen wirscht!'"

„Das hat mein Vater gesagt? Kenn ich gar nicht."

„Dann war's deine Mutter."

Der Intendant hatte Konrads gesehen und winkte ihnen zu. Sie winkten zurück. „Das müßte als Kommunikation reichen, heute abend habe ich davon sowieso reichlich."

„Warst schon immer ein geselliger Knabe."

„Darum habe ich auch dich geheiratet – aber da kommt der Rostocker Zug. So, Uli, laß die Leute erst aussteigen, wir nehmen den Wagen, der vor uns steht."

Nur wenige Fahrgäste stiegen aus, nicht mehr stiegen ein. Nach zehn Minuten Aufenthalt fuhr der Zug mit ihnen nach Rostock zurück.

3. Kapitel

Überrascht blickte Rolf Konrad auf dem Nachhauseweg vom Theater in der Dethardingstraße zu den Fenstern seiner Wohnung hinauf: Es brannte noch Licht, jetzt, nach Mitternacht? Er hatte sich nach der Abendvorstellung so verspätet, daß er nicht mehr damit gerechnet hatte, Charlotte noch wach anzutreffen. Warum das Licht, fragte er sich verwundert, schloß die Haustür auf und stieg leise nach oben, öffnete die Wohnungstür: Vor ihm stand Charlotte in äußerster Erregung: „Rolf – Rolf – endlich, wo warst du denn, wo bleibst du nur!" Aufgeregt stürzte sie sich zu ihm und klammerte sich an ihm fest. „Ich habe solche Angst gehabt!"

„Kind, was ist – um Himmels willen, was ist denn los?"

Er ergriff besänftigend ihren Arm und führte sie behutsam ins Wohnzimmer. „Warum bist zu so aufgeregt?"

„Das fragst du noch, siehst du denn nicht, wie spät es ist? Ich habe Angst bekommen, war schon in der Theater-Gaststätte, die Kollegen da konnten mir auch nicht sagen, wo du bist. Was sollte ich denken, was davon halten, ich hatte Angst – Angst – und bin noch ganz schlapp."

Er zog sie liebevoll an sich: „Aber nicht doch, Liebes", und führte sie beruhigend in einen Sessel.

„Ja doch, Kind, es ist etwas spät geworden." Nervös unterbrach sie ihn, „so war es nie!" „Nun ja, aber das ist doch kein Grund zu solcher Aufregung."

„Kein Grund? Das sagst du so, es ist schon Mitternacht vorbei", sie griff heftig nach seinem Arm, „ich habe Angst, Rolf, ich habe mir Sorgen gemacht, daß man dich …"

Er sah sie überrascht an: „… daß man mich – was?"

„Daß man dich abgeholt hat", kam es kleinlaut von ihren Lippen.

„Aber Liebes, spielen dir die Nerven plötzlich einen Streich, wir haben hier doch keine Gestapo!"

„Nein, die nicht, aber die Russen, die GPU, das hast du doch selber gesagt!"

Er blickte sie irritiert an. „Na ja, aber so schnell geht es bei denen auch nicht."

„Meinst du, daß man es ausschließen kann?"

„Was, meine Liebe?"

Er setzte sich in den nächsten Sessel.

„Daß man dich wegen politischer Äußerungen einsperren kann?"

Verstimmt schüttelte er den Kopf: „Entschuldige bitte, ich überlege mir schon, wo ich was sagen kann, aber es ist falsch von mir, hier manchmal etwas zu sagen, was ich besser für mich behalten sollte."

„Sag mal, hältst du mich für beschränkt!"

„Komm, laß uns nicht streiten, ich habe mich nur verspätet, weil Brunner, der Vorsitzende der BGL, mich nach der Vorstellung zu einem Bier in seinem Stammlokal eingeladen hatte."

„Zu der Zeit! Konntest du nicht anrufen?"

„Ach Kind, manchmal bist du umwerfend naiv. Wen anrufen, wir haben kein Telefon und bei anderen Leuten in der Nachbarschaft um Mitternacht – das geht wohl nicht ganz."

„Aber ich habe Angst, man könnte dich mal denunzieren."

„Redest du dir da nichts ein? Bisher hat man mich noch nicht behelligt – und warum auch? Ich war schon Sommer 45 der Liberaldemokratischen Partei und dem Kulturbund beigetreten und nach nur drei Jahren wieder ausgetreten, weil ich keine Zeit hatte und habe."

„Ob sie dir das geglaubt haben?"

„Weiß ich nicht, und ich habe sie auch nicht danach gefragt. Meine demokratische Grundeinstellung kann man jedenfalls nicht in Frage stellen."

„Und wie war es vor zwei Jahren, als man dich während der Betriebsversammlung in Bautzen als 'Faschistenschwein' beschimpft hatte, das man nach dem Westen jagen müsse... Was war das?"

Er blickte sie verlegen an: „Ach das – das war doch nur ein böswilliger Kollege, der sich für etwas revanchieren wollte, und außerdem war er altes Parteimitglied der Nazis."

„Ja, und, was besagt es?"

Nach einer Pause fügte er hinzu: „Natürlich stand ich am Ende allein, als ich verlangte, auch gefragt zu werden, wenn politische Erklärungen im Namen des Ensembles abgegeben werden. – Nein, stopp! Nach der Versammlung kam doch ein Kollege, der mir in einem stillen Winkel die Hand drückte und meinte, ich hätte ihm aus der Seele gesprochen."

„Siehst du, danach!"

„Ach, Charlotte, ich habe doch nicht für diesen Opportunisten gesprochen, ich denke nicht daran, ich habe mich nur verteidigt, das ist alles!"

„Sag mal, Rolf, meinst du, daß du das auf die Dauer machen kannst?"

„Ja, wenn du mich so fragst: Ich glaube nicht, daß es so gehen kann, nur kann ich nicht anders. Seit ich nach dem Krieg vor den Trümmern stand, die ich mit angerichtet habe. Auch wenn ich 33 nicht begeistert durch die Straßen gelaufen bin und nur mit Widerwillen 35 Soldat wurde, am Ende habe ich doch die Geschäfte der braunen Ganoven verrichtet und mich geistig uniformieren lassen. Das Schuldgefühl werde ich nie mehr los."

„Und das macht dich politisch immer noch so empfindlich?"

„Ja, mein kluges Mädchen."

„Genutzt hat es wenig, sonst hätte dir der Intendant Reuter vor zwei Jahren nicht deinen Vertrag schon nach einem Jahr aufgekündigt."

Er sah sie unangenehm berührt an: „Ja, das war peinlich, aber nicht für mich, für ihn war es das. Ich habe mich öfter auch über politische Probleme unterhalten, auch mit seiner Frau, meine Auffassungen wurden von ihnen aufgenommen und respektiert, ich war ehrlich gestanden etwas überrascht. Es war ihm anzusehen, daß es ihm peinlich war, als er mir mit den Worten: 'Es tut mir leid, Herr Konrad, aber Sie wissen ja – es geht nicht anders' das Kündigungsschreiben aushändigte. Dabei sah er aus wie ein geprügelter Hund."

Rolf sah seine Frau nachdenklich an: „Du fragst, wie lange ich das hier machen kann. Die Frage ist meines Erachtens einfach zu beantworten: Solange ich mich nicht offen und aktiv gegen ihre antifaschistische Politik stelle, unter der sie alles vereinnahmen, was ihnen paßt, aber ich kann nur schlicht fragen: Wer kann nach der fürchterlichen Nazizeit noch eine faschistische Politik vertreten? Den müßte man doch auf seinen Geisteszustand untersuchen lassen! Nein, meine Liebe, in die Ecke kann man mich nicht stellen. Ich habe die Weimarer Zeit noch gut in Erinnerung und wie Weimar zugrunde ging und die Nazizeit mit allen gräßlichen Exzessen auch."

„Und du meinst, das genügt ihnen?"

„Liebe Charlotte, wir wissen doch auch, daß in der Politik und allem Drumherum auch viel menschliche Unzulänglichkeit mit im Spiel ist."

„Bagatellisierst du nicht?"

„Keinesfalls, aber es gibt ja auch Sachen, die man bejahen kann. Nimm zum Beispiel die Regelung mit den Neulehrern, also die jungen Männer, die mit einem 'Einjährigen' als Schulabschluß als Lehrer eingesetzt werden."

„Ich finde das dumm!"

„Ich nicht, als Übergangsmaßnahme ist es doch hinzunehmen. Die Übernahme der alten Pauker wäre doch reichlich problematisch, denn die waren doch die ersten, die Hitler und seine verquaste Idee begrüßt haben. Im 1. Weltkrieg übrigens waren sie nebenbei auch vorneweg. Nein, meine Liebe, und diese Entnazifizierung in Westdeutschland ist doch eine Farce, damit ändert man doch keine seelische und geistige Struktur, und wie man sich drüben davor drückt, die Nazirichter zur Verantwortung zu ziehen, das ist schon ein ziemlicher Skandal, das ist eine Schande. Hierin gehe ich völlig mit denen hier konform!"

„Nun schön, aber in den meisten anderen Fragen bist du anderer Meinung."

„Wenn es sich um demokratische Grundsätze oder Grundrechte handelt."

„Und wie lange kannst du das machen?"

„Solange ich muß und kann. – Natürlich ist es ewiges Lavieren, aber was soll ich machen? Die Grenzen nach dem Westen sind dicht und außerdem kann man drüben mit Regisseuren und Schauspielern Straßen pflastern. Daß es uns schwer würde, hier zu leben, war doch klar, als die Amerikaner abzogen und die Russen kamen. Was ich allerdings falsch eingeschätzt hatte oder was mich überrascht, ist die charakterliche Behendigkeit, mit der unsere Landsleute von braun auf rot umgeschaltet haben, besonders in meiner Berufsgruppe. Aber die waren ja zu allen Zeiten der Macht gegenüber willfährig. Die Nazis haben es vorgemacht, die roten Brüder machen es im Zeichen des Antifaschismus nach.

Rolf strich sich müde über die Augen. „Aber was red' ich da, ich wollte nur die Ursache für meine Verspätung erklären." Er blickte auf seine Armbanduhr: „Es ist nun wirklich spät geworden, möchte es trotzdem noch erzählen und außerdem ist es eine Variation auf unser Thema."

„Das kannst du auch morgen noch, Rolf."

„Nein, nein, laß nur, dann bin ich es los und du hast deine Erklärung. Warte, ich hole mir nur schnell was zu trinken. Möchtest du auch?"

„Nein, nein, nicht vor dem Schlafengehen."

Rolf setzte sich wieder zu ihr.

„Wie gesagt, Brunner hatte mich zum Bier eingeladen und ich hatte keinen Grund, es abzulehnen, also ging ich mit ... Er spielt übrigens im 'Geyer' irgendeine Knatterchange von links oder rechts und bezeichnete mich in der Unterhaltung als einen typischen Vertreter der jetzigen Generation und meinte in dem Zusammenhang, Männer wie ich müßten sich mehr am politischen Leben beteiligen. Ich fand es natürlich bedenkenswert, dann bekam die Angelegenheit allerdings eine irre Pointe, als er mich nämlich nicht für seine SED warb, sondern für die Nationaldemokratische Partei, denn die wäre doch für mich als ehemaliger Offizier die richtige Partei. Offen gestanden, da war ich ein bißchen perplex, er, der SED-Buckel, warb mich für eine andere Partei. Ich konnte mir nicht verkneifen, ihm zu sagen, ich könne doch gleich der SED beitreten. Auf seine verwunderte Frage, warum und wieso, erzählte ich ihm die kleine Begebenheit von 48, als mir kurz nach Gründung der NDP ein Funktionär der neuen Partei im besoffenen Zustand glaubhaft versicherte, er sei in Wirklichkeit Mitglied der SED und nur als Funktionär für die neue Partei abgestellt worden. Du kennst die Posse doch noch?"

„Ich erinnere mich nicht, ich war zu der Zeit in Halberstadt."

„Nun gut, mein Brunner war ziemlich im Muspott, ich vertiefte die Sache nicht weiter und erklärte ihm, mir auch schon diesbezüglich Gedanken gemacht zu haben, von meinem reichen Erfahrungsschatz etwas einzubringen, nur schien mir der Zeitpunkt noch nicht ganz gekommen zu sein", Rolf lachte spöttisch, „und dann erlaubte ich mir eine kleine Bosheit: Brunner war in der Nazizeit in der Partei gewesen, und ich bat ihn freundlich, mir noch vier Jahre Zeit zu geben und er würde mich danach politisch nicht wiedererkennen. Das fand er dann gut und durchaus akzeptabel, er zahlte die Zeche – sicher aus der Parteikasse –, und wir gingen freundlich auseinander."

Charlotte lächelte etwas gequält: „Deine Anspielung auf Hitlers Äußerung hat er bestimmt nicht verstanden."

„Ist anzunehmen, aber mir war es ein stilles Vergnügen, den Bolzen abzuschießen."

Er blickte sie entschuldigend an: „Ich gebe zu, ich habe da nicht an dich gedacht. – Aber Schluß jetzt mit dem leidigen Thema, ich fürchte nur, es wird uns trotzdem noch öfter beschäftigen."

„Das fürchte ich auch."

Er stand auf und zog Charlotte an sich: „Entschuldige bitte, daß ich dir solche Sorgen mache. Ich weiß, daß es für dich schwer ist, weil du immer nur reagieren kannst, aber ich kann leider nichts daran ändern: Ich schleppe ein Trauma mit mir herum, seit ich weiß, für was ich mich bei dem braunen Lumpenpack hergegeben habe, doch ich denke an dich und Ulrich und werde nicht provozieren; ich will nur nicht wieder schuldig werden." Er küßte sie zärtlich und löste sich von ihr. „Ich gehe ins Bad und springe schnell ins Bett."

4. Kapitel

In angeregter Stimmung war Rolf Konrad mit den Darstellern seiner Inszenierung „Die Hose" vor seinem Haus in der Dethardingstraße angelangt.

„So, liebe Kollegen, Sie brauchen jetzt nur noch eine Treppe zu steigen, dann ist es erreicht, dann sind Sie am Ende des nächtlichen Marsches, dann können Sie die Füße unter einen Tisch strecken. Ich gehe voraus."

Er schloß die Haustür auf und führte die Gesellschaft leise nach oben. Vor der Wohnungstür drehte er sich um: „Vorsicht, bissiger Hund – er ist nicht angekettet!"

„Hilf, Himmel, wo führen Sie uns hin?" scherzte Frau Gericke.

„Direkt ins Verderben, Sie hören schon den Höllenhund!"

Der Dackel Bienchen hatte zweimal mit seinem kleinen Stimmchen gekläfft und war fluchtartig ins Körbchen retiriert ... „Bei dem Schutz kannst du ruhig schlafen, Rolf", scherzte Rosenberg und schob sich mit den Kollegen Gutzeit, Christian und Frau Burger in den Flur, am Schluß folgte Charlotte Konrad und Frau Gericke.

„Hier ist die Garderobe, wenn noch Bügel gebraucht werden, sagen Sie es bitte", sie schloß leise die Wohnungstür, „gehen Sie nur nach rechts, da ist das Herrenzimmer und im Nebenzimmer stehen auch noch Schnitten und Getränke. Nehmen Sie Platz und greifen Sie zu. Hier ist die Küche und da das Bad. Lassen Sie sich nicht von den beiden Schollen in der Badewanne stören, die sind für morgen mittag vorgesehen."

Frau Gericke blickte hinein: „Tatsächlich, toll! Wie kommen Sie an die?" Sie ging mit der Hausfrau zu den anderen ins Herrenzimmer.

„Ich kenne in Warnemünde eine Fischersfrau, die bringt mir ab und zu was vorbei."

„Ob sie uns auch was bringen kann?"

„Ich kann sie mal fragen."

„Vielen Dank, Frau Konrad."

Sie traten zu den anderen Gästen, die inzwischen die Wohnung und Einrichtung betrachteten. „Schön haben Sie es hier, ist es eine Theaterwohnung?" fragte Frau Burger, die etwas gesetzt wirkende Darstellerin der „Deuter".

„Nein, nein, meine Frau hat sie organisiert, wir hatten zuerst nur eine Teilwohnung."

„Na, da haben Sie aber Glück gehabt."

„Das haben wir", lachte Konrad, „Sie hätten sie nur nicht vorher sehen dürfen, das war eine einzige Bruchbude mit Mauerdurchbrüchen und verdreckten Tapeten, nicht ein Raum war bewohnbar."

„Haben Sie die Wohnung selbst hergerichtet?"

„I wo, dazu bin ich zu doof, ein Maler hat es gemacht, zu erschwinglichen Preisen. Die Vorgängerin, die hier drin – tscha, ich muß wohl sagen – gehaust hat, war Studienrätin und ging nach dem Westen. Glücklich sind wir besonders über die Etagenheizung, die ist sehr praktisch und sparsam. Aber greifen Sie zu, meine Damen und Herren, da sind harte Sachen und auch Säfte und Schnitten, denken Sie nicht an die Lebensmittelkarten, auch wenn es die der 'Künstlerischen Intelligenz' sind ... Brauchen Sie Aschbecher – wir sind Nichtraucher."

Er wandte sich an Charlotte, die neben Frau Gericke auf der Couch saß. „Sag mal, Liebes, haben wir so etwas überhaupt?"

„Nein, aber in der Küche sind Untertassen, die können wir auch dazu nehmen."

„Das ist gut." Er holte sie und stellte sie parat. Die Kollegen hatten sich beliebig plaziert, tranken und unterhielten sich angeregt.

Konrad ging an die Tür des Kinderzimmers, öffnete sie leise auf einen Spalt und lauschte: Uli schien fest zu schlafen, und in der Küche hatte Bienchen den Kopf auf den Rand seines Körbchen gelegt und blinzelte ihn an. „Brav, mein Alter", redete er ihn an und lehnte die Küchentür an. Im Herrenzimmer setzte er sich zu Frau Gericke, die neben seiner Frau saß. „Schläft Uli?" fragte sie beiläufig.

„Ja, er schläft und schläft und schläft."

„Fein, übrigens Rolf, Frau Gericke ist von der Premiere enttäuscht."

Konrad lächelte die Kollegin an: „Allgemein – oder haben Sie besondere Eindrücke?"

Die anderen wandten sich dem Gespräch zu.

„Ob man das jetzt schon feststellen kann?" wandte Rosenberg ein.

„Den Gesamteindruck kann man schon, meine ich", warf Christian, der „Scarron" dazwischen.

„Meine ich auch", stimmte Konrad zu.

„Es kommt auf die Perspektive an!"

„Wollen Sie Darsteller und Zuschauer unterscheiden, Kollege Christian?"

„Sie sind doch verschieden, aber ich glaube, beide merken, ob es ein gelungener Abend ist."

„Das ist es wohl, was Sie meinen, Frau Gericke?"

„Ganz recht."

„Es ist allerdings von vielem abhängig."

„Zuerst vom Stück, wer spielt heute noch Sternheim?" Christians Frage klang etwas abfällig.

„Warum nicht heute – ich meine gerade heute", stellte Rosenberg fest.

Rolf Konrad lachte: „Jetzt wiederholen wir die Diskussion der Probenzeit."

„Da waren wir doch auch nicht weitergekommen; Sternheim ist die Welt von gestern!"

„Sind Sie so sicher, Herr Christian? Das patriarchalische Verhalten von Männern wie 'Maske' und die Unterdrückung der Frauen haben wir doch immer noch."

„Nicht in einer sozialistischen Gesellschaft."

„Schön wär es ja, aber auf Gesetzeswegen läßt sich das nicht schaffen, das ist doch nur über die Änderung des Bewußtseins zu erreichen."

„Aber wie bei Sternheim werden heutzutage keine Frauen mehr untergebuttert, Kollege Konrad."

„Na, was zu Hause zwischen den vier Wänden geschieht, erfahren wir auch nur von Fall zu Fall und hat meist mit den zwischenmenschlichen Beziehungen und den Abhängigkeiten zu tun."

„Berufstätige Frauen sind unabhängiger, das ist unbestreitbar."

„Aber natürlich, Herr Christian, es bleiben dann leider immer noch 16 Stunden vom Tag, und da menschelt's oft gewaltig." Konrad wandte sich an seine Frau: „Um auf den Ausgang zurückzukommen, du saßt im Zuschauerraum, wie war denn dein Eindruck?"

„Ich würde sagen: Distanziert bis ablehnend."

„Meinen Sie?" Rosenberg machte ein enttäuschtes Gesicht.

„Aber das haben Sie doch nicht zu verantworten, Herr Rosenberg", erwiderte Charlotte, „oder irre ich, Rolf?"

„Ich glaube nicht, Sternheim wird abgelehnt, übrigens von Anfang an. Der deutsche Bürger fühlt sich getroffen und betroffen. Ist es das Charlotte?"

„Ja, es war dasselbe wie vor zwei Jahren, als du in der Inszenierung von Herrn Gastl den 'Scarron' spieltest; das Publikum nahm übel."

„Sie haben den 'Scarron' gespielt?" wunderte sich Christian.

„Das überrascht mich aber auch, dazu sind Sie doch viel zu gesund, zu positiv in der Ausstrahlung."

„Vielen Dank, Frau Berger, aber ich habe ihn trotzdem mit großem Vergnügen gespielt."

„Sie sind doch Held."

„Allerdings ist das mein Fach."

„Und hast den 'Tell' gespielt, die Resonanz war doch stark, denk nur an die 'Eisernen'", warf Rosenberg ein.

„Das war die geschlossene Regie von A.P. Hoffmeister, auch am Vorhang."

Die Kollegen blickten ihn einen Moment verdutzt an, dann lachten sie schallend.

„Ja, ja, schon, aber die Titelrolle hast du nun mal gespielt, geradeaus und direkt, wie er bei Schiller zu lesen ist", widersprach Rosenberg.

„Rolf!" Konrad sah seine Frau fragend an, dann nickte er. „Gut, du weißt aber, daß der Scarron mir viel Spaß gemacht hat, Schatz."

„Wo haben Sie ihn denn gespielt?" wollte Frau Burger wissen.

„In Halberstadt."

„Ach du je, in 'Heines Wurstfabrik'!" lachte Christian.

„Was heißt das?" Belustigte Fragen wehrte Rolf ab.

„Ich glaube, das müssen wir wohl ein bißchen nachsichtiger betrachten.

Richtig ist, daß das Halberstädter Stadttheater im Krieg zerstört worden ist und daß in der Wurstfabrik ein Nottheater eingerichtet worden war."
„Da haben die Kollegen wohl auf Gratiswürstchen spekuliert!" – Allgemeines Gelächter, das Charlotte dämpfen mußte.
„Ja, die hat es gegeben, aber Scherz beiseite, es gab nach dem Krieg viele solcher Theater."
„Aber Wurstfabrik ist sicher einmalig."
„Das glaube ich auch. Jetzt haben sie aber ein akzeptables Haus. Wichtiger erscheint mir aber, wie da gearbeitet wird, trotz der Einschränkungen. Die Leitung hatte der ehemalige Intendant von Cottbus, Thiede, ein erfahrener, tüchtiger Theaterpraktiker. Er war ein ausgezeichneter Schauspieler, ein guter Regisseur und ein sehr geschickter Theaterleiter. Ich wollte, wir hätten noch solche Männer an den deutschen Bühnen."
„Ist er nicht mehr da?"
„Nein, sein Vertrag wurde von der Stadt vorzeitig gelöst."
„Warum denn das?"
„Weil sein Spielplan nicht fortschrittlich genug war und ein anderer Intendant den Stadtvätern den fortschrittlichsten Spielplan versprach."
„Wissen Sie das so genau?" Christians Frage klang reichlich spitz.
„Ja, mein Lieber, ganz genau, erstens war ich Mitglied im Theaterausschuß der Stadt und zweitens war ich auch betroffen."
„Inwiefern?"
„Mein Vertrag wurde von seinem Nachfolger auch rückgängig gemacht. Ich war bei dem nämlich vorher engagiert und hatte meinen Vertrag etwas früher beendet, weil der Thiede mich brauchte."
„Und ausgerechnet der übernahm Halberstadt? Das war aber ein dummer Zufall", bedauerte Frau Burger.
„Was wurde denn da gespielt, daß man den Thiede vor die Tür setzte?"
„Eine naheliegende Frage, lieber Christian. Meine erste Rolle war der 'Georg' in Sudermanns 'Johannisfeuer'. Thiede spielte meinen Vater. Ich fand ihn großartig."
„Na ja, Sudermann, das müssen Sie doch zugeben, da staubt es doch gewaltig."
„Ich bin völlig Ihrer Meinung, Herr Christian, aber es war ein glänzender Schauspieler in einer großen Rolle zu sehen. Nur freuen Sie sich nicht zu früh, danach gaben wir das sowjetische Lustspiel 'Ein Ruhetag'."
„Ach du lieber Gott!"
„Aber gehen wir weiter. Eröffnet hatten wir die Spielzeit mit 'Was ihr wollt' im Schauspiel, 'Tiefland' in der Oper und den 'Fidelen Bauer' in der Operette. Ich würde sagen, der typische Spielplan eines Stadttheaters. Dann kamen noch 'Ein Inspektor kommt', 'Ein Spiel von Tod und Liebe', ich spielte darin den 'Valle', auch kein 'Held', ganz im Gegenteil, 'Der zerbrochene Krug' mit mir als 'Walter', ich inszenierte 'Rose Bernd', und übrigens

spielten wir auch 'Maschenka', auch ein sowjetisches Stück. Das sind die Stücke, die mir im Augenblick einfallen. Als Bühnenvorstand und Betriebsrat, die gab es damals noch, bekam ich auch einige Probleme des Intendanten mit. Wir mußten zum Beispiel durch starke Abstechertätigkeit zusätzliche Gelder einspielen, und da die Abstecherorte vor allem musikalische Aufführungen wünschten, nahmen wir irgendwelche Lustspiele, nahmen irgendwelche musikalischen Stanzerl hinein und verkauften sie als 'Musikalische Lustspiele'." Konrad sah in die Runde: „Was Sie jetzt alle denken, dachte ich damals auch und sagte es auch Thiede, aber der wies auf die Kassenlage, und die 'Kassa' stimmte bei ihm. Kurz bevor das neue Haus fertiggestellt war, gab man ihm den Laufpaß. Nun ja, die Stadtväter wollten wenig oder gar keine Subventionen zahlen und erste Kunst haben – Sie wissen, das ist die Quadratur des Kreises. Sein Nachfolger versprach, die Rechenaufgabe trotzdem zu lösen, er war jünger, eloquenter und verkaufte sich gut. Dem Vernehmen nach war er in der SED, zumindest Kandidat der Partei."

„Aber Rolf, das müßte dich doch eigentlich nicht kümmern", wandte sich der gleichaltrige Rosenberg an ihn.

„Du hast recht, Heinz, ich hatte meinen Vertrag schon verlängert, aber der Nachfolger wollte mich nicht haben und ich ging vors Arbeitsgericht. Die Stadt wurde verdonnert, mir den Verdienstausfall zu ersetzen. Ich begnügte mich mit einer symbolischen Summe von 500 Mark und mußte mich allerdings um ein neues Engagement kümmern. Leider waren kaum noch gute Vakanzen vorhanden, und ich schloß nach Greiz ab. Die Gage war zwar etwas höher, aber ich hatte wieder einen doppelten Haushalt. Daran hatte ich gar nicht gedacht, sonst hätte ich eine höhere Abfindung verlangt."

Er lachte spöttisch: „Der Kulturdezernat sagte mir mal später, daß sie mit einer höheren Abfindung gerechnet hätten."

„Also doch ein Held!" stellte Frau Gericke fest, „sonst hätten Sie es doch von vornherein mehr ausgenutzt."

„Ach, wissen Sie", fuhr er lachend fort, „in Greiz-Reiz-Schleiz hätte ich es dringend nötig gehabt, denn da passierte etwas ganz Ungewöhnliches: Nach zwei Monaten konnte man uns die Gagen nicht mehr auszahlen."

„Das ist doch nicht möglich! Wo gibt es denn das?"

Verwunderte Fragen der Kollegen, ungläubige Mienen:

„Es erklärt sich ganz simpel: Die Währungsreform wurde durchgeführt."

„Ach, du lieber, ja!"

„Bei uns hat es sich nicht so ausgewirkt", stellten die Kollegen fest.

„Ihre Intendanten hatten vorsichtiger Personal engagiert, der in Greiz war sehr in die vollen gegangen und stand bald da mit der leeren Abendkasse."

„Und was geschah dann?"

„Nach einigen Wochen fand sich ein neuer Rechtsträger, irgend so eine Volksbühne, und die übernahm das Theater unter der Bedingung, daß alle Gagen um die Hälfte gekürzt werden müßten.

Ich lehnte eine Kürzung ab, beendete meine gerade laufende Inszenierung und kündigte."
„Oh, verdammt, konnten Sie es denn wirtschaftlich?"
„Natürlich nicht, ich tat es trotzdem."
„Also doch ein Held", spöttelte Gutzeit unter allgemeinem Gelächter.
„Na, es sah jedenfalls belämmert aus und nicht heldisch. Ich schickte an meinen Agenten Daxa-Hansen – ich weiß nicht, ob Sie den noch kennen – Brandbriefe, und das Schicksal tat das übrige: Der Bautzener Intendant übernahm während der Spielzeit die Dresdener Volksbühne."
„Der jetzt in Berlin ist?"
„Ganz recht, Frau Gericke, und eine Vakanz ergab sich doch noch. Natürlich nicht als Intendant, da sei Gevatter Handschuhmacher vor, sondern für das Schauspielfach eines Intendanten, das Fach aller schönen Rollen. Ich sprach vor und wurde sofort engagiert."
„Schwein gehabt, Herr Konrad!"
„Na und ob, das ist überhaupt keine Frage, Herr Christian."
„Und Ihre Familie, wo war die denn verblieben?"
„Sie haben die Frage schön formuliert, liebe Frau Burger, die verblieb in Halberstadt."
Er wandte sich an seine Frau: „Willst du nicht mal über Halberstadt erzählen, Schatz?"
„Meinst du? Ja, gut, das ist leider nicht kurz zu fassen. – Als mein Mann vor der eigentlichen Spielzeit schon in Halberstadt arbeitete, habe ich mich nach einer Wohnung umsehen können. Wir wohnten noch in Erfurt. Und zufällig hatten die Russen ihr Halberstädter Offiziersheim wieder frei gemacht. Es gehörte früher einem politisch belasteten Rechtsanwalt, der zog oben wieder ein und wir unten. Fragen Sie mich bitte nicht, wie die Wohnung aussah."
„Na ja, das kennt man ja aus Ost und West", warf Rosenberg ein. „Wir können die deutschen Armeen mit einbeziehen, Heinz!"
„Das will ich aber meinen!"
„Jetzt sind wir endlich mal derselben Meinung, Kollege Christian", lachte Konrad.
„Ich hatte Gott sei Dank eine tüchtige Aufwartefrau", fuhr Charlotte fort, „und die Wohnung bald in einem akzeptablen Zustand. Sie war sehr groß, mit Garten und sogar Wintergarten in einer guterhaltenen Wohngegend. In der Nähe waren die Wälder der Spiegelsberge und auch Badeanstalten lagen da. Der vormalige Besitzer verhielt sich zurückhaltend, war in irgendeiner Fabrik als Nachtwächter beschäftigt."
„Muß ihm schön dumm vorgekommen sein", bemerkte Gutzeit.
„Wieso, da hat er doch noch Glück gehabt!" kommentierte Christian, „das war doch sicher ein alter Nazi."
„Ich glaube, ja", setzte Charlotte den Bericht fort, „das war alles verhält-

nismäßig freundlich, aber die Wohnung war mit ungefähr 200 Quadratmetern viel zu groß. Wir hatten Heizung, aber keinen Koks und keine Kohle, sie anzustellen. Im Sommer war es schön, aber in der kalten Jahreszeit war es unangenehm. Glücklicherweise hatten wir in einem kleineren Zimmer eine Gasleitung entdeckt, da schlossen wir einen Gaskocher an und wärmten das Zimmer zusätzlich – bis – ja, bis einmal", sie sah ihren Mann an, „willst du das nicht erzählen?"

„Nun ja, das ist wohl mein Part: Ich wurde eines Nachts von einem sporadischen Geräusch wach, nicht nur das Geräusch, auch ein Gasgeruch riß mich aus dem Schlaf, ich stürzte zum Fenster und riß es auf, holte meine Frau aus einem festen Schlaf und auch unseren Jungen, der sich intuitiv unter seiner Decke zusammengerollt hatte." „Um Gottes willen, was war denn passiert?" riefen die Frauen.

„Das ist leicht erklärt: Gas wurde damals nur sporadisch an Haushalte abgegeben, und als wir am Abend schlafen gegangen waren, war die Gaszufuhr vorher beendet worden und wir hatten den Gashahn nicht abgestellt."

„Du meine Güte, Rolf, da seid ihr dem Tod gerade noch mal von der Schippe gesprungen."

„Ja, kann man so sagen, Heinz. Wir grübelten danach sehr, wie wir an mehr Heizmaterial kommen könnten, und ich fand einen Kohlenhändler, der uns zwar keine Kohlen, aber Holz aus dem nahen Harz besorgen konnte, in größeren Mengen. Unter den Kollegen war das Interesse auch groß, und der Händler fuhr mit seinen Leuten in den Harz und schaffte es herbei. Ich fuhr auch zweimal mit."

„Richtige große Bäume?"

„Ja, Frau Burger, überwiegend hohe Buchen; es war eine ziemliche Maloche. Kurz und gut, nach einer alphabetischen Liste belieferten wir die Kollegen mit ein paar Kubikmetern Brennholz. Der Preis war erschwinglich."

„Eine tolle Sache, Rolf", konstatierte Rosenberg.

„Leider konnte der Kohlenhändler die Aktion nicht ganz beenden, ich glaube, das zuständige Forstamt zog die Erlaubnis zurück, die Gründe weiß ich nicht mehr. Ein kleiner Teil der Kollegen konnte nicht mehr beliefert werden."

„Aber es war doch immerhin was!"

„Ich war trotzdem verärgert, mußte aber die Entscheidung akzeptieren, einige Kollegen gingen leer aus."

„Zu welchen gehörten Sie denn, Kollege Konrad?"

Konrad grinste Christian spöttisch an: „Sie haben recht mit Ihrer unausgesprochenen Annahme: Nach der alphabetischen Liste gehörte ich zu denen, die noch Holz bekommen hatten.

Trotzdem gab es Verdächtigungen und Ärger. Ich habe jedenfalls ein gutes Gewissen, korrekt gehandelt zu haben."

„Also doch ein Held", witzelte Gutzeit.

„Vielen Dank für die freundliche Meinung, Herr Gutzeit, es ist doch eine Frage der persönlichen Haltung."
Frau Burger wandte sich an ihn: „Danach war Ihre Zeit in Halberstadt etwas ungewöhnlich."
„Leider nicht nur darin", stellte Rolf sarkastisch fest und sah seine Frau an, „soll ich das auch erzählen?"
„Was, Rolf?" „Über Gert!" „Meinst du? Das ist doch sehr persönlich."
„Aber sagt es nicht auch etwas über die Zeit und unsere Verhältnisse aus, Schatz?"
Sie bewegte skeptisch den Kopf: „Es mag sein."
Die Kollegen hatten die kurze Unterhaltung verfolgt.
„Ist es sehr persönlich?" fragte Frau Gericke.
„Ich würde meinen ja, aber auch sehr theaterspezifisch", setzte Rolf hinzu.
„Dann erzähl es doch, Rolf."
Er sah sich in der Runde um: „Haben Sie alle noch zu trinken?" Er sprang auf und holte aus der Küche noch Getränke. „Wenn Sie sich bedienen wollen", und setzte sich neben seine Frau.
Er legte seine Hand auf ihre: „Zum Frühsommer 48 hatten wir uns etwas Kleines bestellt. Selbstverständlich war meine Frau bei einem Gynäkologen unter Kontrolle und Behandlung. Alles verlief normal, bis Anfang April, es war im siebten Monat, starke Wehen einsetzten – und der Arzt war nicht zu erreichen. Die Wehen wurden stärker und stärker, ich rotierte gewaltig, meine Frau verlangte unbedingt ihren Arzt, und als ich schon nicht mehr aus noch ein wußte, kam er doch noch, leicht und locker – eine Geburt ist ja immer ein freudiges Ereignis. Nun, immerhin, er kam und gleich drauf das Kind. Er gratulierte mir zur Geburt eines Jungen, aber kam bald danach, um mir mitzuteilen, daß es mit dem Jungen Probleme gäbe. Auf meine Frage, was zu tun sei, erklärte er, das Leben der Mutter ginge vor und die Hebamme, die er mitgebracht hatte, müßte sich um sie kümmern. Von unserem Kleinen hörte ich beim Atmen Geräusche, als hätte er Schleim auf der Lunge. Es dauerte mir eine Ewigkeit, bis die den Jungen ins Krankenhaus fuhren. Ich ging ins Nachbarhaus, das Theater anzurufen. Zufälligerweise war der Nachbar der Leiter der Kinderklinik des Krankenhauses, ein Dr. Schmidt, der mir versicherte, daß sie alles tun würden, um den Jungen durchzubringen.
Ich teilte dem Theater die überraschende Geburt mit und daß ich mich um meine Frau kümmern müßte, den angesetzten Abendabstecher aber wahrnehmen würde."
Rolf sah seine Kollegen an. „Ja und nun wird es 'theatermäßig'. Es war Freitag und eine letzte Bühnenprobe für unser neues Stück 'Via mala' war schon ausgefallen, am Dienstag sollte Premiere sein. Ich spielte den Riechenau."
„Ach du lieber Himmel!" Die Kollegen reagierten nervös.
„Ich hatte mich inzwischen um meine Frau gekümmert, Essen für sie und

Ulrich bereitet und ging dann vor dem Abstecher noch schnell zum Kinderarzt nebenan, der teilte mir mit – daß unser Sohn inzwischen verstorben sei."

„O Gott! Was taten Sie?"

„Ich fuhr ins Theater zum Abstecher; wir gaben da irgendwo ein Lustspiel mit Gesang."

„Du lieber Himmel, ging denn das?"

„Oh, die Kollegen waren sehr verständnisvoll – und ich schaffte die Vorstellung."

„Aber Ihre Frau, ich mag gar nicht daran denken."

Frau Gericke legte ihre Hand verständnisvoll auf Charlottes Arm.

Konrad machte eine Pause und sah Charlotte an. „Ich überlegte nun auf der Rückfahrt, wie ich es ihr am schonendsten mitteilen könnte, bedachte alle Möglichkeiten, es waren nicht viel, und als ich in der Nacht an ihrem Bett stand, war alles umsonst gewesen, denn sie versuchte mich zu trösten, ich solle mir keine Sorgen machen, es würde alles gut gehen, unser Gerti würde es überstehen, er würde durchkommen."

„Aber was soll das, Rolf?" Rosenberg machte eine unwillige Geste.

„Ja, was wohl, lieber Heinz, meine Frau erklärte mir: Die Hebamme sei inzwischen dagewesen und habe das mitgeteilt."

„Ja, zum Teufel, auch!" Alle blickten ihn konsterniert an. – „Ich brauchte eine lange Zeit, bis ich Worte fand, die richtigen, um sie zu informieren – es hat sehr lange gedauert."

Alle sahen ihn an: „Und wie ging es weiter?"

Konrad starrte einen Moment vor sich hin. – „Ja, wie? Der nächste Tag hatte es in sich: Ich suchte den diensttuenden Kinderarzt im Krankenhaus auf und bekam von dem einen Totenschein mit dem Vermerk: Ärztliche Behandlung – keine."

„Das ist doch nicht möglich, Herrgott noch mal!" Einer der Kollegen schlug mit der Hand auf den Tisch.

„Das hatte ich auch gedacht, da mir der Leiter der Kinderklinik in die Hand versprochen hatte, alles für das Kind zu tun, aber der war nicht da und sein Kollege wußte von nichts. So trottete ich den Instanzenweg, um die Formalien zu erledigen, eine deprimierende Sache, selbst einen Sarg für den Kleinen konnte ich nur auf mehreren Umwegen bekommen. Der Termin für die Beerdigung war für Montag 11 Uhr angesetzt, das teilte ich dem Theater mit, und mein geschätzter Intendant setzte für 12 Uhr die Hauptprobe an. Er war sehr interessiert, daß dann am Dienstag vormittag die Generalprobe und am Abend die Premiere 'Via mala' stattfindet – und ich war damit einverstanden – ich sagte zu."

Konrad blickte in die Runde: „Sehen Sie, das ist das Eigene, sagen wir das Eigenartige, trotz meiner skeptischen Grundeinstellung: Ich stimmte zu", wiederholte er. Die anderen sahen es sehr unterschiedlich.

„Darf ich weitererzählen, liebe Freunde?"

Wir verbrachten das Wochenende. Meine Bemühungen, für meine Frau eine Pflege zu bekommen, hatten nichts erbracht, so daß ich sie weiter allein versorgen mußte. Durch unsere berufsbedingten Trennungen kann ich ein bißchen kochen und Haushalt führen, und unser Ulrich war recht brav. Er war damals drei Jahre alt, und mit ihm ging ich dann am Montag vormittag zum Friedhof. In der Leichenhalle warteten vier Sargträger an dem winzig kleinen Sarg und trugen ihn zum Grab, Ulrich und ich hinter ihnen. Sie ließen unseren kleinen Gert, der noch gar nicht unser gewesen war, in die Grube. Ulrich und ich legten unsere Blumensträuße dazu und gingen zurück, Uli zu seiner Mutti und ich ins Theater."

„Mein Gott, wie haben Sie das nur gekonnt?"

„Ich weiß es nicht, Frau Burger, aber ich bin noch nicht am Ende meines Berichtes, jetzt kommt wieder das Theaterspezifische der Theaterwelt ins Spiel."

„Wie meinen Sie das?"

„Es kam anders als gedacht, meine Liebe: Ich war ja bereit, die Hauptprobe zu spielen, hatte aber Absenzen am laufenden Band, hatte einen Hänger nach dem anderen, ich stieg ein und stieg wieder aus. Meine Partnerin, damals in Halberstadt ein 'Star', wurde ungnädig, Thiede versuchte zu vermitteln. Meine Entschuldigungen änderten nichts bei mir und auch nichts in der Sache. Es kam zu Vorwürfen: Sie habe schließlich einen guten Namen zu verlieren! Kurz und gut, endlich gut, ich tat das, was ich schon am Freitag hätte tun sollen: Ich meldete mich krank. Der Arzt schrieb mich sofort für eine Woche wegen schwerer Depressionen arbeitsunfähig."

„Und 'Via mala'?" fast einstimmig kam die Frage.

Konrad lachte sarkastisch: „Sehen Sie, liebe Kollegen, diese Frage ist typisch für uns. Aber ich kann Sie beruhigen, die Premiere fand statt. Ein älterer Kollege, ein sogenannter 'schneller Lerner' und 'Übernehmer', schminkte sich auf jung und spielte den Liebhaber – das Theater war gerettet, korrekt natürlich nur die Premiere, aber das wird ja oft und gern als dasselbe angesehen. Ein paar Tage später kam die bewußte Kollegin, der 'Star', zum Krankenbesuch zu meiner Frau – ich ließ sie vor der Tür stehen. Wieder ganz der 'Held', lieber Gutzeit", lachte er den Kollegen an.

„Leider ist die Geschichte doch noch nicht zu Ende. Als meine Frau wieder etwas fit war, hatte sie dem Arzt und der Hebamme erhebliche Vorwürfe gemacht. Ich selbst wurde beim Vorsitzenden der Ärztekammer vorstellig, wir hatten nicht nur den Totenschein als Beweis des Versagens, sondern noch im Erfahrung gebracht, daß von Krankenschwestern dem Dr. Schmidt der Vorschlag gemacht worden war, dem Kleinen die Lunge abzusaugen. Schmidt lehnte ab und fuhr aufs Land, um sich Lebensmittel zu organisieren. Meine Frau erfuhr es über dessen Frau. Nun ja, lassen wir das. Der Vorsitzende der Ärztekammer erklärte mir, nach seinen Unterlagen sei Gert nicht lebensfähig gewesen, und bot eine Obduktion an. Aber was sollte das noch bringen:

Unser Kind war tot! Sie können überzeugt sein, daß wir das alles gründlich recherchiert hatten, aber es war ja nicht justitiabel.

Heute nach einigen Jahren sehe ich da auch einiges anders: Das Verhalten der Kollegin und Thiedes ist wohl hinzunehmen, sie sahen nur i h r Theater. Nein, ich hatte mich falsch verhalten, ich hätte am Tag der Geburt und des Todes unseres Kindes vielleicht noch auftreten können, aber am nächsten Tag mich sofort krankmelden sollen. Und was die medizinischen Fehlleistungen angeht", er sah seine Frau entschuldigend an und hob die Schultern, „meine Frau ist da anderer Auffassung, aber auch da habe ich falsch gehandelt: Ich hätte nicht auf sie hören und auf den Arzt warten sollen, sondern mir sofort einen Wagen besorgen und sie ins Krankenhaus bringen sollen, auch wenn es damals etwas schwer war, einen Wagen zu bekommen. So einfach war die richtige Lösung."

„Sind Sie da nicht zu streng mit sich selber?"

„Ich glaube nicht, Frau Burger. Ich sehe da etwas Grundsätzliches: Uns Theatermenschen fehlt oft der Sinn für die Realitäten des Lebens – was sich übrigens erklären läßt, und selbst als ich diesen Fehler gemacht hatte, bestand noch die Möglichkeit, den Arzt dringend zu bitten, das Kind sofort ins Krankenhaus zu bringen, die Hebamme versorgte meine Frau doch. Nein, nein, ich hatte alles dem Sachverstand des Arztes überlassen, er müßte alles richtig sehen und entscheiden, und der hat nur nach Routine entschieden – nicht nachdrücklich interveniert zu haben, das ist mein Versagen."

„Sehen Sie das nicht zu streng?"

„Nein, nur logisch, das Versagen anderer ist keine Rechtfertigung für uns, liebe Frau Burger."

Spöttisch fügte er hinzu: „Aber ich bin Ihnen noch den Abschluß der ganzen Geschichte schuldig: Meine Frau hatte sich erholt, ich war wieder arbeitsfähig, wir hatten uns sogar 'Via mala' angesehen. Ein Bühnenstück übrigens, das mit Recht so gut wie nicht aufgeführt wird. Der Autor Knittel hatte seinen zweifellos guten Roman selber dramatisiert und danach war es auch. Die Empfindungen, Gedanken und Handlungen der Bühnengestalten waren so gut wie nicht nachzuvollziehen und da ..." Konrad machte eine Erwartungspause, „da erhielten wir vom Frauenarzt und der Hebamme eine Rechnung über die ärztlichen Leistungen für die Privatpatientin Charlotte Konrad."

Alle sahen ihn verdutzt an und dann hörte man nur etwas von „einem Tollhaus, Irrsinn und Wahnsinn! Wo sind wir denn!"

Charlotte mußte etwas dämpfen: „Bitte, Ulrich wird wach."

„Selbstverständlich sind wir wie alle kranken- und sozialversichert", fuhr Rolf fort, „aber es war gerade Quartalsbeginn, als das alles passierte, und wir hatten den Krankenschein nicht gleich zur Hand gehabt – wir konnten ja nicht ahnen –, und so behandelten die meine Frau als Privatpatientin. Obwohl wir schon monatelang als Kassenpatientin behandelt worden waren, lehnten sie jede Intervention ab, der Krankenschein lag nicht vor – und damit basta! Der Leiter der Sozial- und Krankenkasse sagte mir, wir müßten zahlen. Ich zahlte, es war eine stattliche Summe."

Rolf Konrad sah seine Kollegen reihum an: „Sie müssen zugeben: Das ist eine glänzende Pointe!"

„Ich weiß nicht, was daran glänzend sein soll, Herr Konrad, ich finde es einfach empörend!" Frau Gericke geriet in Rage.

„Das könnte heute nicht mehr passieren!"

„Das weiß ich nicht einmal, Herr Christian, ich hoffe nur, daß wir nicht noch einmal in solche Lage geraten."

„Aber nicht hier und in Halle auch nicht. Sie gehen doch in der nächsten Spielzeit mit Dr. Rath nach Halle."

„Allerdings. Einerseits ist es schade wegen Warnemünde und Strandleben, aber unter der Intendanz des Herrn, der aus Wismar herkommt, möchte ich nicht arbeiten, und wie ich hörte, befinde ich mich in großer Gesellschaft. Wer bleibt eigentlich noch hier?"

„Die Garderobenfrauen!"

Gutzeits Bemerkung löste allgemeines Gelächter aus.

„Glücklicherweise haben wir schon eine Wohnung in Aussicht: Der Heldentenor geht nach Magdeburg, und wir können im August nach Halle umziehen. Die Wohnung liegt in der Nähe des Zoos und des Giebichenstein. Wie ich hörte, ist es die einzige schöne Wohngegend in Halle, sonst ist die Stadt ziemlich trist. Die Oper besonders, die 'Händel-Festspiele' genießen einen guten Ruf, und noch etwas", er sah die Kollegen lachend an, „ich muß da gleich den 'Tell' übernehmen. Die sollen damit aber keine 'Eisernen' erzielt haben."

„A. P. Hoffmeister war nicht am Vorhang!"

Lachende Zustimmung.

„Aber noch sind wir hier, und am nächsten Wochenende haben die Kollegen von der anderen Partei mit 'Glas Wasser' Premiere. Die werden sicher eine bessere Resonanz haben, als wir heute." Er blickte zur Uhr: „Ich muß mich korrigieren: als gestern, und danach beginne ich meine Inszenierung 'Wassa Schelesnowa'. Die Besetzung ist ja schon raus. Es ist für Sie, Frau Burger, eine schöne Aufgabe."

„Die Wassa bin ich aber noch nicht."

„Die Deuter war eine Vorbereitung. Wir werden ja sehen. Das Rollenbuch haben Sie sicher schon."

„Ja, mal durchgelesen."

„Und?"

„Eine schwere Aufgabe, ich weiß nicht, ob ich sie schaffe."

„Ach, nur Mut, Frau Burger, es ist ein starkes Stück, auch die zweite Fassung, die wir spielen werden. Ich freue mich schon darauf."

Frau Gericke sah auf ihre Armbanduhr: „Es geht auf 2 Uhr, Kollegen, jetzt ist es an der Zeit. Steh auf, mein Lieber, wir müssen!" Sie wandte sich an Charlotte: „Herzlichen Dank für die Gastfreundlichkeit, liebe Frau Konrad, es waren interessante und angenehme Stunden; wir werden uns bald mal revanchieren." Die anderen leerten ihre Gläser und standen auf. Bei gedämpfter Unterhaltung nahmen sie im Flur ihre Garderobe und verabschiedeten sich mit freundlichem Dank von den Gastgebern. „Ich bringe Sie runter, Bienchen muß noch Pfützchen machen!" Schnell nahm er den Dackel auf den Arm und folgte ihnen. „Ich bin gleich wieder da, Schatz!"

5. Kapitel

Charlotte und Rolf Konrad verließen am Samstag abend die Wohnung, um im Theater die Premiere „Ein Glas Wasser" zu sehen. Das Söhnchen Ulrich hatte versprochen, brav zu schlafen, Bienchen sich vorerst auf einen Sessel niedergelassen, wahrscheinlich würde er nach einigen Zwischenstationen wieder ins geliebte Körbchen zurückkehren.

Es war ein milder Frühsommerabend, auf den Straßen waren nur vereinzelt Leute zu sehen.

„Gehen wir zu Fuß oder fahren wir mit der Straßenbahn bis zum Doberaner Platz, Liebes?"

Charlotte hakte sich bei ihm ein: „Fahren wir das Stück, nach der Vorstellung müssen wir sowieso zu Fuß laufen – oder hast du die Absicht, nach der Vorstellung noch in die Theaterkneipe zu gehen?"

„Gott bewahre, erstens weiß ich nicht, ob man feiern wird, und außerdem kenne ich das Repertoire von A. P. Hoffmeister schon."

„Das ganze?" fragte sie spöttisch.

„Es ist nicht groß, meine Liebe, es wird doch nur variiert, und außerdem kennst du doch meine Neigung, gern sachbezogen zu diskutieren, und das paßt nicht ganz in gewisse Hochstimmungen und könnte nur verstimmen. Lassen wir es lieber bleiben."

Sie waren an der Parkstraße angelangt und hatten Glück, noch eine Straßenbahn zu erwischen. Sie zuckelten am Alten Friedhof vorbei und stiegen am Doberaner Platz aus. Zur Doberaner Straße und zum Theater mußten sie die Straße etwas zurückgehen. Mit ihnen gingen zahlreiche Passanten, die offensichtlich auch zur Premiere wollten. Da das Rostocker Theater während des Krieges zerstört worden war, hatte man einen Konzertsaal umgebaut. Es waren keine wuchtigen und falschen Säulen zu sehen mit weiträumiger Empfangshalle, man mußte einen Gang zum früheren Konzertsaal hinuntergehen. Zuschauergruppen standen vor den Türen.

„Sei so gut, Schatz, und hole unsere Karten von der Kasse, ich gebe die Mäntel an der Garderobe ab."

Sie trafen sich im Foyer. Das erste Klingelzeichen ertönte. Charlottes Blick fiel auf die großen Solistenporträts an den Wänden. Wie oft waren Statements zu politischen Tagesfragen angebracht. Die Wiederbewaffnung der Bundesrepublik war diesmal das Thema. Protest gegen den Aufbau einer faschistischen Armee unter Nazi-Generalen in Westdeutschland wurde geäußert, von Rosenberg, Gutzeit, Christian und von Konrad.

Sie rief ihren Mann: „Rolf, kommst du mal!"

Er steckte die Garderobenmarke in die Tasche und blickte auf sein Foto.

„Ach ja, sie können es nicht lassen, das ist nicht mein Kommentar, ich habe dem Dramaturgen Gebhardt wörtlich gesagt:

Ich protestiere gegen jede Wiederbewaffnung deutscher Staaten."
„Wirst du ihn zur Rede stellen?"
„Wie werd' ich denn, Kind, denk an die Verhältnismäßigkeit."
Er nahm ihren Arm und ging zum mittleren Parkett-Eingang, „das eine ist doch so blöde wie das andere und nicht gerade überzeugend, man fragt sich, wollen sie wirklich überzeugen? Es ist doch bekannt, daß beide Seiten im Interesse und Auftrag ihrer Besatzer aufrüsten, sie unterscheiden sich nur in der unterschiedlichen Dümmlichkeit der Argumente, die Fakten sind bekannt."
„Den Eingeweihten – aber Otto Normalverbraucher?"
„Der erfährt es auch, du kannst Landesgrenzen dichtmachen, mehr nicht, und da stellt sich auch die Frage, wie lange. Aber lassen wir das Thema, drüben stehen Rosenberg-Gericke."
„Ja, schon gesehen."
Sie grüßten hinüber und gingen auf ihren Platz. Der Zuschauerraum füllte sich zügig beim zweiten Klingelzeichen. Einige hintere Plätze waren nicht besetzt; da die Türen geschlossen wurden, würden sie wohl frei bleiben. Trotzdem war es für eine Schauspiel-Aufführung gut besucht. Das Licht wurde eingezogen, letzte Hüsterchen, rascheln von Papier, und der Vorhang hob sich: die ausgehende Barockzeit in gediegener Ausstattung. A. P. Hoffmeister hat es mit seiner Frau als Gast in der Rolle der Herzogin von Marlborough inszeniert. Den Gegenpart Bolingbroke spielte Siegfried Köhler, ein gutaussehender Kollege auch Ende Dreißig. Ein passendes Gespann, fand Konrad, dazu als Königin Isa Günther und die beiden Anfänger Weirich als Abigail und Behrendt als Masham, alle gut besetzt und geführt; es war eine sehr freundliche Unterhaltung. Von Scribe wußte Rolf nur, daß er im vergangenen Jahrhundert über 300 Bühnenstücke und ein halbes Hundert Opern-Libretti geschrieben hat. Eine beachtliche Produktion, man könnte auch von Fruchtbarkeit sprechen, spöttelte er in Gedanken und alle so wie dieses Stück perfekt gemacht, alle Achtung, das Publikum war derselben Ansicht und amüsierte sich sehr über die stets schwankende Königin, den arg- und ahnungslosen Masham, von allen geliebt, der reine Tor und die große Feldherrin Marlborough, die ihn fördert und dem fernen Herrn Gemahl Feldherrnruhm und Hörner verpassen will, und gar nicht zu vergessen, der sich liberalgebende Schöngeist Bolingbroke. Ob der historische Hintergrund auch so heiter und harmlos war, jedenfalls war er es hier und schaffte Vergnügen, bis der Vorhang fiel. Die Zuschauer standen auf, um ins Foyer zu gehen, sich die Füße zu vertreten, sich zu unterhalten.
„Gehen wir auch, Schatz?"
„Aber natürlich, ich muß mal an die frische Luft."
Sie schoben sich an einzelnen Gruppen vorbei, begrüßten kurz Heinz Rosenberg, Sonja Gericke, trafen Herbert Christian, mit der frischen Luft vor den Türen wurde es nichts, da die Herren ihre Pausenzigaretten rauchten.

„Ach, komm wieder rein, Rolf, die Pause ist auch gleich vorbei – übrigens", sie flüsterte ihm leise zu, „ich glaub', ich hab' nen Floh."
Er lachte sie an: „Hat's dich auch erwischt!"
„Wieso, du auch?"
„Nein, nein, mich nicht, aber es ist bekannt, daß in den Parkettstühlen Sandflöhe zuhauf nisten."
„Das höre ich zum ersten Mal."
„So", er lachte leise, „es ist doch bekannt. Hab ich's dir noch nicht gesagt? Du kannst es sehen, wenn im Verlauf der Vorstellung mal der eine Zuschauer zusammenzuckt, mal der andere."
„Das ist doch füchterlich! Ich erlebe es heute zum ersten Mal. Sind die Sandflöhe vom Strand?"
„Ach, Kind, ich bin doch kein Kammerjäger!"
„I gitt, i gitt, wenn ich nach Hause komme, springe ich gleich in die Badewanne."
„Das wird das Beste sein, bis dahin mußt du ihn heldenmütig ertragen."
„Daß du noch lachen kannst!"
„Entschuldige bitte, aber komm, das erste Klingelzeichen." Sie nahmen wieder ihren Platz ein.
„Übrigens", tuschelte er ihr zu, „jetzt kannst du sehen, wie Zuschauer immer wieder zusammenzucken, sie genieren sich ein bißchen, aber es erwischt sie immer wieder, mal den, mal den anderen."
Das Licht erlosch, auf der Bühne ging das vergnügliche Spiel weiter, launig und ohne Belehrung, ohne Zeigestock, nur freundliche Unterhaltung wurde geboten von Scribe und den Interpreten auf der Bühne. Etwas ungewöhnlich, sinnierte Konrad, auch die Ambitionen und Aktionen von Bolingbroke waren harmloser Natur, und gegen einen Krieg zu sein war doch zu allen Zeiten selbstverständlich. Ein Antikriegsstück war es sicher nicht, vom Autor wohl auch nicht beabsichtigt, aber wenn man will, kann man es auf diese Schiene schieben, in der dramaturgischen Rechtfertigung wird man es geschoben haben, und damit wäre der gute alte Scribe noch zu sozialistischen Ehren gekommen.
Rolf unterbrach seine Reflexionen, Charlotte zuckte zusammen, er hat gebissen! Rolf grinste und warf ihr einen schnellen Blick zu, den sie ärgerlich quittierte, aber die gekonnte Auflösung des Spiels begann, der Marquis de Torcy wurde gegen den Willen der Herzogin von der Königin Anna empfangen, Bolingbroke mit der Regierung beauftragt, Masham bekam seine geliebte Abigail, und die Königin wurde vor einer Peinlichkeit bewahrt – Harmonie allerorten!
Das Bühnenlicht erlosch, der Vorhang fiel, Beifall rauschte auf. Das Saallicht brachte die Darsteller vor den Vorhang, schön geordnet nach der Größe der Aufgabe. Die Aufnahme der Inszenierung war herzlich, und auch A. P. Hoffmeister konnte den Dank des Publikums entgegennehmen.

Charlotte drängte zur Garderobe: „Wirst du die Kollegen noch beglückwünschen?"

„Kann ich doch nicht in deiner Notlage", lachte er sie an. „Ich beeile mich!" Er holte schnell die Mäntel und sie gingen mit den ersten Gruppen der Zuschauer zum Theater hinaus.

Charlotte warf einen Blick zum Himmel: „Es ist Sternenhimmel, Rolf, fahren wir morgen an den Strand?"

„Geht nicht, meine Liebe, morgen vormittag kommt doch Herr Käbler zum Schach."

„Ich ziehe den Strand vor."

„Ich aber nicht. Du kannst mit Uli rausfahren, stellst mir das Essen bereit, und ihr seid zeitlich ungebunden."

Sie gingen durch die dunkle Fritz-Reuter-/Arno-Holz-Straße Richtung Dethardingstraße.

„Hier möchte ich nicht allein durchgehen, Rolf."

„Brauchst du auch nicht, aber Russen sind nicht in der Stadt stationiert, und Ganoven haben wir nicht, die sind alle in Westdeutschland."

„Alter Zyniker."

„Im Ernst, es gibt doch nichts zu klauen und zu räubern, und unsere Volkspolizei ist wachsam."

„Wenn man das hört, könnte man meinen, du hättest dich doch für eine Partei keilen lassen, der Name wäre nebensächlich."

„Und jetzt bist du mal zur Abwechslung zynisch, aber laß mal das politische Lied, es ist sowieso dieselbe alte Weise. Was anderes: Wie fandest du die Aufführung. Du kanntest das Stück sicher noch nicht."

„Nein, und kanntest du es?"

„Ein bißchen. Als die Besetzung herauskam, habe ich mir ein Textbuch ausgeliehen."

An der Ecke Parkstraße – Dethardingstraße fuhr die letzte Straßenbahn nach Barnstorf raus. Charlotte blickte ihn von der Seite an: „Hast du kritische Einwände gegen die Inszenierung?"

„Einwände gegen würde ich nicht sagen, ich habe einige Überlegungen angestellt."

„Kannst es eben nicht lassen."

„Nich doch, Kleene, ick will nich runtermachen, det wär och nich jerecht – aber im Ernst, es war ein gelungener Abend, unbestreitbar."

„Braucht es mehr?"

„Die Perspektive, meine Liebe. Wenn ich nicht irre, bin ich Schauspieler und Regisseur und lege mir ab und zu die Frage vor: Wie würde ich das machen, wenn ich es mal machen müßte, und da bin ich der Meinung – oder sagen wir vorsichtiger, ich könnte der Meinung sein, daß die Aufführung etwas zu schwer war."

„Hab' ich's mir doch gedacht!"

„Warten's ab, Frau Gräfin. – Die Inszenierungen Hoffmeisters sind oft geschlossen und kompakt, und das ist nicht immer gut, am wenigsten bei einem Lustspiel. Ich hätte mir 'Ein Glas Wasser' lockerer und leichter gewünscht. Die Zeit, der Stil ist zwar ausgehendes Barock, Bühnenbild und Kostüme stimmten, aber die Story, das Thema ist mehr Rokoko. Diplomatie, amüsante Hofintrigen, dramaturgisch sehr gekonnt von Scribe, Probleme sind eigentlich keine Probleme, es bleibt auch in der Erwähnung des Krieges, da irgendwo in den Niederlanden, weit ab, immer noch heiter, und das nicht nur für den Betrachter, ich hätte die Darsteller auch launig spielen lassen, mit sehr viel eigenem Spaß an der Sache. Ob es gelungen wäre, die Schauspieler dahin zu bringen, das allerdings weiß ich nicht."

Sie waren vor dem Haus angelangt. Rolf schloß die Tür auf und horchte, ob Bienchen sie schon geortet hatte. Hinter der Wohnungstür winselte er dezent.

„Schatz, ich lasse ihn Pfützchen machen, bin gleich wieder da, vielleicht hast du noch etwas zu trinken!"

Charlotte hörte überhaupt nicht auf ihn und stürzte ins Bad. -

„Wo bist du, Kleine?"

Konrad war zurückgekommen und suchte im Wohnzimmer und in der Küche: „Heda, Dame meines Herzens, wo steckst du?"

„In der Badewanne auf Flohjagd, aber ich hab' ihn schon", lachte sie und kam im Morgenmantel heraus. „Komisch, daß mir das zum ersten Mal passiert ist."

„Wenn ich nicht irre, hast du meist auf dem 1. Rang gesessen, da sind keine. Hauptsache, du hast ihn erwischt und ertränkt, das Untier. Willst du noch etwas trinken?"

„Nein, danke, ich gehe gleich schlafen und morgen vormittag fahre ich mit Uli an den Strand, einverstanden?"

„Aber selbstverständlich, Liebes."

6. Kapitel

Die neue Woche hatte einen Wetterumbruch gebracht, das herrliche Badewetter war von einem Tief mit Regen und starken Windböen abgelöst worden. Charlotte war Montag noch bei der Hausarbeit, als Rolf und Uli die Treppe hochgestolpert kamen und von Bienchen freudig begrüßt wurden. „Was für ein Lärmen, Freunde?", sie blickte kurz in den Flur, „und so bald und beide zugleich?"

Rolf hängte Mantel, Schlapphut und Ulrichs Regen-Cape an die Garderobe.

„Sehr einfach, meine Liebe, Uli habe ich auf dem Nachhauseweg aufgegabelt; er turnte zwischen Grabsteinen des alten Friedhofs an der Parkstraße herum."

„Was hast du da zu suchen, Junge?"

„Er hat es mir schon gesagt: seinen Klassenkameraden, und der hat ihn gesucht, so einfach war das."

„Na schön", Charlotte hängte den Staubwedel in den Besenschrank, „aber warum bist du schon da, ich habe dich erst gegen 13 Uhr erwartet."

„Auch das ist ganz einfach, es gibt Änderungen im Spielplan, 'Wassa' kommt später, weil das 'Berliner Ensemble', genauer: der Brechtschüler Benno Besson mit einem Mitglied der Berliner Moliéres 'Don Juan' bei uns inszenieren soll. Alle anderen Rollen werden mit unseren Kräften besetzt, Sganarelle spielt Christian."

„Wer ist Don Juan?"

„Wir haben uns eben bekannt gemacht: Norden oder Noerden, oder so ähnlich heißt er. Ich glaube nicht, daß er eine Spitzenkraft ist. Die Proben sollen sofort beginnen. Hoffmeister schlug mir vor, ich solle mit den Kollegen, die frei sind, meine Arbeit schon beginnen. Darauf verzichte ich lieber, das wird nichts Halbes und nichts Ganzes. Ich werde die Rollen einstreichen und durch die Dramaturgie aushändigen lassen, außerdem mit dem Ausstattungsleiter und der Kostümbildnerin Bühnenbild und Kostüme besprechen. Ich habe zu tun, und wenn die Berliner auf der Bühne probieren, hier und da mal 'Mäuschen machen', um zu sehen, wie die arbeiten und was sie aus Moliéres Stück machen können. Mozarts 'Giovanni' deckt das Thema so weit und stark ab, daß ich Zweifel habe, daß denen etwas Besonderes gelingt.

Ich mache mir einen Saft, willst du auch?"

Rolf ging in die Küche: „Hörst du, ob du auch einen willst?"

„Nein, danke! Uli, willst du was zu trinken haben?"

„Nein", rief er aus seinem Zimmer.

„Nein, danke, Mutti!"

„Nein, danke, Mutti!"

Rolf setzte sich ins Wohnzimmer zu Charlotte und lachte:

„Nur Mut, Kleine, du schaffst es noch, dein Sohn ist bildungsfähig."

„Könntest auch mal ein bißchen darauf achten!"
„Gut, ab morgen."
„Dann hast du ja einen ruhigen Lenz, Rolf."
„Sagen wir einen ruhigeren." Er trank seinen Saft.
„Auf jeden Fall habe ich Gelegenheit, die vielzitierte und auch kritisierte Arbeitsweise des 'Berliner Ensembles' anzusehen. Übrigens gastiert die Weigel mit der 'Mutter Courage' in der nächsten Woche hier. Die Plakate gehen heute raus."
„Da bin ich aber gespannt; wir gehen doch hin?"
„Aber natürlich!"
„Ist die Aufführung wirklich so großartig?"
„Warum sollte sie es nicht sein?"
„Das fragst d u ?"
„Aber Liebes, über das 'Berliner Ensemble' berichtet ja nicht nur das 'Neue Deutschland', es ist nun mal eine international anerkannte Bühne, ob mit Brechtgardine und seiner vielberedeten Verfremdung oder nicht."
„Das habe ich von dir schon anders gehört, mein Lieber."
Er blickte sie überrascht an: „So, habe ich geleugnet, daß er ein großer Dramatiker ist und auch stilbildend? Das ist er doch völlig unabhängig von dem Rummel, den man hier mit ihm und um ihn macht. Aber ich will es auf den Punkt bringen: Er ist überzeugter Kommunist – ich bin es nicht. Auch seine Art der Bühnengestaltung, die sogenannte Verfremdung, diese kopfgesteuerte Demonstration und Belehrung, liegt mir nicht. Ich bin der schlichten Auffassung, daß gefühlsgetragene oder gestützte Vorgänge und Handlungen auf der Bühne mehr geistige Wirkungen haben können, sogar noch stärkere. Und dann noch etwas: Ich mag ihn nicht als Typ, als Mann, in seiner persönlichen Lebensführung."
„Na, du weißt ja nicht viel."
„Du hast recht, aber das Wenige reicht mir, und wie ich hörte, ist sein ganzes Umfeld so."
„Vom Hörensagen."
„Das ist richtig, aber in der nächsten Zeit werde ich davon auch etwas sehen können."
„Und würdest dich korrigieren?"
„Klar, wenn ich es kann oder muß."
„Und das bestimmst du."
„Herzchen, sag mal, wie lange sind wir eigentlich verheiratet?"
„Fast 10 Jahre."
„Reicht das nicht aus, um festzustellen, daß ich nicht nur kritisch, sondern auch selbstkritisch bin?"
Charlotte gab ihm einen freundlichen Klaps: „Natürlich bist du es, sonst wäre dein kritisches Talent auch nicht zu ertragen."
„Da hab' ich wieder einmal Schwein gehabt, aber etwas anderes: Herr Käb-

ler sagte, daß der Elternrat der Schule am Freitag eine Sitzung hat und du mit seiner Frau mitgehen würdest?"

„Großen Schneid habe ich nicht. Ulis Klassenlehrer ist doch ganz patent, Grundsatzdiskussionen allerdings mag ich nicht besonders. – Übrigens, wie waren gestern die Schachspiele, hast du endlich mal eine Partie gewinnen können?"

Rolf lachte verlegen: „Es war nichts zu machen; er ist mir eindeutig überlegen und zu wissen, daß er am achten Brett der DDR-Mannschaft spielt, tröstet mich da wenig. Weiß du, irgendwie fuchst es mich schon, wenn er sagt: 'In soundsoviel Zügen sind Sie matt, Herr Konrad.'"

„Und bist du es auch?"

„Häufig. Manchmal spiele ich dann ausgesprochen unorthodox und habe damit auch schon Erfolg gehabt. Aber das ist die Ausnahme. – Übrigens, was haben die Nachrichten gebracht?"

„Die alten Lieder: Die Flüchtlingszahlen in Westberlin sind unverändert, in Korea sind die Fronten unverändert, und in Indochina sieht es für die Franzosen sehr schlecht aus. Ich frage mich sowieso, was die da noch zu suchen haben!?"

„Bist eben keine Französin, sonst wüßtest du, daß sie ihr investiertes Kapital suchen oder erhalten wollen."

„Sollten ihre Landser nach Hause holen, das wäre gescheiter."

„Meinst du, die da unten kämpfen? Die meisten sind Deutsche."

„Doch nicht, Rolf!"

„Doch ja, meine Liebe, ehemalige deutsche Kriegsgefangene, die man vor die Alternative gestellt hat, in den lothringschen Kohlegruben zu arbeiten oder im wunderschönen Südostasien mal vorbeizugucken. Nach internationalen Rechten und Verträgen müßten die ehemaligen deutschen Kriegsgefangenen schon längst wieder in der Heimat sein, auch die in russischer Gefangenschaft. Aber, was soll's, du kennst ja meine Litaneien schon, und die Suppe, die wir hier auslöffeln müssen, haben wir uns selber eingebrockt."

Er unterbrach und horchte zu Uli hinüber: Es ist ja so still bei ihm."

Er stand auf und ging hinüber: „Uli, hast du Schularbeiten auf?"

„Nein, Vati."

Rolf blickte sich um: „Nanu, wo ist denn Biene, du hast doch mit ihm gespielt."

Uli bekam einen roten Kopf: „Ich – ich hab' ihn versteckt."

Die Mutti kam verärgert ins Zimmer: „Was soll das, Uli, du sollst ihn doch nicht einsperren, wie oft habe ich dir das schon gesagt!" Sie riß erst die Schranktür auf und dann die große Schublade. Bienchen sprang verschreckt heraus und lief winselnd und wimmernd in die Küche und sprang ins Körbchen.

„Ach du lieber Himmel, Uli, macht dir so etwas Spaß, bist du ein Tierquäler?"

„Nein, Vati, er ist selbst reingesprungen."

„Na gut, aber dann darfst du die Schublade nicht zumachen. Nun komm, laß in Zukunft den Quatsch." Konrad schob ihn ins Wohnzimmer. „Ich werde mit Mutti darüber sprechen, wir werden ihn weggeben müssen. Mutti hat schon jemanden, der ihn haben möchte. Wenn du Langeweile hast, können wir ein Spiel machen, oder du kannst mit ihm einen Spaziergang machen, zur Versöhnung."

„Das ist doch langweilig, Vati, und schlechtes Wetter ist es auch noch."

„Da hast du recht, beschäftige dich dann anders, male oder mache sonst was."

Die Mutti war wieder in die Küche gegangen. „Es gibt auch gleich Essen", rief sie.

„Na also! Was gibt es denn, Schatz?"

„Milchreis mit Apfelmus, es ist gleich soweit."

„Ißt du doch gern, Uli – oder?"

„Ja, Vati."

„Und danach machen wir alle unseren Mittagsschlaf, jeder in seinem Zimmer."

Charlotte trug das Essen auf: „Jetzt wird erst mal gegessen – nachdem wir uns alle die Hände gewaschen haben."

„Jawoll!" lachte Rolf, sprang auf und ging mit Uli ins Bad, zeigte Charlotte gehorsam die sauberen Hände und setzte sich: „Dann also Mahlzeit und guten Appetit!"

7. Kapitel

Rolf Konrad war am Mittwoch etwas später aufgestanden, hatte die Balkontür geöffnet und ließ frische Morgenluft in sein Zimmer, das zur Bahnseite hin lag. Er hörte Charlotte im Bad hantieren und rief in den Flur: „Dauert es noch lange, Schatz?"

„Nein, nein, ich bin gleich fertig, aber was ist mit Uli, schläft er noch?"

Rolf sah ins Kinderzimmer: „Morgen, Uli! – Er ist gerade wach geworden", und an den Jungen gewandt: „Wann mußt du in der Schule sein?"

„Um acht, Vati, ich habe noch Zeit."

„Gut, dann kannst du nach mir ins Bad, Mutti kommt schon."

„Ist was Besonderes, Rolf?"

„Ach ja, du schliefst, als ich vom 'Geyer' nach Hause kam."

„Ich war müde. Wolltest du mich noch sprechen?"

„Ja, aber ich mache mich jetzt fertig, und wir können uns beim Frühstück unterhalten. Bis gleich."

Er verschwand im Bad, und Charlotte ging zu Uli: „So, mein Herzchen, du mußt jetzt aufstehen, es ist 7 Uhr, und um 8 Uhr mußt du in der Schule sein. Nach dem Stundenplan hast du nur zwei Stunden Unterricht. – So, da ist der Vati schon, der hat sich aber rangehalten, nun trabe, mein Junge, mach aber keine Katzenwäsche."

Uli sprang aus dem Bett, das für ihn etwas zu klein geworden war. „Habe nie eine Katzenwäsche gemacht, Mutti" und wetzte ins Bad.

„So, meine Kleine, ich bin gleich gestiefelt und gespornt." Rolf ging in sein Zimmer, sich umzuziehen, während Charlotte in der Küche das Frühstück vorbereitete und in ihrem Zimmer servierte.

„Mein Rolfi, bis Uli sich ausgetrödelt hat, kannst du schon mal berichten. Was gab's denn so Interessantes?"

Rolf ließ sich in einen Sessel fallen: „Vor der Aufführung gestern abend bekamen wir in der Garderobe Besuch, hohen Besuch."

„Hoher Besuch – kleiner Scherz, was ist an einem Theater hoch? Fürstlichkeiten sind abgeschafft."

„Ja, ohne Verlustanzeige, Stammesfürst nicht – aber Dichterfürst!"

„Ach, komm, Rolfi, Goethe und Schiller sind meines Wissens tot."

„Aber Brecht lebt!"

„Willst du damit sagen, daß ..."

„Brecht, der gestern abend zu uns in die Garderobe gekommen ist und – ich muß zugeben, mich ein wenig überrascht hat."

„Inwiefern überrascht?"

„Er kam ganz allein, ging zu jedem Kollegen und stellte sich vor, so ganz einfach und bescheiden: Brecht."

„Sag bloß."

„Ich muß ehrlich gestehen, das hat mich verdammt beeindruckt."
Charlotte sah ihn überrascht an, machte eine Pause: „Und jetzt wirst du dich korrigieren müssen."
„Korrigieren – aber etwas anderes: Uli, kommst du bald, mein Goldjunge, wir warten auf dich!"
„Bin schon da", kam er angesprungen.
„Das ist schön."
Er wandte sich wieder an Charlotte: „Du sagtest, ich solle mich korrigieren – was soll ich korrigieren?"
„Wie kannst du fragen, du kluger Mann, dein Vorurteil über Brecht."
„Du meinst, mit dieser Begrüßung wäre meine Anschauung und Einstellung über seine Theorien, Arbeiten und seine Wirkung, die er auf mich macht, aufgehoben? O nein, meine Liebe, das ist doch etwas komplexer. Der Privatmann Brecht hat gestern auf mich einen überraschenden Eindruck gemacht." Er lächelte sie spöttisch an: „Sag mal, meine Kleine, was hältst du von dem Verdacht, daß das eine Masche von ihm sein könnte?"
„Hat er doch nicht nötig!"
„Nein, sicher nicht, aber als Spiel für sich."
„Was meinst du?"
„Um bestimmte Wirkungen zu beobachten."
„Oh, mein Lieber, jetzt bläst du die Sache aber auf!"
Rolf sah seine Frau an, sah Uli an: „Ich habe eine Idee, Uli hat doch nur bis 10 Uhr Unterricht und kann oder wird ...", er blickte Uli nachdrücklich an, „wird spätestens – elf Uhr hier sein, dann fahren wir beide ins Theater, sind gegen 11 Uhr da und können eine Probe mit dem Meister ansehen, die haben nämlich heute Bühnenprobe."
„Ja, geht das denn?"
„Aber natürlich. Wir gehen unauffällig auf den Rang, da vermutet uns keiner. Neulich war ich sogar im Parkett in den hinteren Reihen, als sein Meisterschüler Besson probte, und wenn man dich fragen sollte, bist du einfach eine Kollegin, abgemacht?"
„Das kannst du nur überblicken – aber interessieren würde es mich schon."
„Also abgemacht." Er wandte sich an Uli: „Du hast dein Frühstück aufgegessen, mitzunehmen brauchst du wohl nichts, dann mach dich fertig und geh. Sei pünktlich wieder da, halb elf und nicht später."
„Mach ich, Vati." Er sprang auf, holte seinen Schulranzen aus seinem Zimmer.
„Regen-Cape braucht er wohl nicht?"
Charlotte blickte zum Himmel: „Nein, es sieht nicht danach aus."
„Ich versetz' euch nicht, tschüs", rief Uli von der Wohnungstür und verschwand.
„Ich mach' inzwischen das Mittagessen."
„Ist ratsam. Was gibt es denn?"

„Bratwurst, Gemüse und Kartoffeln."

Rolf stand auf und ging ins andere Zimmer. „Ich lese Plivier weiter."

„Wie findest du 'Stalingrad'?"

„Verdammt gut und sehr objektiv, zumindest bemüht er sich."

„Ja. Ich denke, daß es für ihn sehr schwer war, beide Seiten richtig zu sehen. Ich war nicht in Stalingrad, war zu der Zeit im Mittelabschnitt, kann also nicht wissen, wie es 1000 Kilometer südlich ausgesehen hat. Entschuldige mich einstweilen. Wenn Uli kommt, rufe mich."

Er nahm das Buch vom Schreibtisch und setzte sich nebenan.

Uli kam überraschend früh nach Hause. Stolz auf seine Leistung, klingelte er Sturm und stürzte zum Vati ins Zimmer: „Siehst du, Vati, ich habe euch nicht versetzt!"

Rolf blickte vom Buch auf: „Mordsmäßig, Uli, eine viertel Stunde vor der Zeit, da hätte ich nicht geschafft. So, nun verschnauf dich", er legte das Buch zur Seite.

„Kleines, bist du soweit?"

„Ja, ich warte schon auf dich."

Sie stand im leichten Trenchcoat im Flur: „Wenn wir zurückkommen, brauche ich nur noch die Kartoffeln aufzusetzen, Gemüse anzuwärmen und Wurst zu braten."

Sie schaute ins Kinderzimmer: „Was machst du inzwischen, Uli, hast du Schularbeiten auf?"

„Ja, Schreiben, Mutti." „Dann mach sie inzwischen, wir sind bald wieder da, tschüs, mein Kleiner."

Konrad öffnete die Tür und sie gingen zur Treppe hinunter. Der Hund der Nachbarsleute unter ihnen kläffte, als sie an der Tür vorbeikamen.

„Ich weiß nicht, ob ich mich noch daran gewöhnen werde, solange wir in Rostock wohnen", bemerkte er ärgerlich, „oder stört es mich erst, seit wir Bienchen nicht mehr haben. Wie geht es ihm übrigens? Ist er beim Gemüsehändler gut aufgehoben?"

„Das glaube ich schon. Wir kommen ja gleich vorbei; wir fahren doch mit der Straßenbahn."

„Ja, ja." Inzwischen waren sie zum Obst- und Gemüsestand gekommen, den sich ein altes Ehepaar in und vor einer Autogarage eingerichtet hatte.

„Da, schau, sie haben Bienchen angebunden – und jetzt hat er uns erkannt – und weint hinter uns her, armes Kerlchen." Charlotte blickte immer wieder bedauernd zurück, „aber es ging doch nicht anders".

„Leider nein, bei aller Liebe. Wir hätten es gar nicht erst anfangen sollen – da ist die Haltestelle und dahinten klingelt sich eine Bahn heran. Komm, Herzchen, daß sie uns nicht vor der Nase wegfährt."

Durchs Aus- und Einsteigen mehrerer Fahrgäste gewannen sie etwas Zeit und konnten sich im Anhänger plazieren. Die Straßenbahn brachte die Bewohner der westlichen Randbezirke in die Stadt hinein. Sie fuhr durch die zerstörte Innenstadt bis zum Bahnhof und war das wichtigste Nahverkehrsmittel der Stadt.

Am Doberaner Platz sprangen sie aus der Bahn und gingen etwas die Doberaner Straße zurück zum Theater.

„Mir wäre lieb, wenn ich keine Kollegen von dir treffen würde."

„Ach Kind, du gehörst doch schon zum Ensemble – sagen wir so gut wie. Ich hab' 'ne Idee: Du gehst an die Kasse und fragst, ob es zum Gastspiel 'Mutter Courage' Freikarten gibt, sonst würden wir uns Eintrittskarten kaufen, und ich sehe inzwischen, wo wir unbemerkt in den Zuschauerraum kommen können. Vielleicht können wir sogar ins Parkett."

„Meinst du?"

„Ja." Konrad blickte die Doberaner Straße rechts und links herunter. „Eine schöne Wohngegend ist das nicht. Ein Jammer, daß das Stadttheater zerstört wurde – aber wenn es das nur wäre, und hier haben wir die 'Theatergaststätte' oder Eckkneipe oder wie man sie auch nennen mag."

Sie gingen die schmale Gasse zum Theater hinunter. In der linker Hand liegenden Probenbühne wurden musikalische Proben abgehalten. „Othello" wird einstudiert. Das Große Haus und die Kasse waren geöffnet.

„Geh du zur Kasse, Schatz, ich sehe nach, ob der hintere Eingang zum Zuschauerraum offen ist."

Er ging zur Saaltür – sie hatten Glück. Charlotte kam von der Kasse herüber. Leise öffnete er auf einen schmalen Spalt, und sie schlüpften in den dunklen Zuschauerraum und setzten sich sofort in die hintere Reihe. Niemand hatte sie bemerkt, niemand gesehen. In der Mitte rechts saß eine Gruppe, Konrad erkannte Brecht mit Mitarbeitern. Auf der hellerleuchteten Bühne lief gerade eine Szene zwischen Juan und seinem Diener Scanarell. Der Regisseur Besson stand neben ihnen, hatte unterbrochen und erklärte ihnen, daß die Versprechungen, die Landmädchen für eine angebliche Ehe zu gewinnen, auf keinen Fall schon davon bestimmt sein dürfen, die Versprechen nicht zu halten. Der Ernst der Werbung dürfe nicht in Zweifel gezogen werden können.

In der Gruppe um Brecht wurde getuschelt. Konrad konnte nichts verstehen, aber hörte ein kurzes hämisches Lachen vom Meister persönlich. Das klang nicht schlicht und freundlich. Die Runde um ihn nahm den Lacher gebührend auf. Nicht auf die Goldwaage legen, nahm sich Konrad vor.

Besson kam über den Steg von der Bühne zu Brecht runter. Nach einem kurzen Austausch mit ihm rief er zur Bühne „Die Szene noch einmal, aber achtet jetzt auf das Gesagte, es muß euch ernst sein!"

Besson hatte sich neben Brecht gesetzt, der tief im Parkett-Sessel saß und zur Bühne blickte. Führt er auch Regie aus dem Zuschauerraum? fragte sich Konrad. Er persönlich war in den ersten Stückproben oben bei den Darstellern, um besser zu sehen und zu hören und bezeichnete die Regie von unten gern als „Dramaturgen-Regie". Auf der Bühne begann die korrigierte Szene. Was war nun das Besondere, das Ungewöhnliche, überlegte Konrad; das, was da oben geschah, war es nicht. Da probten im kahlen Arbeitslicht zwei Kollegen eine nicht sonderlich starke Szene. Sie gibt nicht viel her, war sein Eindruck. Molierès „Don Juan" oder „Der steinerne Gast" war ihm wenig bekannt, mit Recht – oder ? Auch große Dichter können schwache Stücke schreiben. Ist das hier der Fall, will Brecht einen Molierè bearbeiten in seinem Stil, nach seinen Kriterien. Trotz der Szenenprobe auf der Bühne wurde bei der Brechtgruppe ungeniert gesprochen. Seine etwas flache Stimme konnte er wahrnehmen, aber leider nicht verstehen. Ein etwas meckerndes Lachen war wieder zu hören. Sympathisch klang die Stimme nicht. Konrad sah Charlotte von der Seite an, sie hat ein besseres Gehör, ob sie mehr vom Inhalt der Gespräche versteht? Er flüsterte ihr die Frage zu. Sie schüttelte den Kopf. Er sah wieder zur Bühne, das alles hier brachte nicht viel. Auf der Bühne versuchte der doch dutzendmäßig aussehende Noerden und der spillige Christian in der Wiederholung in der engen Grenze brechtscher Ausdruckskunst etwas über die Bühne zu bringen, etwas, hier unten kam nicht viel an. Bin ich nicht objektiv, daß mich das nicht berührt, nicht beeindruckt, fragte er sich. Er befand sich in einer ambivalenten Stimmung, das, was da auf der Bühne geschah und in einigen Tagen den Zuschauern angeboten werden soll, sah nicht gerade vielversprechend aus, und drüben saß, von eilfertigen jungen Männern umgeben, der unbestreitbar stärkste und produktivste Dramatiker des deutschen Sprachraums, das ist der Fakt. Ich muß das anerkennen, auch wenn ich ihn persönlich nicht mag, seine marxistischen Überzeugungen und Aussagen seiner Werke nicht teilen und anerkennen kann. Die Diktatur des Proletariats ist kein Königsweg, denn jede Diktatur ist abzulehnen, weil die Gegenkraft zum Ausgleich fehlt und Machtmißbrauch zur Folge hat. Goethe wollte die Feudalschicht noch akzeptieren, wenn sie ihre Aufgabe, ihre Pflichten erfüllen würde. Wir wissen, sie taten es nicht, und Zeit und Verhältnisse gingen über sie hinweg. Der braune Führerstaat scheiterte und stürzte dabei die Welt in Elend und Jammer. Vom Rassenwahn und seinen Fürchterlichkeiten abgesehen, auch er ist gescheitert, weil die Kader für eine Massengesellschaft und hochentwickelte Industriegesellschaft fehlte, und ausgerechnet der Marxismus, der sich auf die in jeder Hinsicht Minderbemittelten stützt, auf die Klasse der Proletarier, sollte es schaffen: Er ist zum Scheitern verurteilt, nicht nur, weil er angeblich vom „Arbeiter" getragen werden soll – daß es beiläufig doch nur eine Oligarchie ist, übersieht man freundlich. Der grundsätzliche Mangel liegt in der Ignoranz menschlicher Zulänglichkeiten und Unzulänglichkeiten in seiner Natur, in seinen Anlagen. Marx war unbestreitbar ein großer Theoretiker, ein Wissenschaftler, der die Mängel und Schwächen des neuen Industriezeitalters richtig erkannt hatte, aber nicht den Menschen, er selbst, Marx, war im höchsten Maße unzulänglich. Er hatte die Gegner und Renegaten seiner Lehre in jeden Orkus verdammt, aber konnte es nur verbal tun, seine Nachfolger heute haben die Macht, seine Lehre zu exekutieren.

Konrad fuhr leicht zusammen, seine Gedanken hatten sich mal wieder selbständig gemacht, waren in andere Richtungen gegangen; was da vorn ablief und wie es ablief, war nicht so, daß er es sich unbedingt weiter ansehen müßte, und auch nicht die Aufführung in der nächsten Zeit. Er hatte sich mehr versprochen, hatte mehr erwartet, doch das lag bei mir, gestand er sich ein. Ob Brecht mir nun liegt oder nicht liegt, ihn als einen Horst Wessel zu bezeichnen ist infam, wie es unlängst im westdeutschen Bundestag geschah. Brecht hat eine große Lebensleistung vollbracht, ist ein großer Dramatiker, und ich bin ein kleiner Provinzschauspieler, schloß er spöttisch seine Betrachtungen ab.

Charlotte hatte sich schon einige Male umgesetzt, es schien für sie auch uninteressant zu sein, auch Bessons zur Bühne gerufene Korrekturen waren nicht sonderlich interessant. Er flüsterte leise: „Ist es genug, wollen wir gehen?" Sie nickte und erhob sich. Unauffällig schlichen sie aus dem Zuschauerraum ins helle Foyer. Das Tageslicht blendete sie, daß sie erst verhielten. Er wandte sich an sie: „Gibt es Freikarten?"

„Ja, Frau Schmaus legt zwei zurück, wir sollen sie aber nicht so spät abholen."

„Es ist gut." Er sah zur Uhr: „Viertel vor zwölf, gehen wir zurück."

Er nahm sie an den Arm und führte sie an der Probebühne vorbei zur Doberaner Straße – Arno-Holz-Straße.

„Nun, hast du dir ein Bild machen können?"

„Wie sollte ich", lachte sie, „es war stockeduster. Ich sah nur Umrisse von Brecht und hörte ab und zu seine etwas meckernde Stimme und das hämische Lachen. Die Bühnenarbeit war doch uninteressant."

„Ja, das stimmt, ich hatte auch mehr erwartet, habe aber schon bessere Proben von denen gesehen. Ich konnte nicht wissen, was heute läuft; es war ein bißchen auf Verdacht. Vielleicht ergibt sich zur Haupt- oder Generalprobe eine bessere Gelegenheit. Vorausgesetzt, er ist noch hier, wenn nicht, bin ich nicht sonderlich interessiert. Ich möchte ihn aktiver arbeiten sehen. Leider ist das, was die Kollegen so erzählen, auch nicht zum vollen Nennwert zu nehmen; manchmal ist er auch kauzig und bizarr."

„Wie das?"

„Noerden erzählte mal von einem 'Vorsprechen'. Du kennst ja die fürchterliche Nervenkiste für Schauspieler. In dem Falle hatte der Kollege sein Pulver verschossen, und der Meister saß im Zuschauerraum vermoft und vermeckert und quäkte nur: 'Nein, nein, Sie können gehen.' Dabei fiel ihm der Gang des Kollegen auf: 'Warten Sie mal, warum hinken Sie?'

Der Mann schlurfte zurück und entschuldigte sich, nicht gesagt zu haben, daß er eine Prothese tragen würde. Brecht wurde hellwach: 'Prothese – eine richtige Prothese?'

'Jawohl, Herr Brecht, eine Prothese.'

'Gut – gut', rief der – 'ich engagiere Sie!'"

Konrad lachte schallend: „Ist das nicht irre! Aber bei dem ist es denkbar!"

Charlotte blickte ihn ungläubig an: „Das hoch geschätzte 'Berliner Ensemble' ein Kriegslazarett?"

„Natürlich nicht. Für mich und viele Kollegen ist das aber denkbar. Häufig, so versicherte Noerden, bekämen Darsteller vom Meister vor Aufführungen Hinweise auf den Schminktisch, bestimmte Szenen anders zu spielen, meinetwegen den Feldhauptmann mal schwul zu spielen."

„Spaß?"

„Nein, nein, das im Ernst und das wird auch gemacht, und der Meister sieht sich das an."

„Verrückt!"

„Ein bißchen schon, aber auf jeden Fall ist es interessant."

„Dann geh doch zu ihm!"

„Um Gottes willen, mein Mädchen! Intellektuell ist es interessant, vielleicht auch amüsant, aber ich habe doch einen ganz anderen Ansatz zu unserer Arbeit, vom politischen ganz zu schweigen."

Sie waren zur Dethardingstraße gekommen. Am Gemüsestand winselte Bienchen wieder hinter ihnen her.

„Das wird einstweilen so bleiben, meine Liebe. Bienchen war noch zu jung, als wir ihn vom Förster bekamen, hoffentlich lassen die beiden Alten ihn nicht frei herumlaufen."

„Nein, nein, das haben sie mir zugesagt."

In der Wohnung wurden sie schon von Uli erwartet:

„Ich habe Hunger, Mutti!"

„Konntest dir doch einen Apfel nehmen!"

„Nein, ich möchte Bratwurst."

„Dann mußt du noch ein bißchen warten; in einer viertel Stunde gibt es Mittagessen."

Rolf ging in sein Zimmer: „Ich lese noch etwas, heute abend habe ich Vorstellung, 'Die Hose' auf der Studiobühne."

49

8. Kapitel

Im Foyer und in den Wandelgängen des Rostocker Theaters herrschte reger Betrieb. Eine viertel Stunde vor Beginn des Gastspiels des 'Berliner Ensembles' war die Kasse nahezu belagert. Das Interesse der Bevölkerung war groß und schien über die Schar der üblichen Theaterfreunde hinauszugehen. Offenbar wurde es als Auszeichnung gesehen, daß die international berühmte Theatergruppe nach Rostock kam.

In Theatern herrscht oft während der letzten Viertelstunde vor Beginn der Aufführung eine leichte Spannung, eine prickelnde Erregung, heute schien es noch stärker zu sein. Rolf Konrad kam es jedenfalls so vor. Er stand an der Abendkasse, um die Freikarten abzuholen. Etwas entfernt stand Charlotte mit dem Ehepaar Rosenberg-Gericke, die sich ebenfalls die vielgerühmte Inszenierung ansehen wollen.

Das erste Klingelzeichen ertönte. Einzelne Gruppen gingen bereits in den Zuschauerraum, und Konrad erhielt die Karten, Parkettplätze in der hinteren Reihe. Er ging zu seiner Frau und begrüßte die Kollegen.

„Deine Frau sagte eben, daß ihr euch bei Brecht eine Probe angesehen habt, Rolf."

„Ja, mal 'Mäuschen gemacht', ich war interessiert, Brecht bei der Arbeit zu sehen. Es gab aber nicht viel her. Hast du dir schon Proben angesehen?"

„Ja, einmal, Brecht war nicht dabei. Er soll übrigens schon wieder weg sein."

„So", sie gingen langsam zu ihrem Saaleingang, die beiden Frauen folgten, „das ist aber schade, ich hätte gern eine der letzten Proben mit Brecht gesehen. So wird es nur bei den Eindrücken von neulich bleiben."

„Ach, weißt du, Rolf, seine sogenannten Meisterschüler, so großartig ist es auch nicht, was sie uns da anbieten."

„Betonen wir also lieber den Schüler als den Meister. Heinz, aber trotzdem werden sie ihren Weg gehen; sie haben ja die höheren Weihen."

„Und wer weiht uns? Hast du übrigens schon gehört: Die Dengelmann, unser schwergewichtiges Pummelchen, geht auch zum 'Berliner Ensemble'."

„Was – ich höre wohl nicht recht – die?" Konrad lachte, „die hat sich doch erst kürzlich der Kalder aus einer Laienspielgruppe ausgeguckt. Hat sie die Weigel oder Brecht engagiert?"

„Ich weiß nicht. Er war ja unlängst im 'Geyer', du weißt doch, als er sich so menschlich und kollegial gab."

Konrad faßte den Kollegen an den Arm: „Komm, Heinz, die haben sie doch nicht wegen der läppischen Szene im 3. Akt engagiert, in dem sie mit dünnen Stimmchen monoton das Schicksal ihres blinden Sohnes hersagt." Er machte eine unwillige Geste. „Das ist doch nicht zu fassen! Natürlich hat Kalder ganz bewußt gegen die hochgetriebene Dramatik des 3. Aktes die einfältige Litanei der Dicken gesetzt, aber das ist doch Dramaturgie und keine schauspielerische Leistung!"

Er schlug sich mit der flachen Hand gegen die Stirn: „Aber was red' ich Provinz-Jockel, uns fehlen nun einmal die 'Höheren Weihen'!"

Das zweite Klingelzeichen ertönte. Rosenberg drehte sich um: „Wo sind denn die Frauen, ich glaube, wir müssen rein. Noch 'ne Frage, Rolf, geht ihr nach der Vorstellung nach oben in die Gaststätte?"

„Nein, ich denke, daß wir nach Hause gehen, es sei, meine Frau – aber ich glaube nicht."

Die beiden Frauen kamen: „Gehen wir rein und gute Unterhaltung."

Konrads schoben sich in ihre Reihe. Die Saaltüren wurden geschlossen, das Licht erlosch, der Vorhang öffnete sich und dahinter die „Brecht-Gardine", das Stück begann, der Auftakt wies es aus: Hier wurde zur Sache geredet, nicht Farbe, nicht Glanz, auch nicht der schöne Ton wurde angeboten, es wurde demonstriert, hier wurde nicht geschwelgt, hier wurde Fraktur geredet, doch wenn man seinen „Grimmelshausen" kannte, nicht gerade überraschend, das Schelmenhafte allerdings war ins Gewissenhafte verwandelt. Und wenn Brecht, dem Vernehmen nach bei der ersten deutschsprachigen Uraufführung 41 noch Bedauern und Mitgefühl zugelassen haben sollte, jetzt und hier war davon nichts mehr zu verspüren. Harte Konsequenzen bestimmten die Handlungen der Marketenderin, von der Weigel trefflich verkörpert. Sie hat nichts anderes gelernt, sie will und kann auch nicht lernen, sie lebt vom Krieg, und das ist allemal richtig – und damit gut. Soll sie darunter leiden – niemals! Keine moralische Anstalt ist das hier, keine Entwicklung zu einer Katharsis wird aufgezeigt, die da oben handeln der Zeit und ihren Anlagen und Neigungen entsprechend, und der Zuschauer sieht aber auch, daß sie gar nicht anders können und auch nicht wollen. Natürlich bietet die Marketenderei einer Armee viele Möglichkeiten, Menschen vorzuführen, in Schweden wie in Deutschland, in allen Farben und Formen, aber es sind nicht die Heitersten, die Schönsten, trist ist die Welt und das Leben, für die Dummen und Armen im Norden wie im Süden, bei den Deutschen wie bei den Schweden, den Katholiken wie den Protestanten. Die Dauer des Krieges läßt die Unterschiede mehr und mehr verschwinden, ebnet sie ein. So, wie der Courage der Schweizerkaas verschwindet und erschossen wird und sie es nicht hindern, sondern nur zur Kenntnis nehmen kann, so wird und muß auch die stumme Katrin, eine Gestalt, die von vornherein einen Mitleidsbonus vom Betrachter erhält, schließlich ihr elendes Ende finden, finden müssen. Auch Eilif, der andere Sohn der Courage, verschwindet irgendwo und irgendwie. Die Unbarmherzigkeit des Krieges, aller Kriege, wird aufgezeigt – doch wer kennt das nicht?

Rolf schreckte aus seinen Reflexionen auf und sah zu Charlotte, blickte in den Zuschauerraum, auf die Bühne mit ihrer tristen Szenerie und der bitterbösen Handlung, hörte die Songs von Paul Dessau, dem Nachfolger des unvergessenen Kurt Weill, der aber auch eine adäquate Musik komponiert hat, eindringlich und den brechtschen Text verstärkend und schlüssig von der Weigel interpretiert, die man mit der Rolle der „Mutter Courage" schlechthin identifiziert. Es ist unleugbar ein starkes Theatererlebnis, und dieses Stück ist das stärkste Antikriegsstück in der deutschen Literatur – und erfüllt es einen Zweck, seinen Zweck? Die schlichte Frage stellt sich nach wie vor: Kann es politisches Handeln bestimmen, beeinflussen? Es hat Beifallsstürme ausgelöst – aber politische Konsequenzen nicht, nicht einmal oder kaum untereinander, den Söhnen, dem Koch, Feldhauptmann, dem Prediger, der Lagerdirne. Viele werden vorgeführt, aber eine Identifikation ist nicht möglich. Brecht will kein Mitleid, er will Einsicht – doch die Verhältnisse, die sind nicht so, die Handelnden sind hier nicht einmal beklagenswerte Opfer – mit Ausnahme der stummen Katrin –, sie partizipieren am Krieg, seinem Schrecken und seinen Folgen. Wo und wie will Brecht unter diesen Bezüglichkeiten helfen, fragte sich Konrad und schreckte aus seinen Gedanken, seinen Grübeleien auf: Das Bühnenlicht erlosch, die Gardine senkte sich und der Vorhang fiel; es wurde eine Pause gewährt.

Er sah zu Charlotte, die nach einer kleinen Besinnungspause aufstand: „Kommst du mit, ich muß mal raus, an die frische Luft." Sie strich ihr lindgrünes Kleid glatt, das die schlanke Figur betonte und im freundlichen Gegensatz zu ihren blonden Haaren steht. „Kommst du?"

Sie schlängelten sich durch die Reihen. An der Saaltür erkannte Rolf zwei der jungen Leute aus dem Gefolge Brechts, die er tags zuvor bei dem Meister gesehen hatte. Er drehte sich noch mal um. Stehen sie zufällig hier, fragte er sich, oder sollten sie „Volkes Stimme" erforschen – ein befremdlicher Gedanke, aber so überraschend bei Brecht auch wieder nicht.

Er trottete hinter Charlotte her bis zur Doberaner Straße, aber auch hier hatten sich viele Raucher eingefunden, um ihre Pausenzigarette zu paffen. Es war verdammt lästig, besonders wenn man, wie Charlotte, sich gerade das Rauchen abgewöhnt hat. Charlotte zog hohe Augenbrauen und machte ein verkrätztes Gesicht. Er faßte sie um die Schulter: „Sei stad, Herzchen, und laß uns wieder nach unten gehen, sonst überhören wir auch noch das Klingelzeichen."

Am rechten Theatereingang sah er Rosenberg mit Christian und Isa Günther stehen.

„Laß uns links reingehen."

„Hast du was?"

„Mit Rosenberg, nein. Ich mag Christian nicht, aber das weißt du ja", antwortete er mit leiser Stimme.

„Übrigens lag bei der letzten 'Geyer'-Vorstellung auf dem Schminktisch eine Zeitung mit einer Rede von Ulbricht. Ich hatte sie mal kurz überflogen und legte sie mit verärgerter Geste zur Seite. Er hatte es beobachtet und meinte süffisant: 'Warum lesen Sie die Zeitung, Herr Kollege?'"

„Hat er nicht recht?"

„Nein, nein, Kleine, wir haben schon einmal nicht hingeschaut und hingehört! Nicht nur einholen wollte Ulbricht den Westen ..." Charlotte legte besänftigend die Hand auf seinen Arm: „Komm, hier ist der Eingang" – „er will ihn sogar überholen", fuhr Rolf fort, „und das verrät die ganze Beschränktheit dieser Leute."

Er lachte spöttisch: „Da, die beiden jungen Leute von Brecht stehen immer noch an der Tür, aber sicher nicht im Partei-Auftrag, der Meister wird es gewünscht haben."

Sie nahmen ihren Platz ein, auch die anderen Zuschauer kamen. Die Türen wurden geschlossen, das Saallicht eingezogen, Vorhang und Brecht-Gardine geöffnet, das Spiel, nein, die Demonstration wurde fortgesetzt. Für Konrad aber blieb die Frage: Gelingt es auf der Bühne, die Courage und ihr kriegerisches Treibgut der Marketenderei zur Änderung ihres Denkens und Handelns zu bringen, denn sie akzeptieren nicht nur, sie bejahen doch das Leben so, wozu dann eine Änderung der Verhältnisse. Brechts Äußerung, es komme nicht darauf an, die Courage sehend zu machen, sondern den Zuschauer, ist ohne die Protagonistin nicht zu erreichen, und das geht schon seit den alten Griechen so, und die Weltgeschichte – seien wir bescheiden: die abendländische Geschichte – zeigt uns ein Jammerbild, zeigt uns Elend und Armut und Not. Nun, ihm standen nur 30 Jahre zur Belehrung und Änderung bestehender Verhältnisse zur Verfügung und nicht 2000 Jahre, doch weder die Bewußtseinslage der Menschen hier und auch nicht im gepriesenen Riesenreich im Osten zeigen neue Entwicklungen auf. Was ist aus dem äußeren und vor allem dem inneren Zusammenbruch 45 geworden – eine große persönliche Erschütterung und der Vorsatz, das darf nie wieder passieren –, und nun, ein paar Jahre danach, hat sich nichts Entscheidendes geändert, verändert und noch weniger verbessert, und eine freiere Gesellschaft ist eine Schimäre, sie setzt einen anderen Menschen voraus, der für sie erst geschaffen werden muß. Nach allem, was wir vom geistigen Urvater Marx wissen und was belegt ist, er selbst war es ganz und gar nicht, er konnte es niemals sein, und so wenig der Mensch ein Produkt seiner Umwelt ist oder von der anderen Seite, der Vererbung ist, er ist ein Mängelwesen. Diese Mängel zu erkennen und subjektiv zu entwickeln könnte vielleicht weiterbringen – vielleicht.

Charlotte berührte seinen Arm. Er schreckte auf. „Was ist?" flüsterte er.

„Wir sind im Theater, aber es muß gleich zu Ende sein."

„Ja, ja, ich weiß es", gab er leise zurück.

Und dann war es soweit, der Schluß-Song verhallte, und der Wagen der „Mutter Courage" verschwand im Hintergrund der Bühne.

Spontaner Beifall, laut anhaltende Anerkennung, gebührender Respekt des Publikums, ein bewegender Theaterabend hatte sein Ende gefunden. Rolf und Charlotte beeilten sich, um vor dem Pulk der Zuschauer aus dem Haus zu kommen. Die Garderobenfrau hatte ihre Mäntel bereitgelegt. Sie warfen sie sich über die Schultern: „Gehen wir querbeet?"

„Gerne, ich möchte mich sowieso auflockern, Fritz-Reuter-/Arno-Holz-Straße sind Gott sei Dank ruhig."

Sie hakte sich bei ihm ein: „Reden wir später über die Aufführung", fragte sie, „du hast sie doch wahrgenommen – oder?"

Er lachte schallend, daß sie besänftigen mußte.

„Hast mich wieder mal ertappt!"

„Ist doch nicht so schwer", betonte sie, „aber etwas anderes: Werden wir uns in der nächsten Woche 'Don Juan' ansehen?"

„Ich habe keinen rechten Schneid, es sei, du bist interessiert."

„Nicht übermäßig, ich möchte lieber noch öfter an den Strand raus. Unsere Zeit hier geht zu Ende und ich möchte sie noch nutzen."

„Ist es ein netter Kreis geworden, draußen in 'Afrika'?"

„Ja, sehr, die jungen Assistenzärzte der Uniklinik sind ganz patent, richtig menschlich."

„Textilfrei ist der Mensch immer pur, Kleine", spottete er.

Sie stieß ihm leicht in die Seite. „Ich habe schon lange den Verdacht, du drückst dich ein bißchen, da mitzukommen, mein Lieber."

„Hast mich schon wieder mal erwischt. Du hast recht, es irritiert mich etwas."

„Hab' ich's mir doch gedacht!"

„Ich möchte es aber nicht weiter vertiefen."

„Brauchst du auch nicht – wir sind schon zu Hause."

9. Kapitel

Auf der Probebühne des Rostocker Theaters probte Rolf Konrad den 1. Akt von Gorkis „Wassa Schelesnowa".

Es waren Stückproben im markierten Bühnenbild, die schwierig waren, da Konrad auf Strich- und Leseproben verzichtet hatte. So fehlte den Darstellern die Einstellung auf die besondere Mentalität der Russen, auf ihre epische Breite. Ihm kam es in seiner Arbeit vorrangig darauf an, mehr von den jeweiligen Situationen und nicht so sehr vom Wort auf die Charaktere und Handlungen zu gelangen. Es war ganz anders als zum Beispiel bei Sternheim, das Wort war bei Gorki besonderes Mittel, zu den Situationen zu gelangen, die Situationen waren eigentlich vorrangig, sie mußten gestaltet, das Atmosphärische geschaffen werden – und das nicht erst zur Haupt- und Generalprobe.

Was ist das Wesentliche der russischen Mentalität, wie gelange ich dahin oder dazu, der Text, das Wort ist nur das, was mich dahinbringt. Frau Burger, die Darstellerin der „Wassa" tat sich schwer und ihr ging die Umstellung auf die russische Breite gegen eine innere Sperre, sie fühlte sich nicht richtig besetzt und hatte sich immer noch nicht von Sternheim gelöst. Konrads Hinweise, sich innerlich, sich in der ganzen Empfindungswelt mehr Zeit zu lassen, wußte sie nicht umzusetzen. Das Wort nicht als erstes Ausdrucksmittel zu nutzen und sich erst mit der Phantasie die jeweilige Situation zu schaffen, sie sich vorzustellen, fiel ihr sehr schwer, da sie, wie viele Schauspielerinnen, auf den ersten Proben schon textsicher war und die gedankliche Verbindung mit dem Partner stets nachgearbeitet werden mußte. Konrads überspitzte Formulierung, das Wort sei für die ganz Dummen, irritierte sie noch zusätzlich. Die Schwierigkeit ihrer Aufgabe lag vornehmlich darin, daß „Wassa" dominieren muß und zugleich die familiären und wirtschaftlichen Probleme unter Kontrolle zu halten hat. Gorkis Thema, den Niedergang der kapitalistischen Ordnung aufzuzeigen, exemplarisch in dieser Familie aufzuzeigen, setzt große Sensibilität voraus und Einfühlung in die jeweiligen Situationen.

Die Tür der Probebühne wurde leise geöffnet. Mit einem Seitenblick erkannte Konrad die Intendanzsekretärin. Nanu, was will sie denn? stutzte er und hob die Hand.

Die probenden Kollegen verstummten.

„Welch hoher Besuch, Frau Henschel, was führt Sie zu uns?" Er konnte eine leichte Ungeduld nicht unterdrücken. Frau Henschel kam näher: „Entschuldigen Sie, Herr Konrad, aber Doktor Rath möchte Sie sprechen."

„Jetzt oder hat es noch Zeit bis nach der Probe?"

„Leider betrifft es die Probe."

„Dann allerdings." Er wandte sich an die Kollegen: „Machen wir eine Pause. Ich bin gleich wieder da."

Er stand auf und folgte Frau Henschel ins Intendanzbüro. Die Tür zu Dr. Rath war geöffnet und Rath und der Oberspielleiter Hoffmeister warteten schon auf ihn.

„Morgen, Herr Konrad, kommen Sie und nehmen Sie Platz, etwas Unerfreuliches: Herr Rosenberg ist erkrankt und wir müssen umbesetzen."

„Ach du grüne Neune, was hat er denn?"

„Eine Thrombose im rechten Oberschenkel."

„Ist das gefährlich?"

„Sehr, lieber Kollege, er muß äußerste Ruhe halten und die Dauer ist nicht abzusehen."

„Das fängt gut an, Herr Doktor."

„Tut uns leid, aber so etwas kommt eben vor, die Frage ist, wer kann den Prochor übernehmen?"

Konrad sah ihn naiv an: „Geht die Frage an mich?"

Er sah zu Hoffmeister: „Sie werden sich schon Gedanken gemacht haben, nehme ich an."

Der grinste ihn an: „Haben wir, Herr Konrad, Sie."

„Wie bitte?" Konrad sah die beiden an: „Entschuldigen Sie, meine Herren, aber da ist Ihnen nicht viel eingefallen. Regie und dieses Miststück von Prochor, ich könnte mir Schöneres vorstellen."

„Bitte, Herr Konrad", lächelte ihn Rath an, „stellen Sie es sich vor."

Überrascht sieht er die beiden Herren an: „Nun im Ernst, haben wir in Rostock so wenig Schauspieler, daß wir so etwas machen müssen?"

„Eigentlich nicht, aber das Brecht-Gastspiel hat uns personell durcheinandergebracht, und Kollege Hoffmeister muß mit seinen Vorarbeiten für Faust II fortfahren, der ist überhaupt nicht entbehrlich."

„O Gott, ja, daran habe ich überhaupt nicht gedacht!"

Er verstummte, nach einer Pause fuhr er fort: „Tscha, dann muß ich wohl."

Hoffmeister konnte sich nicht verkneifen, auf den interessanten Charakter Prochors hinzuweisen: „Das müßte für Sie doch ganz reizvoll sein, es ist doch das Charakterfach."

Konrad lachte schallend: „Sie haben einen guten Nachrichtendienst, Herr Hoffmeister, und der Prochor könnte mich schon reizen, ob ich ihn schaffe, das liegt bei Gott."

Erleichtert blickte ihn der Intendant an: „Da Sie sogar Gott anrufen, darf ich annehmen, daß Sie die zusätzliche Aufgabe übernehmen und auch in derselben Zeit."

„Ich denke schon." Er stand auf: „War es das, Herr Doktor – dann möchte ich meine Proben fortsetzen, guten Morgen, meine Herren!"

Er ging zur Probebühne zurück, vor der die Kollegen in der Sonne saßen, standen, rauchten oder sich unterhielten. Der Inspizient Kraus, ein kleiner dunkelhaariger und sehr agiler Typ, kam ihm entgegen: „Machen wir weiter, Herr Konrad?"

„Ja, gehen wir rein, ich muß Ihnen eine bedauerliche Mitteilung machen."

„Das Stück wird abgesetzt!"

„Zu früh gefreut, Herr Gutzeit, Heinz Rosenberg fällt für eine längere Zeit aus und ich muß den Prochor übernehmen."

„Ist er krank?"

„Ja, leider, er hat eine Thrombose am rechten Oberschenkel."

„Ist das gefährlich?" „O ja, er muß stilliegen und äußerste Ruhe halten, wir können nur hoffen, daß sich das Blutgerinnsel bald wieder auflöst. Aber wir können nicht darauf warten, das ist das Malheur."

„Das ist kein guter Auftakt", stellte Frau Burger fest.

„Lassen Sie sich nicht entmutigen, liebe Frau Burger, mich trifft es."

„Und einen Gast", warf Gutzeit ein, der als Melnikow besetzt war.

„Ach, Freunde", winkte Konrad ab, „lassen wir die Intendanzgeschäfte dem Doktor Rath, ich habe mich bereits damit abgefunden und werde es hinter mich bringen."

Lächelnd setzte er hinzu: „Darstellerisch finde ich den Stinkstiefel Prochor ganz interessant."

„Und die Mehrarbeit, Herr Konrad?"

„Tschja, liebe Frau Burger, erinnern Sie sich an meinen Bericht während unserer Premierenfeier 'Die Hose'? Wir Theaterleute sind irgendwie irre, glauben Sie's mir. Aber kommen Sie, fangen wir die Szene, Auftritt Melnikow, noch mal an."

Er wandte sich an den Darsteller des Melnikow: „Herr Gutzeit, denken Sie daran, Sie und Wassa haben sehr eigene Interessen: Wassa hat Sie in der Hand, aber sie braucht Sie auch. Zwischen Ihnen ist viel Ambivalenz im Spiel, wir müssen also mit verdeckten Tönen arbeiten, die Zwischentöne sind wichtig. Fangen wir an: Szene Wassa und noch Anna, Wassas Stichwort: Da stehst du, wie – vielseitig er ist."

Konrad setzte sich wieder neben die Souffleuse. Der Inspizient ließ das Telefon läuten.

Wassa nahm den Hörer ab, die Szene ging weiter bis zum Auftritt Melnikow. „Einen Augenblick noch, Herr Gutzeit." Er wandte sich an Frau Burger: „In dieser Zeile haben wir die sachlich knappe Diktion der Chefin an Anna, dann hat aber Gorki einen Gedankenstrich vor 'dieser Melnikow' gesetzt, das ist eine Andeutung, eine Klassifizierung. Die lässige Handbewegung zu Anna, sich zu entfernen, ist eine und 'dieser Melnikow' ist eine andere. Wir können, nein, wir müssen Gorki da genau folgen, wie ich überhaupt empfehlen möchte, seine Regiebemerkungen genau zu übernehmen, auch bei anderen Autoren würde ich es beachten, und nicht zu vergessen, beachten Sie die Interpunktionen. In dieser Szene müssen wir uns fragen: Wie ist die Situation Wassas? Gorki läßt sie am Tisch nachdenklich stehen, dann sichtet sie die Papiere und stellt ein paar Sachen auf den Tisch, schreibt Gorki, ich würde meinen, sie legt auf dem Schreibtisch etwas um. Ihr Gesicht hat sich verfinstert, sie sieht vor sich hin, überprüft noch einmal ihre Lage und die wird bestimmt vom Vorsatz, die Katastrophe, die durch die Vergehen ihres Mannes eintreten kann, auf jeden Fall zu vermeiden, der von ihr abhängige Melnikow soll dabei behilflich sein. Sie will von ihm Fakten hören und bekommt sie auch." Er unterbrach kurz. „Ich möchte hier doch noch etwas Grundsätzliches sagen: Gorkis Anliegen ist, wir wissen es, den Niedergang der kapitalistischen Gesellschaft aufzuzeigen, doch nach meinem Empfinden tut er das hier des 'Bösen' zuviel. Wer ist so bewußt und vorsätzlich böse, die Konsequenz aus bestimmten Denken und Handeln kann am Ende böse sein oder sich böse auswirken. Die dominierende Gestalt des Stückes, Wassa, handelt nur folgerichtig aus ihrer Interessenlage, und die von ihr Abhängigen haben nach ihrem Selbstverständnis zu helfen, das erwartet sie von ihnen und die wissen es auch. Daß die ihr gern einmal die 'Gabel ins Fleisch' fetzen möchten, wie Prochor später einmal sagt, ändert nichts an der Grundhaltung. So, das wäre noch einmal etwas Grundsätzliches", schloß Konrad seine Betrachtungen ab.

„Kann ich zum Grundsätzlichen noch eine Frage stellen, Herr Konrad?"

Willem Koch, der bürgerliche Väterspieler, der als Schelesnow besetzt ist, erhob sich von seinem Stuhl an der Seite der Probebühne: „Werden Sie noch bis zu meiner Szene kommen?"

Konrad blickte auf seine Uhr: „Mein Gott, schon halb zwölf, es ist verdammt spät geworden, aber ich möchte es schon, zu Natalia und Prochor allerdings nicht mehr. Sie können gehen. Ich hoffe, daß wir die Proben morgen zeitlich einhalten können, auf Wiedersehen."

Er wartete, bis die Kollegen den Raum verlassen hatten. „So, nun wollen wir mal, Frau Burger, bitte."

Die Szene begann: Der Inspizient gab das Klingelzeichen, Wassa nahm den Telefonhörer auf und begann das Gespräch. Ruhig und gelassen fügte sich die Handlung, die Gesten, die Worte, kein Druck, nur breite Gelassenheit und Souveränität wird gezeigt, die Spannung verdeckt, Abhängigkeiten müssen nicht besonders betont werden, der wirtschaftlich Schwache ist abhängig, wenn das Gesetz des Dschungels herrscht, aber wird hier eingeschränkt durch die Judiskative, auch wenn sie korrupt ist. Es müssen Rücksichten genommen werden auf das Ansehen in der Gesellschaft, auf den Namen, den Ruf. Die Bestechung durch Melnikow soll das Unheil, das über der Familie liegt, verhüten. Er ist zwar abhängig von Wassa, aber er kann doch nichts bewirken, der Staatsanwalt könnte, aber der wird die Anklage gegen Wassas Mann nicht unterdrücken, da er auf Beförderung spekuliert. Er wird nichts tun, nicht für Geld und nicht für gute Worte. Melnikow kann darüber nur informieren und nichts entscheiden. Wassas Drängen führt zu nichts. Wort für Wort wird vorsichtig taktiert, vom Schwächeren, von Melnikow, doch Wassa scheitert mit dem Bestechungsversuch, und der letzte Hinweis von ihm, Wassa sollte sich persönlich an den Staatsanwalt wenden, wird schroff abgelehnt. Die Anklage gegen ihren Mann und seine Verurteilung ist damit nicht aufzuhalten;

es ist also doch nicht nur eine Frage des Kapitals und der Abhängigkeiten. – Was bleibt?

Wassa steht am Schreibtisch, dem für sie wichtigsten Möbel, dem Symbol ihrer Macht vielleicht und bilanziert. In Gedanken hantiert sie, sichtet, legt und verlegt in Gedanken, grübelt, sucht in einer Schublade, man sieht ihr an, schwere Gedanken belasten sie, sie hält etwas in der Hand – ihre Tochter Ludmilla platzt in die Szene. Wassa läßt schnell etwas in der Tasche verschwinden und läßt nachsichtig und geduldig die aufdringlichen Zärtlichkeiten der naiven und irgendwie abgehoben wirkenden Tochter über sich ergehen und wimmelt sie ab, anschließend muß sie noch die Klagen des Hausmädchens Lisa anhören, sie müsse zuviel für den Bruder Prochor arbeiten und brauche noch eine Hilfe. Wassa lehnt entschieden ab; sie will keine Leute herumstehen sehen. Lisa soll mehr arbeiten. Das ist kapitalistische Konsequenz. Lisas Szene führt zur wichtigsten Szene des 1. Aktes, dem Auftritt Schelesnow. Die Schwierigkeit dieser Szene liegt darin, die Zwangsläufigkeit seines Selbstmords in den Augen seiner Frau aufzuzeigen.

Das Verhalten Wassas ist nur aus der Schlußszene des 1. Aktes verständlich, wenn sie berichtet, wie sie als junge Frau während einer Gesellschaft von Schelesnow gezwungen wurde, von seinen Stiefeln Schlagsahne abzulecken. Als Hintergrund und Rechtfertigung des Verhaltens Wassas muß diese und die zwanzigjährige Ehe mit diesem Mann in seiner brutalen und bösartigen Struktur gesehen werden. Jetzt sind nur noch kümmerliche Reste seines Charakters erkennbar, der sich nur noch mit wilden Ausbrüchen und Worten artikulieren kann. Die brutale Genußsucht, die Lebensgier zeigt sich nur in kurzen eruptiven Umbrüchen, die Wassa nicht mehr beeindrucken können. Sie ist fest entschlossen und zu allem bereit, ihr Leben um jeden Preis zu verteidigen, zu bewahren – und sei es auch mit letzten Mitteln. Für sie gibt es als Lösung nur den Tod ihres Mannes durch Selbstmord, zu dem sie ihn bringen will. Gorki deutet im Habitus und mit wenigen Sätzen den aus sich heraus gestörten und zerstörten Charakter an, er stellt nur das Notwendige an Text zur Verfügung, aber dieses Wenige muß die zerstörerische Brachialgewalt knapp aufzeigen und die fürchterliche Konsequenz verständlich machen.

Ein mühseliger Weg für die Interpreten in dieser Szene und im ganzen Drama, aber man muß sie sich in Erinnerung rufen, diese verkrüppelten Charaktere einer unseligen Zeit.

Immer wieder muß der Regisseur den Hintergrund und die sich daraus ergebende Entwicklung aufzeigen, sie erklären, sie in Erinnerung rufen, Wort für Wort, Satz für Satz, aus dem Vergangenen rechtfertigen und verdeutlichen.

Mit dem gemeinsamen Abgang Wassa – Schelesnow beendet Konrad schließlich die Stückprobe am Vormittag.

Er war sich im klaren, daß dem Darsteller des Schelesnow noch nicht die Kraft und Spannung für den gewalttätigen Charakter zur Verfügung steht und daß er zu dessen Hemmungslosigkeit noch nicht in der Lage ist. Er braucht

Hilfe, viel Hilfe, bei wenig Text, und daß er der Frau Burger Mut machen mußte, ihre kleinbürgerliche Grundhaltung zu überwinden.
Er stand auf: „Vielen Dank, liebe Kollegen, machen wir für heute Schluß. Im Augenblick kann ich noch nicht sagen, welche Szenen des 1. Aktes wir morgen proben werden. Sehen Sie bitte auf den Probenplan für morgen. Ich muß mich auch noch mit meinem Prochor befassen."
„Viel Vergnügen", spöttelte Willem Koch.
„Habe ich auf jeden Fall", lachte Konrad sarkastisch.
„Auf Wiedersehen!"
Er zog seinen Blouson über, und steckte das Regiebuch ein und ging durch die Doberaner Straße nach Hause. Charlotte und Ulrich sind ja heute am Strand, fiel ihm ein, ich muß mir mein Essen selbst anwärmen. Er blickte zum strahlend blauen Himmel: ein richtiges Strandwetter – nur nicht für mich, bis zur Premiere nicht. Nachdem die mir den Prochor angedreht haben, muß ich für die nächste Zeit alle Hoffnung fahrenlassen, noch mal an den Strand zu kommen.
Die Mittagssonne lag voll auf der breiten Dethardingstraße. Nur wenig Passanten waren zu sehen. Vor seinem Wohnhaus hielten zwei Jungen mit Rollern Wettrennen ab – war das nicht, ja tatsächlich, es war Uli mit seinem Freund Ortwin. Warum war er nicht am Strand? Uli hatte ihn auch bemerkt und kam in voller Fahrt angesaust: „Da bist du ja, Vati, Mutti wartet schon auf dich!"
„So, tut sie das, und warum seid ihr nicht am Strand?"
Uli schob seinen Roller nebenher: „Wir durften nicht, mußten umkehren."
Sie hatten das Haus erreicht. „Verabschiede dich von Ortwin und stell den Roller im Keller ab."
Er gab das Klingelzeichen: Einmal kurz – dann lang und ging noch oben. In der Tür stand Charlotte mit verkrätzter Miene.
„Was ist, Schatz, Uli sagte ..."
„... daß sie uns einfach nach Hause geschickt haben wie dumme Jungen!"
Uli schlüpfte noch zur Tür herein, und Rolf hängte seinen Blouson an die Garderobe.
„Aber Kind, wer sind 'Sie'?"
„Die Volkspolizei, in Lichtenhagen mußten wir aussteigen und wieder zurückfahren."
Beide ließen sich im Wohnzimmer in die Sessel fallen. „So einfach und ohne Erklärung?"
„Ja!" platzte Charlotte verärgert, „sie seien keine Erklärung schuldig!"
„Wieviel Fahrgäste wart ihr denn?"
„Zwanzig, dreißig, meist Frauen mit Kindern, so wie wir."
Konrad schlug sich verärgert auf die Schenkel: „Ein starkes Stück – aber was kann man machen, verdammt noch mal!"
„Der Zugschaffner auf der Rückfahrt konnte uns auch nichts sagen."

„Und wollte wohl auch nicht." Er sah zum Fenster hinaus. „Und bei dem herrlichen Wetter, der reinste Willkürakt, aber ich würde dir raten, fahre morgen einfach wieder hinaus und frage außerdem Küblers, ob sie am Wochenende wieder nach Graal fahren, und schließe dich an."

„Meinst du?"

„Oder erkundige dich doch am Bahnhof."

„Und du meinst, die sagen mir etwas? Ach, ich mag auch nicht mehr."

Ungehalten stand sie auf. „Lassen wir das, ich versuche es morgen wieder, und jetzt müssen wir erst mal essen. Du mußt doch einen großen Hunger haben. Uli, hörst du?"

Sie öffnete die Tür zu seinem Zimmer, „komm, wir essen und wasch dir die Hände. Ich decke drüben in deinem Zimmer, Rolf."

Er stand auf und folgte ihr: „Ich habe übrigens auch eine Überraschung für dich: Rosenberg ist krank, Thrombose im rechten Oberschenkel, und fällt aus."

„Und, nun?"

„Ich muß den Prochor spielen."

„Ach du lieber Himmel, geht das nicht anders?"

„Nein, Rath und Hoffmeister sagen es, und es könnte auch stimmen."

„Da tust du mir aber leid. Wie willst du das schaffen?"

„Wie schon öfter; es ist ja nicht das erste Mal, daß ich in eigener Regie spielen muß. Du wirst mir nur zur Haupt- und Generalprobe behilflich sein und hinten im Zuschauerraum ein kritisches Auge auf mich haben. Die wesentlichen Punkte schreibe ich dir dann auf. Ich glaube nicht, daß man mir noch einen Regie-Assistenten zur Verfügung stellen wird."

Sie setzten sich zum Essen nieder. „Guten Appetit!"

10. Kapitel

Samstag, Spätnachmittag. Die Schönwetterperiode hält immer noch an. Rolf Konrad sitzt in seinem Zimmer bei offenem Fenster, hat die Vorhänge aufgezogen und lernt Text des 3. Aktes von „Wassa Schelesnowa". Charlotte ist mit Uli und dem Schachpartner Kübler, Frau und Sohn Ortwin an den Strand von Graal gefahren, einen wesentlich schöneren Strand östlich von Markgrafenheid. Die Fahrt dahin dauert zwar länger, aber der Strand liegt in hohe Kiefernwälder eingebettet und ist schön abgelegen. Rolf weiß es nur von Charlottes und Ulis begeisterten Schilderungen. Das kürzliche Verbot, nach Warnemünde zu fahren, hatte sie mit Küblers auf die Idee gebracht, nach einer Alternative zu suchen, obwohl die Sperre inzwischen wiederaufgehoben worden ist – aber trauen konnte man den Brüdern nicht.

Er konnte sich nicht weiter kümmern, die Regiearbeit und zusätzliche Belastung durch den „Prochor" ließen es einfach nicht zu. Er ist leider kein „schneller Lerner" und muß sich beim Textlernen ziemlich schinden, auch wenn er durch die Regiearbeit einen besseren Durchblick im Handlungsablauf hat. Das hatte er schon öfter feststellen können.

Er stand auf und ging zur Abwechslung beim Memorieren im Zimmer auf und ab. Den 1. und 2. Akt hatte er schon bewältigt und den 3. Akt müßte er in den nächsten Tagen auch noch bringen.

Inzwischen wird der Kollege Heinrich, der Darsteller des „Pitjarkin", die Melodie für den 3. Akt auch gelernt haben. Zum Gesang der Volksweise „Gottesvögelchen" muß er ein paar Begleitakkorde auf der Gitarre schlagen, und wenn der das nicht schafft, werde ich als Prochor das noch übernehmen müssen, überlegte er. Ein paar Begleitakkorde hat mir früher mal Charlotte beigebracht, die werde ich da unterbringen müssen. Wir müssen „die Sau rauslassen", es muß Dampf gemacht werden. Er grinste, es muß ein ganz und gar ungehöriger Dampf werden.

Er setzte sich wieder in den Sessel. Mal sehen, wie die russische Dolmetscherin die Szene aufnimmt, es geht sie zwar nichts an und sie quatscht sowieso schon zuviel in meine Arbeit rein. Eigentlich soll sie nur die korrekte Aussprache der russischen Namen und Bezeichnungen kontrollieren, aber sie hält sich nicht daran. In der vergangenen Spielzeit hatte ich in der Inszenierung „Maschenka" eine gemütliche alte Babuschka, bei der gab es keine Probleme, die jetzt ist ziemlich schwierig. Sieht in ihrer Uniform ganz gut aus, ist aber reichlich arrogant und will uns offensichtlich erst etwas Kultur beibringen.

Konrad legte das Textbuch zur Seite und zog die Vorhänge zurück, daß helles Tageslicht ins Zimmer fiel. Schön war der Ausblick auf die Bahnstrecke nicht gerade, auch die kleinen Schrebergärten neben der Strecke änderten daran nichts.

Als er sich in den bequemen Sessel setzen wollte, läutete die Wohnungsklingel zweimal kurz – lang. Er blickte zur Uhr: Da hätten Charlotte und Ulrich ruhig länger bleiben können, stellte er fest, ich habe heute doch keine Vorstellung.

Die Tür wurde aufgestoßen und Uli stürmte herein: „Trara, Vati, die Post ist da!"

Er warf seine Badesachen, Ente, Eimer und Schaufel ins Bad und kam zu Rolf.

„Ihr seid ja schon da, ihr hättet das schöne Wetter mehr ausnutzen können! Wie war es denn?" wandte er sich an Charlotte, „ihr seht verdammt gut aus. Komm, gib mir deine Badesachen, ich hänge sie auf den Balkon zum Trocknen, Uli, deine auch! Habt ihr Hunger, Durst oder beides, oder wollt ihr erst mal verschnaufen?"

„Zuerst lege ich mich auf deine Couch, mein Rolfi. Uli kann sich drüben auf meine legen – oder willst du selbst hier liegen?"

„Nee, Jnädichste, hab' en faulen Tach jehabt, ick setz mir zu dir, Kleene."

„Dann tu das, mein Lieber. Uli, mach dich drüben lang."

„Hab' ich schon, Mutti!"

Charlotte streckte sich wohlig aus: „Ist eigentlich auch ganz schön – und du, was hast du gemacht?"

„Vormittag geprobt und am Nachmittag Text gearbeitet. Eine Frage: Kommt Herr Kübler morgen zum Schach?"

„Ja, er bringt das Opfer, mit dir Schach zu spielen."

„Opfer vielleicht nicht ganz, aber es ist immer noch so, daß er mich linker Hand erledigt. Ich nehme an, er ist auch mehr am politischen Gespräch interessiert und geht dabei kein Risiko ein – ich auch nicht. Mich interessiert, was außerhalb des Theaters politisch gedacht und geredet wird. Bei uns wird zwar viel geredet, aber alles nur, als ob."

„Sollte man eigentlich gar nicht meinen."

„Du sagst es, eigentlich, doch wir sollen das neue Bewußtsein bilden, und wenn wir es nicht tun, holen sie sich Leute aus den Laienspielgruppen, denk an die dicke Dengelmann."

„Im Ernst?"

„Ist gesagt worden, aber es wird nicht nötig sein, die Kollegenschaft ist realistisch, so nennt man es doch, und der Staat zeigt sich erkenntlich. Aber lassen wir das Thema. Soll ich das Abendessen vorbereiten?"

„Wenn du willst, ich ruhe mich noch ein bißchen aus."

„Gut", er stand auf, „trinkst du Obstsaft, Milch, Tee oder Bier?"

„Letzteres, wenn es nicht zu kalt ist."

„Wird gemacht. Übrigens muß ich noch mal ins Theater und den Probenplan für Montag ansehen. Ich weiß nicht, ob ich die Probestudio- oder Hauptbühne habe. Kommst du mit?"

„Ja, kann ich machen, wenn Uli schläft."

Sie machte einen langen Hals zum Nebenzimmer: „Was macht er?"
„Nichts, Mutti, ich höre euch zu."
„Dann komm rüber, Vater bereitet das Abendbrot."
Sie stand auf, um sich im Bad die Hände zu waschen.
„Uli, vergiß es nicht!"
Er folgte ihr lustlos: „Nein, nein, ich denke schon dran."
„So Herrschaften, greift zu", forderte Konrad sie auf, „wenn etwas fehlt, müßt ihr es sagen."
„Wie ich sehe, fehlt es an nichts, mein Lieber", lächelte sie ihn an, „du bist ein perfekter Houseman."
„Thank you, very much, Madam!"
Er wandte sich an Uli: „Kommst du klar, mein Sohn?"
„Aber Vati, was denkst du von mir?"
„Ja, wirklich, Rolf, wie kannst du nur!" Sie spielte ihn mit gespielter Entrüstung an. „Erzähle lieber, wie heute deine Proben gelaufen sind."
Er sah sie resigniert an: „Ach, weißt du, ich hätte doch auf einem Regie-Assistenten bestehen sollen. Der Prochor ist ein verdammt schwerer Brocken und immer im Geist daneben stehen zu müssen als Regisseur und Darsteller, das strengt doch ziemlich an und leider irritiert es auch die Kollegen. Zusätzlich macht mich die Dolmetscherin noch nervös."
„Wieso denn das? Und ist sie immer dabei?"
„Nein, Gott sei Dank nicht. Sie hat manchmal einen gouvernantenhaften Ton, der mich reizt."
„In der vergangenen Spielzeit war es doch eine gemütliche alte Babuschka."
„Nein, das ist die neue ganz und gar nicht, die ist jung, sieht recht gut aus und kommt gern in Uniform."
Charlotte lachte ihn an: „Na bitte, das ist doch mal was anderes, oder stört dich die Uniform? Das würde mich allerdings überraschen."
Rolf sah sie mit hohen Brauen an: „So, dann hast du aber bei mir einiges überhört und übersehen, oder ich habe mich nicht verständlich ausgedrückt, aber jetzt möchte ich nicht darüber reden. Nimm es hin, ihre Uniform stört mich etwas, aber wesentlicher ist, ich muß die Kollegen in einer sehr fremden Mentalität führen und an meiner eigenen Rolle arbeiten, und in dieser doppelten Beanspruchung kommen dann kritische Korrekturen der Dame, die übers Übersetzen hinausgehen – ich glaube, ich habe mich übernommen."
„Und kannst es dem Intendanten nicht sagen – oder willst du es nicht?"
„Will nicht."
„Lieber weiter schinden? Rolfi, ich hatte bisher gedacht, du hättest einen gesunden Ehrgeiz."
„Mit der alten Babuschka wäre es auch gegangen. – Aber mach dir keine Sorgen, in 10 Tagen habe ich es hinter mir – Premieren sind nicht aufzuhalten."
Charlotte lächelte skeptisch: „Man soll schon welche abgesetzt haben."

„Dazu kommt es sicher nicht. – Lassen wir das Thema. So, Uli, bist du satt? Den ganzen Tag am Meer, das macht doch hungrig."

„Ach, Vati, Mutti nimmt doch immer Essen mit!"

„Siehst du, daran habe ich gar nicht gedacht. Und was macht das Schwimmen?"

„Na ja, Ortwin kann auch nicht."

„Das ist tröstlich zu wissen, Kleiner, gell!

So, können wir abräumen und gehen?"

Sie standen auf und während Uli sich für die Nacht zurechtmachte, erledigten die Eltern die Küchenarbeit.

„Wenn du willst, kannst du noch ein bißchen aufbleiben, Uli, Vati und ich gehen nur mal kurz ins Theater, sind aber bald wieder da."

Sie legte sich eine leichte Jacke über die Schulter: „Komm, Schatz, wir gehen."

11. Kapitel

Am Mittwoch der folgenden Woche schreckte Charlotte während Küchenarbeit zusammen, als die Wohnungstür hart aufgerissen und heftig wieder geschlossen wurde. Sie wandte sich überrascht um und sah Rolf seine Sommerjacke in weitem Bogen auf die Couch seines Zimmers werfen: „Verdammtes Lumpenpack!" hörte sie seine wütende Stimme und daß er sich in einen Sessel warf.

„Was ist denn, Rolf?"

Sie ging zu ihm und sah ihn fragend an: „Hast du Ärger gehabt?"

„Ärger!" Er sprang unbeherrscht hoch und baute sich vor ihr auf: „Das ist ein bißchen mehr, verdammt noch mal! Dieses elende Gesindel!"

Sie faßte ihn an beide Arme: „Nun komm, spann mich nicht auf die Folter."

Er machte sich von ihr frei. „Laß mich, ich muß mich erst abreagieren."

Er machte kehrt und ging zum Balkon, drehte sich plötzlich und war mit zwei, drei Schritten wieder vor ihr: „Jetzt haben sie mich doch denunziert", und schob sich an ihr vorbei ins offene Nebenzimmer.

Sie drehte sich um: „Wer hat und worüber, komm, nun sag endlich, was los ist, ich bitte dich."

Er warf sich in einen Sessel, dann blickte er sie an: „Entschuldige bitte, ich muß den Stau erst loswerden."

Mit müder Geste forderte er sie auf, Platz zu nehmen, und atmete mehrmals intensiv durch, dann sah er sie resigniert an: „Ich bin nicht nur auf andere wütend, ich bin es vielmehr auf mich."

„Kannst du nicht deutlicher werden?"

„Ja, ja, ich tue es auch."

Er strich sich mit fast hilfloser Geste über die Stirn: „Der Intendant hatte mich nach der Probe bestellt. Ich nahm an, er würde sich nach den Proben erkundigen ..." Rolf gab sich ärgerlich einen Ruck: „Ach, was soll's, er sagte mir, Polizei wäre im Haus gewesen und habe ihm mitgeteilt, in seinem Theater würde proamerikanische Propaganda gemacht, er hätte widersprochen, daraufhin hätten sie ihm in der Herrengarderobe auf einem Schminktisch den Frontverlauf im Koreakrieg aus amerikanischer Sicht gezeigt. Es war mein Tisch, und ich hatte das gezeichnet."

Charlotte blickte ihn verwundert an: „Hast du wirklich?"

„Ja, gestern, vor dem 5. Akt gab es eine Unterhaltung. Irgend jemand fragte nach dem Frontverlauf und ich habe ihn kurz skizziert und die Skizze war nach Raths Angaben noch am Vormittag zu sehen."

„Hast du nicht daran gedacht, das zu löschen?"

„Nein, ich mußte gleich danach auf die Bühne und habe nicht mehr daran gedacht."

„Aber die berichten hier doch auch über den Koreakrieg, Rolf."

Rolf lachte verächtlich: „Ja, aber wie. Ich hatte in dem Augenblick auch gar nicht an den Unterschied gedacht, und das ist es, warum ich mich so ärgere. Rath will es wieder geradegebogen haben, schließlich sei er selber SED-Mitglied und daran interessiert, daß unser Volkstheater politisch nicht auffällt und in Ordnung ist."

„Das hat er denen gesagt – und dir?"

„Nun ja, er war enttäuscht und bat mich, so etwas in Zukunft zu unterlassen."

„Mein Gott, da hat dich doch jemand reingelegt, erst, indem er das Thema angeschnitten."

„Das ist möglich."

„... und dich zur Zeichnung verleitet hat."

„Nein, nein, so auffallend doof war er nicht, jedenfalls nicht so doof, wie ich es mit der Skizze deutlicher machen wollte, arglos und dumm. Das Infame ist, es der Polizei zu melden."

„Wer könnte es gewesen sein, hast du einen Verdacht?"

„Die Frage ist überhaupt nicht zu beantworten, es könnte jeder gewesen sein, der im Raum war oder hineingekommen ist. Da ist alles drin, es geht vom reinen Zufall bis zur gemeinen Intrige."

„Und der Intendant?"

„Ist enttäuscht, wie ich schon sagte, besonders im Hinblick auf Halle, wo wir ja weiter zusammenarbeiten werden. Daß ich es nicht verbal getan, sondern es auch noch auf den Tisch gemalt habe, sei nicht gerade intelligent gewesen, meinte er."

„Hat er nicht recht?"

„Ach, Kind", brauste Rolf auf, „das ist doch überhaupt keine Frage! Meine Naivität und politische Dummheit ist nicht zu überbieten!"

„Sag mal, Rolf", fuhr Charlotte vorsichtig fort, „besteht da ein Zusammenhang mit deiner augenblicklichen Arbeit mit 'Wassa'?"

Er blickte sie überrascht an: „Du meinst?"

„Du bist doch da nicht ganz glücklich, oder sehe ich das falsch?"

„Nein, nein, meine Fehlleistung hat damit nichts zu tun, aber glücklich bin ich bei der 'Wassa' ganz und gar nicht. Da hat sich bei mir inzwischen ein innerer Widerstand gegen Gorki gebildet im Zusammenhang mit der Gestalt der 'Rachel', Wassas Schwiegertochter, die gekommen ist, ihren Sohn zu sich ins Ausland zu holen, in dem sie als Revolutionärin lebt, und 'Wassa' ist strikt dagegen – und diese Rachel überzeugt mich nicht."

„Liegt es an Frau Günther, der Darstellerin?"

„Ehrlich gestanden, ich weiß es nicht: Die Frau muß stark sein, feste Unbeirrbarkeit zeigen, eine Heldin. Das habe ich bei Frau Günther gesucht."

„Und?"

„Hat sie nicht, bringt sie auch nicht, dazu fehlt ihr die Kraft. Jetzt versuche ich es über den Intellekt, kalt, kopfgesteuert."

„Und hat sie den?"
„Dein Unterton trifft es: Hat sie nicht."
„Und was nun?"
„Ja, was? Eine Synthese ist nicht möglich, und da stolpere ich immer über den Autor, über Gorki.

Ich weiß nicht, ob ich dir gesagt habe, daß unsere Fassung von 36 eine Überarbeitung von Gorki ist. Die erste Fassung wurde 1910 geschrieben und die hätte ich gern gehabt, aber nirgends gefunden."

„Gibt es sie überhaupt noch; es ist sehr lange her."

„Und Gorki ist viel gereist, war lange im Ausland, genoß da großes Ansehen, trotz seines Rufes als Revolutionär, und über 'Wassa' habe ich irgendwo gelesen, er hätte das Drama kurz vor seinem Tode in einer sehr schwachen Inszenierung am 'Moskauer Künstlertheater' gesehen und die Fassung von 1910 umgearbeitet zu der, die wir jetzt spielen." Er sah Charlotte nachdenklich an: „Hört sich alles ein bißchen seltsam an. Aber davon abgesehen, Rachel hat eindeutig die dramaturgische Funktion der Heldin und, es tut mir leid, das zu sagen, sie überzeugt mich nicht als Bühnengestalt. Ich stehe vor der unangenehmen Frage: Ist es die Günther oder ist es der Autor, ist es Gorki?

Das letztere darf ich natürlich nur in unseren vier Wänden denken und äußern. Ich weiß nicht, ob Frau Günther, selbst wenn sie stärker oder intelligenter wäre, eine positive Aussage des Stückes erreichen würde, ich weiß nur, daß Gorki die kapitalistische Welt der 'Wassa Schelesnowa' einseitig schildert, sie überzogen hat. Ihre handelnden Personen sind so schlecht, so böse, so unzulänglich, daß mir schaudert und jede auch nur annähernde Wertung erschwert oder unmöglich macht. Und dahinein kommt nun diese Rachel und stellt klug fest, daß diese Verhältnisse fürchterlich seien und das wohl auch mit Recht, und daß eine neue, eine bessere Zeit kommen würde. Sie spricht aber so pauschal und allgemein von dieser neuen Zeit, daß es kein Gegengewicht bildet, nicht aufzeigt, wo und wie es anders und besser sein wird. Was sie sagt, hört sich wie die Verheißung in einer Kirche an, es fehlt nur noch das Orgelspiel. Ich hätte gern mehr erfahren, aber Näheres höre ich nicht."

Nach einer Pause fuhr er fort: „Ich bin nur ein kleiner Regisseur an einer Provinzbühne, bin kein Dichter, kein Stückeschreiber, kann es im einzelnen nicht klar ansprechen, aber das Stück überzeugt mich in der Aussage nicht, ich sagte es schon. Eines steht fest: Diese geschundenen und schindenden Charaktere bei Gorki sind großartige Aufgaben für Vollblutschauspieler – aber damit hat es sich auch."

Charlotte sah ihn nachsichtig an: „Ist denn alles umsonst gewesen, die Arbeit, die Mühe und Anstrengung?"

Er lachte leicht: „Nein, sicher nicht, es finden ja Lernprozesse statt, bei uns allen. Lassen wir also die grundsätzlichen Betrachtungen, wir werden unser Möglichstes tun: Meinem Prochor kann ich einiges abgewinnen und russisch geht es auf jeden Fall zu, mit aller epischen Breite, mit brutalen Umbrüchen und Ausbrüchen, und wenn es so kommen sollte, wird es mich schon freuen."

Er hatte den Satz nicht beendet, als die Wohnungsklingel anhaltend schrillte.

„Kommt Uli jetzt erst aus der Schule?"

„Nein, nein, er war bei seinem Freund Ortwin."

Charlotte stand auf, drückte auf den Summer: „Ich muß das Essen fertig machen. Um noch mals aufs Theater zurückzukommen: Wie wird es weitergehen?"

Er folgte ihr in die Küche: „Wie bisher, ich werde allerdings jeden persönlichen Umgang mit Kollegen meiden."

„Es war ja sowieso nicht viel."

„Meinst du, na um so besser! Und meine Beziehung zu Doktor Rath ist heikel geworden, ich bedauere es, kann es aber nicht ändern."

Uli kam atemlos in die Küche: „Wann gibt es Essen, Mutti? Ich habe einen Bärenhunger!"

„Na, dann mach dich fertig, es ist gleich soweit."

12. Kapitel

Charlotte Konrad lehnte sich an einem Garderobentisch im Foyer des Theaters an und wartete auf ihren Mann, der sich nach der Premiere des Dramas „Wassa Schelesnowa" schnell abschminken wollte, um mit ihr nach Hause zu gehen. Der Zuschauerraum und das Foyer waren leer, nur hier und da kam ein einzelner Mitarbeiter des technischen Personals vorbei. Die Garderobenfrauen waren ebenfalls gegangen. Charlotte hatte sich den Trenchcoat angezogen und die Hände tief in den Taschen vergraben.

Rolfs Arbeit ist nun beendet, ist abgeschlossen, sinnierte sie – und wie war die Resonanz? Er wird mich sicher nach meinen Eindrücken fragen, aber meine Eindrücke können nicht die des Publikums sein – aber er wird sie trotzdem hören wollen, so war es bisher immer gewesen; er könnte so nachfragen, ins einzelne gehen, wie er meint, und sicher hat er damit recht. 'Eine gute Aufnahme beim Publikum freut mich, aber ich möchte Näheres wissen. Am Theater gibt es keine Vollkommenheit, vielleicht gibt es großartige Leistungen und die sind seltener, als man gemeinhin glaubt.' Das sind so seine geflügelten Worte, die aus seiner skeptischen Grundhaltung kommen – aber da kommt er schon persönlich, stellte sie fest und ging ihm entgegen.

„Es ging leider nicht schneller, Liebes. Können wir?"

Sie hängte sich bei ihm ein: „Hast du etwas vor, ich meine, triffst du dich mit Kollegen?"

„Nein, ich habe mich wie üblich bei jedem für die freundliche Mitarbeit bedankt und erklärt, wegen großer Ermüdung nach Hause gehen zu müssen."

„Hat man dir das abgekauft?"

„Kann sein, kann auch nicht sein."

Sie gingen wieder die Doberaner Straße und durch die dunklen Fritz-Reuter-/Arno-Holz-Straße.

„Und wie fühlst du dich tatsächlich?"

„Ach, es geht eigentlich." Er atmete einige Male tief ein und aus. „Die frische Luft tut mir richtig gut und mal sehen, wie morgen das Wetter ist, vielleicht könnten wir zum Strand raus, ich habe vormittags frei."

Er blickte zum Himmel: „Es ist etwas bewölkt, mal sehen, vielleicht klappt es."

„O ja, das wäre schön."

„Übermorgen habe ich erste Proben Faust II."

Sie waren durch die wenig belebten Nebenstraßen in die breitere Dethardingstraße gekommen.

„Setzen wir uns noch auf einen Wein, Liebes, ein bißchen möchte ich schon feiern."

„Oh, ja gern, wenn du nicht zu müde bist."

„Es geht. Ich brauche nach dieser Arbeit einen kleinen Abschluß, und ein bißchen bilanzieren möchte ich auch. Es stellen sich doch immer noch Fragen, vorausgesetzt, man ist nicht überheblich oder von sich selbst überwältigt."

„Was bei dir wohl nicht der Fall ist. So, da sind wir."

Sie öffneten die Haustür und gingen in ihre Wohnung hinauf. Er nahm ihr den Mantel ab: „Wenn du inzwischen Getränke holst – übrigens habe ich ganz vergessen, daß ich meinen Text als Kaiser im Faust noch ansehen muß."

Charlotte stellte einen schweren ungarischen Wein und die Gläser auf den Tisch seines Zimmers.

„Das kannst du doch morgen am Strand machen."

Sie setzten sich in die bequemen Sessel.

„Habe ich dir schon gesagt, daß nach der Premiere Faust II der Faust I aus der vergangenen Spielzeit noch mal aufgenommen wird und dann beide Teile an einem Abend, na sagen wir, an einem Spätnachmittag bis Mitternacht gegeben wird?"

„Nein, o Gott, muß das denn sein!"

„Es muß und man kann dann mit diesem 'Faust-Marathon' von sich reden machen, Eindruck schinden. Der arme Kähler als Faust tut mir herzlich leid, Faust I, den er in der vergangenen Spielzeit gespielt hat, und dazu den Faust II, das wird eine Schinderei, und der künstlerische Ertrag und Erfolg ist doch sehr fragwürdig."

„Wie lange dauert der zweite Teil; er wird doch selten gegeben, wenn ich nicht irre."

„Das stimmt, im Gegensatz zu Goethes Erwartungen, der war der Ansicht, Faust II sei für das Theater besser geeignet als der 1. Teil. Ein Irrtum übrigens, den man ihm gern angekreidet hat."

„Warum eigentlich?"

„Verführt doch geradezu, dem Alten da in Weimar was am Zeuge flicken zu können", Charlotte schüttelte den Kopf, „woran es liegt, daß Faust II nicht die Wirkung hat?"

„Ich glaube, es setzt bildungsmäßig zu viel voraus, wer kennt schon die Antike, kennt die klassische Walpurgisnacht. Die da auf dem Brocken ist bekannt, ich glaube in allen Bildungskreisen, und das Gretchen-Schicksal ist mehr als geläufig. Thematisch ist der 2. Teil auch viel weiter gefaßt und länger, Faust I sind 4500 Zeilen und der 2. Teil hat über 8.000 Zeilen. Auch wenn man sich mit der Kaiserpfalz, der klassischen Walpurgisnacht und dem Helena-Komplex und dem 5. Akt begnügt, wie hier bei uns, ich bezweifele sehr, daß alles im rechten Verhältnis zueinander steht. Aber A.P. Hoffmeister kleckert nunmal nicht, der klotzt."

Er nahm sein Glas: „Erst einmal auf dein Wohl, meine Liebe."

„Zum Wohl, Rolf, 'Wassa' hast du nun hinter dich gebracht."

Sie korrigierte sich: „Das hört sich nicht gut an, entschuldige bitte, ich meine, du hast die Aufgabe bewältigt, trotz der doppelten Belastung."

„Ehrlich gestanden, ich hatte nicht gedacht, daß ich in Rostock so etwas machen muß. An einem kleineren Theater kann es mal passieren, wenn man Regisseur und Schauspieler ist. In Halle habe ich es auch nicht zu fürchten, ich habe keinen Regie-Vertrag."

Er nahm einen herzhaften Schluck: „Der Wein ist gut, aber kommen wir zur kritischen Nachbetrachtung: Du hast die beiden letzten Proben und die Premiere gesehen, was läßt sich dazu sagen oder direkter: Welchen Eindruck hattest du heute abend?"

„Das konntest du doch am Beifall erkennen: Die Leute waren betroffen, das war ein Stück zaristisches Rußland im Niedergang. Man konnte den Eindruck gewinnen, daß ihr mit Lust gemein, brutal und böse wart. Edle Seelen waren nicht zu sehen, nicht zu erkennen. Das, was du als Prochor sagtest: 'Gabel ins Fleisch!' jeder jedem, wenn er kann und konnte. Die Tanz- und Saufszene im 3. Akt hat dir richtig was gegeben, hat dir viel Spaß gemacht, wenn ich es richtig gesehen habe."

„Hat's auch!"

„Ja, das traf, und ich glaube, das Publikum hat es auch so gesehen. Übrigens ist es richtiger, daß ihr das Bühnenbild insgesamt etwas nachgedunkelt habt, so wird der Abbau, der Verfall auch optisch deutlicher. Der Niedergang dieser Gesellschaft wird nachdrücklicher aufgezeigt, aber – und jetzt fällt mir die Kritik etwas schwer, weil ich durch dich zuviel weiß, das Neue, die Zukunft, wird tatsächlich nur behauptet, wenn es hochkommt, wird sie in Aussicht gestellt und das, glaube ich, da kann auch eine stärkere Darstellerin wenig ändern."

Rolf nickte: „Und damit fehlt die sogenannte positive Aussage des Stükkes."

„Ich glaube ja, mein Lieber."

„War alles umsonst?"

„Natürlich nicht, nein, du siehst es so und ich. Wir werden sehen, wie die Kritik es sieht."

„Die ist doch für jede Überraschung gut, an die möchte ich nicht so sehr denken, ich möchte lieber dahinterkommen, ob ich nicht selber etwas falsch gesehen, gedeutet und gemacht habe. Wir werden morgen mehr wissen, d.h., zuerst werden wir nach dem Wetter sehen und an den Strand fahren."

„Gern, ich freue mich schon darauf. Kommst du mal mit ..."

„Aber ja doch" – „nach 'Afrika', an den FKK-Strand?"

Sie lächelte ihn etwas verhalten an.

„Daran hatte ich eigentlich nicht gedacht", revozierte er vorsichtig.

Nach einer kurzen Pause fuhr Charlotte vorsichtig fort: „Du hattest neulich eine Bemerkung gemacht, die ich übrigens nicht ganz verstanden habe. Kannst du es nicht ein bißchen deutlicher ausdrücken?"

„Ach so, ja, ich erinnere mich, im Zusammenhang mit deinem Bekanntenkreis am FKK-Strand."

„Ja, in dem."

Er sah sie sehr locker an: „Um es deutlicher zu sagen: Ich habe keine Probleme, wenn ich nackte Frauen sehe, einen nackten Mann kann man sowieso nur mit nachsichtiger Heiterkeit betrachten – jedenfalls was seine charakteristische Ausstattung anbelangt."

„Das hast du schön gesagt, Rolfi", lächelte Charlotte.

„Im Ernst", fuhr er fort, „der Körper einer Frau ist nun mal gelungener, ist schöner, Goethe singt doch davon so schöne Lieder."

„Willst du es literarisch abhandeln?"

„O nein, meine Liebe, das nicht."

„Was ist also dein Problem? In dem Anarchistenstück 'Die optimistische Tragödie' mußtest du sogar mit einer nackten Frau Gewehrgriffe üben. Du erinnerst dich doch an das Affentheater, das damit verbunden war. Warum also keine nackte Frau in 'Afrika'?"

Rolf lachte sie ungeniert an: „Nicht die nackte Frau könnte mich da ein bißchen außer Kontrolle bringen – sondern meine nackte Frau."

Sie sah ihn perplex an: „Na, hör mal, das mußt du mir erklären, wo ist da der Unterschied?"

„Der Unterschied ist leicht erklärt, mein Schatz: Wenn ich dich nackt sehe, werden bei mir Erinnerungen wachgerufen an all die vielen Liebesstunden, die wir in den zehn Jahren unserer Ehe erlebt haben, erleben konnten."

„Oh", Charlotte sah ihn lange an – „was muß ich da hören." Mit leichtem Spott fuhr sie fort: „Du warst aber nicht unberührt, als ich dich kennenlernte, wenn ich mich recht erinnere."

„Das ist richtig. Unsere, unsere Liebesbeziehung hat für mich einen besonderen Stellenwert."

„Durch deine Erinnerung oder deine Phantasie?"

„Ich würde sagen, durch beide, sie ergänzen sich ganz vorzüglich."

Sie trank in einem großen Zug ihren Wein aus, stand auf, ging zum Fenster und zog den Vorhang zur Seite. Volles Mondlicht fiel ins Zimmer.

„Es sieht ganz günstig aus für morgen", mit leiser Stimme fügte sie hinzu – „und für jetzt", dabei löste sie mit ein paar Griffen die Träger ihres Sommerkleides, warf es ihm hin, den Büstenhalter und Schlüpfer hinterdrein, stand im vollen Licht nackt und strich lasziv ihre vollen Brüste nach oben.

Rolf schaltete die Stehlampe aus: „Ich bin nun mal Egoist und will dich allein sehen."

„Nur sehen" – sie ging langsam auf ihn zu, „nur sehen", sie zog ihn langsam aus dem Sessel hoch, riß sein Hemd auf und runter, er griff nach ihren festen Brüsten, sie nach seiner Hose – nackt standen sie im Lichtkegel des Mondes und stürzten sich in leidenschaftlicher Umarmung auf die Couch.

13. Kapitel

Charlotte hatte am Gemüsestand in der Dethardingstraße Obst, Gemüse und Kartoffeln eingekauft, ein bißchen das „liebe Bienchen" gestreichelt und getätschelt und ging wieder zu ihrer Wohnung zurück. Vor der Haustür sah sie Frau Kübler stehen, die offenbar bei ihr geläutet hatte und darauf wartete, eingelassen zu werden, dann drehte sie sich um, sah Charlotte und winkte ihr mit einer Zeitung. „Guten Morgen, Frau Kübler, wollen Sie zu uns?"

„Ich wollte Ihnen nur die Zeitung mit der Kritik über die Inszenierung Ihres Mannes vorbeibringen. Sie halten doch keine Zeitung." Sie hielt sie ihr hin.

„Kommen Sie doch kurz mit rauf, mein Mann ist leider im Theater und Uli in der Schule."

„Habe ich mir schon gedacht."

Sie gingen zur Wohnung hinauf. Charlotte legte Obst und Gemüse in der Küche ab. „Wenn Sie weitergehen wollen, rechts in mein Zimmer, nehmen Sie bitte Platz, ich mache uns schnell einen Tee."

„Ach danke, ich muß auch noch einkaufen, ich wollte ja nur die Zeitung vorbeibringen."

„Sehr freundlich von Ihnen. Was schreiben sie denn?"

„Das ist es eben, es ist eine böse persönliche Kritik. Mein Mann sagt es auch."

Charlotte lachte spöttisch: „Liebe Frau Kübler, in dem Beruf bekommt man mit der Zeit ein dickes Fell."

„Na ja, wenn es sachlich ist."

„... auf die Sachlichkeit berufen sich doch die meisten Kritiker. Leider ist mein Mann zu oft arglos, und ich ärgere mich immer, wenn er freimütig noch Selbstkritik übt."

„Damit schadet er sich doch nur!"

„Natürlich! Aber sagen Sie es ihm einmal! 'Wenn ich nur Karriere machen kann, weil ich meine eigenen Leistungen preisen muß, dann verzichte ich lieber darauf.' Das ist sein Standpunkt. Die kritische Auseinandersetzung in der Kunst, in jeder Kunst, sei die Würze des Lebens, meint er. Da machen Sie mal was!"

„Na ja, dann bin ich ja gespannt, wie er auf die Kritik reagieren wird."

Sie stand auf: „So, ich muß weiter. Wann werden Sie wieder nach Graal mitfahren? Das Wetter ist ja noch recht gut."

„Die Proben für Faust II beginnen, da ist es schwierig, wir melden uns aber, wenn es geht." Charlotte brachte sie zur Tür: „Vielen Dank, liebe Frau Kübler, daß Sie sich die Mühe gemacht haben, und grüßen Sie Ihren Mann, auf Wiedersehen."

Sie schloß die Tür, ging ins Zimmer zurück und nahm die Zeitung. Im Feuilleton deutete es die Überschrift schon an: Man war enttäuscht, war ungnädig, daß dem großen Dramatiker Gorki ein solcher Tort angetan werden konnte, fand es unverzeihlich, die positive Aussage des Dramas in der Person der Rachel so verfehlt zu haben, sie, die Künderin der neuen Zeit, so unbedarft und schwach sehen zu müssen, das hatte den kritischen Betrachter besonders empört.

Frau Kübler sprach doch von einer persönlichen Kritik, erinnerte sich Charlotte, und da war sie auch: „Rolf Konrad gestaltete die Rolle des charakterlich-verkommenen Bruders der 'Wassa' überzeugend, brachte aber in seiner Regie nicht die Stärke der neuen Zeit zum Ausdruck, was nicht überraschen kann, wenn man seine gesellschaftspolitische Distanz kennt. Eine Erinnerung an die geltenden Zulassungsbestimmungen könnte wertvolle Hilfe sein."

Sie warf die Zeitung wütend zur Seite. Das ist wirklich böse, Frau Kübler hatte recht, das war eine persönliche Denunziation! – Wie wird Rolf das aufnehmen? Sie blickte zur Uhr, er müßte auch bald kommen, Uli auch, und ich muß mich mit dem Essen beeilen. Sie sprang auf und ging in die Küche.

Die Wohnungsklingel schrillte hart. Sie drückte auf den Summer. Uli rief von unten: „Ich bin's Mutti!" und hastete die Treppen herauf: „Mann o Mann, ist das anstrengend!" Er stolperte in sein Zimmer und warf den Schulranzen in die Ecke.

„Geht's nicht anders, Uli?"

„Es war wirklich anstrengend, Mutti – und in der Sonne. Fahren wir an den Strand?"

„Hast du Hausaufgaben?"

„Ganz wenig."

Sie rief ihm über die Schulter zu: „Aber Vati wird wohl nicht mitkönnen, und ich wahrscheinlich auch nicht", setzte sie hinzu.

Er kam in die Küche: „Und warum du nicht?"

„Ich nehme an, Vati wird sich mit mir unterhalten wollen."

„Kann er am Strand auch."

„Das ist richtig, aber" – die Wohnungstür wurde aufgeschlossen und Rolf trat ein.

„Warum klingelst du nicht, Vati, das machst du doch sonst immer!"

„Heute mal nicht, Kleiner." Charlotte sah ihn kurz an: Er kennt die Kritik, stellte sie fest.

„Aber guten Tag, ihr Lieben, und du bist auch schon da, Uli, das ist fein."

„Das Essen ist soweit, ich trage es gleich auf, Rolf – Uli, wasch dir die Hände, wenn Vati fertig ist."

„Ja, ja, Mutti, ich weiß schon."

„Rolf, wenn du sie lesen willst, sie liegt in meinem Zimmer."

„Was – ach so, ja, ja, ich lese sie nach dem Essen noch mal."

„Hast du sie im Theater gelesen?"

„Und eingehend diskutiert – mit Doktor Rath."

„Nanu!"

„Ja, es ergab sich; wir trafen uns, und er hat mich in sein Zimmer gebeten."

„Wie war seine Stimmung?"

Rolf lachte bitter: „Wie wohl, enttäuscht bis ungehalten. Er machte mir den Vorwurf, es zu solchen Vorwürfen kommen zu lassen."

Charlotte stellte ärgerlich die Gemüseschüssel auf den Tisch: „Ja, mein Gott, wie denn?"

„Das sagen die Presseheinis doch deutlich: Ich soll mich politisch aktiv betätigen. Denk an Brunner. Sie wollen mir offenkundig keine vier Jahre Zeit geben!" lachte er höhnisch – und brach ab, „komm, laß uns erst in Ruhe essen, wir können uns danach darüber unterhalten, ich habe mir schon etwas überlegt." Ulrich blickte seine Eltern abwechselnd an: „Was habt ihr denn?" und altklug fügte er hinzu: „Ist es was Ernstes?"

Sie lachten ihn an: „I wo, Uli, das sind nur kleine Einlagen, da lacht man drüber und alles ist wieder in Butter. So, nun iß aber, und danach halten wir unseren Mittagsschlaf."

„Ja, jeder in seinem Zimmer, klar", schloß Uli die Unterhaltung ab.

Nach dem Essen standen sie auf und Uli ging in sein Zimmer. „Aber lange schlafe ich nicht", verkündete er nachdrücklich.

„Es ist schon gut, Kleiner", besänftigte sein Vater und half Charlotte das Geschirr in die Küche zu tragen, „komm zu mir, Liebes."

Sie setzten sich in ihre Sessel.

„Was war nun im Theater, Rolf, gab es Krach?"

„O nein, konnte es doch gar nicht, wir sind doch auch der Auffassung, was die sogenannte 'positive Aussage' des Stückes angeht, und das habe ich dem Intendanten auch gesagt, daß es überwiegend bei Gorki liegen würde, weil er zu allgemein bleibt. Natürlich war Rath überrascht, als ich ihm Beispiele für realistische Inhalte gab: Abschaffung des Analphabetismus, Schaffung von sozialen Einrichtungen, Altersversorgung. Davon hätte Rachel reden müssen. Die Zeit sei noch nicht reif gewesen, meinte er. Ich verwies ihn schlicht an Bismarck, der damals in Deutschland schon etwas davon auf den Weg gebracht hatte. Gorki habe es sich eben zu einfach gemacht.

Ob ich dem großen Dramatiker was am Zeuge flicken wollte? fragte er von oben herab. Ich bin doch nicht größenwahnsinnig, habe ich ihm geantwortet, nur wenn man feststellt, daß die positive Aussage des Stückes fehlt, dann kann es an den Interpreten liegen, oder auch an dem, was man dem Interpreten an die Hand gegeben hat. Es stellt sich also die Frage: Fehlt es bei mir, der Frau Günter oder bei Gorki. Allen Gestalten um Rachel herum hat Gorki charakterlich und in ihren Handlungen viel gegeben, um zu wirken, Rachel kann im wesentlichen nur die Forderung nach ihrem Sohn stellen. Wir bekommen Hinweise auf sie als einer Revolutionärin und das auch nur sehr allgemein, so, wie ihr Hinweis auf eine bessere Zukunft auch nur sehr allgemein ist; sie wird erwähnt, aber nicht glaubhaft gemacht."

„Wie hat er deine Argumente aufgenommen?"

„Wie ich schon sagte, zuerst von oben herab, und dann kam er auf den persönlichen Angriff auf mich zu sprechen. So weit dürfe es nicht kommen, meinte er. Ich habe mich dagegen verwahrt und mich bereit erklärt, mit denen von der Zeitung in eine Sachdiskussion einzutreten. Diese Skribenten sollten sich auf ihre Aufgabe beschränken, habe ich ihm noch gesagt, ihre Aufgabe ist es, Schwächen und Mängel der Inszenierung zu konstatieren, das bleibt ihnen unbenommen, aber mich sollen sie nicht persönlich anmotzen. In dem Zusammenhang kam er auch auf unsere gemeinsame Arbeit in der nächsten Spielzeit in Halle zu sprechen, die doch nun belastet sei.

'Wieso?' habe ich ihn angelacht, 'ich sehe das überhaupt nicht, Sie haben mich doch nur als Schauspieler engagiert, weil der dortige 1. Held nach Leipzig geht!'

Das mußte er zugeben, aber mein Eindruck von der ganzen Angelegenheit ist: Er bedauert, mit mir einen Vertrag abgeschlossen zu haben, und die übernächste Spielzeit sehe ich mich schon anderswo – wenn ich mich sehe, sehen kann."

„Ach, Rolf, soll das so weitergehen?"

„Fragst du mich das im Ernst? – Was kann ich tun, was soll ich tun, sag es mir, ich tue es sofort!" Er schlug ungehalten auf seine Sessellehne. „Ich grübele schon den ganzen Vormittag, seit ich das Pamphlet gelesen habe, ich sehe nichts, als weiter zu lavieren, habe mir aber überlegt, ob ich nicht am Wochenende mal nach Berlin fahre."

„Kannst du es einrichten?"

„Ja, ich habe Freitag und Sonnabend keine Vorstellung und bin probenfrei. Mit dem Mittagszug bin ich gegen Abend da, übernachte bei meiner Schwester Margarete in der Marienstraße und fahre am nächsten Vormittag nach Charlottenburg rüber zu meinem Agenten Erben, vielleicht gucke ich auch mal zum RIAS."

„Was willst du denn da, Rolf?"

„Von Erben hören, ob an kleinen Bühnen in Westberlin sich etwas tut oder tun könnte."

„Ja, das schon, aber was willst du beim RIAS?"

„Meine Situation schildern und hören, was die meinen, wie ich mich verhalten soll oder kann. Daß es für uns immer schwieriger wird, ist nicht mehr zu übersehen."

„Ja, wenn du meinst."

„Ich möchte aber keinen Urlaub einreichen und heimlich fahren, trotz der Residenzpflicht. Kannst du am Freitag mittag meinen Koffer zum Bahnhof bringen? Ich folge mit der nächsten Straßenbahn und übernehme den Koffer auf dem Bahnhof. Wenn man nach mir fragen sollte, bin ich am Strand, und Sonntag mittag bin ich wieder hier. Ich weiß nicht, was es bringen wird, möchte es aber trotzdem tun." Nach einer Pause fügte er hinzu: „Ich werde langsam müde." Er sah zur Uhr: „So, jetzt muß ich noch etwas schlafen, ich habe heute Vorstellung. Du kannst ja alles noch mal überdenken und mir sagen, wie du es siehst, meine Liebe."

Er stand auf, drückte sie zärtlich und ging in sein Zimmer. Einen Augenblick später öffnete Charlotte die Tür: „Entschuldige, Rolf, ich habe die Kritik noch mal gelesen: Was meinen die eigentlich mit der Zulassungsbestimmung?"

Er richtete sich von der Couch auf: „Ach die, lies doch mal auf meiner Zulassungsurkunde, sie liegt im Schreibtisch im oberen Schubfach."

„Wußte ich gar nicht, daß du so etwas hast."

„Ich schon, meine Liebe."

Sie kramte im Fach: „Ach ja, hier, Zulassungsurkunde Nr. 788 vom 28. Februar 1951 und der Text unten: Die Zulassung kann widerrufen werden, wenn der Inhaber die politische Eignung oder Zuverlässigkeit nicht besitzt sowie gegen die gesetzlichen Vorschriften oder gegen das moralische Empfinden und den Anspruch des Volkes auf künstlerische Leistung verstoßen hat."

Sie starrte auf die Urkunde und legte sie betreten zur Seite: „Mein Gott, die kannte ich gar nicht. Nach dem Text können die doch mit euch machen, was sie wollen – das ist infam, das ist böse!"

„Ja, Kind, das ist es." Charlotte ließ sich konsterniert auf die Couch nieder.

„Mir geht es jetzt wie dem Reiter vom Bodensee. Da wundert mich nur, daß sie es noch nicht angewandt haben."

„Ach, Charlotte, vielleicht würde es zuviel Umstände machen, innerhalb einer Spielzeit und außerdem werden die Zulassungsbestimmungen nicht allen bekannt sein."

„Aber die Denunziation 'Korea-Krieg' und die Kritik 'Wassa Schelesnowa' könnte man doch nach diesen Bestimmungen mit deinem Rausschmiß ahnden, oder sehe ich das falsch?"

„Nein, ich sehe es auch so."

„Dann haben wir doch überhaupt keine wirtschaftliche Sicherheit, und du könntest jeden Tag ohne Arbeit auf der Straße stehen, Rolf!"

„Liebes, komm, mach dich nicht verrückt. Bisher ging es mit Ach und Krach zwar, aber es ging. Ich habe auch gar nicht mehr daran gedacht. Als ich damals diese Bestimmungen las, habe ich auch erst dreimal durchatmen müssen, aber für eine Spielzeit hat es immer noch gereicht. Zugegeben, jetzt wird es immer schwieriger."

„Kannst du nicht mit Erben mal darüber sprechen?"

„Das bringt nichts, Kind, der wird froh sein, nicht in politische Querelen reingezogen zu werden. Ich sitze nun einmal an einem kurzen Hebelarm und muß den Kopf einziehen – soweit es geht."

„Hat es dann überhaupt noch einen Sinn, nach Berlin zu fahren, Rolf?"

„Ich denke schon – mit geringen Erwartungen. -

So, Kind, nun laß mich schlafen."

14. Kapitel

Auf dem Rostocker Hauptbahnhof saß am Sonntag mittag Charlotte Konrad auf dem Bahnsteig 2 und wartete auf Rolf, der am Freitag nach Berlin gefahren war. Die Ankunft des Zuges hatte sich nach Ansage eine halbe Stunde verspätet, und Uli streunte unlustig am anderen Bahnsteigende herum. Nervös blickte sie zu ihm hinüber. Glücklicherweise herrschte nur mäßiger Reiseverkehr, so daß sie ihn im Auge behalten konnte. Er war leicht verknatzt, weil sie nicht an den Strand gefahren waren.

Das Wetter war sowieso nur mäßig, außerdem interessierte sie es mehr, von Rolf und seiner Reise zu hören.

Der Lautsprecher unterbrach ihre Überlegungen und meldete die unmittelbare Ankunft des Zuges, offenbar hatte er einen Zwischenspurt eingelegt und aus der halben Stunde war eine gute viertel Stunde geworden. Es soll mir recht sein, lächelte sie spöttisch, stand auf und ging zu Uli, der die Ansage auch gehört hatte und ihr entgegenkam.

„Wann kommt er denn nun, Menschenskinder ist das langweilig!"

„Herzchen, da hinten kommt der Zug schon. Zeig Vati nicht unbedingt deine schlechte Laune."

„Na ja, wenn du meinst."

„Du bist ein liebenswürdiger Knabe, laß das nur nicht deinen Vater merken. Gehen wir an die Sperre, damit er uns nicht übersieht."

„Hallo, Vati, da bist du ja!"

Ulrich hatte Rolf schon entdeckt und lief ihm entgegen. Der blickte überrascht auf und sah auch Charlotte: „Ich habe nicht damit gerechnet, euch hier zu sehen."

„Zur Tarnung, mein Lieber, ich war doch verreist und du holst mich vom Bahnhof ab."

„Dös ist aber fei g'scheit, Frau Konradin!" Er küßte sie. „Wußtest du die Ankunft des Zuges?"

„Ja, vom Freitag, aber komm, die Straßenbahn will gerade abfahren."

Sie gingen zur Haltestelle und stiegen ein.

„Wie war es in Berlin, Vati?" Ulrichs Frage platzte in den mäßig besetzten Wagen.

„Das hast du verwechselt, Uli", er lächelte Charlotte amüsiert an.

Charlotte unterwies Uli leise, daß das anders sei, großes Staatsgeheimnis und so. Ihr Blick in den Wagen beruhigte sie: Vom Theater war niemand zugegen.

„Wir unterhalten uns zu Hause darüber, Uli", schob Rolf nach, „wir sind auch bald da."

Die Zuckelstrecke zur Dethardingstraße hatten sie bald zurückgelegt und die Wohnung erreicht.

„Während du den Koffer auspackst, wärme ich das Essen an und wir können essen, Rolf, oder willst du dich erst etwas ausruhen?"

„Nein, nein, essen wir gleich. Margarete und Walter lassen dich herzlich grüßen."

„Und ich, Vati?"

„Dich natürlich auch, das ist doch klar."

Er legte seine Kosmetika und das Nachtzeug im Bad ab und ging zu Charlotte in die Küche. „Wir müssen uns danach unterhalten, Liebes."

„Willst du dich nicht erst ausruhen?"

„Nein, danach, ich halte es für wichtiger, daß wir uns über bestimmte Dinge ins reine kommen."

„Gut, wie du meinst. Uli, mach dich fertig, wir wollen essen", rief sie ins Kinderzimmer.

„Ich komm schon, Mutti, was gibt's denn?"

„Ach, Junge, das weißt du doch, wir haben's gestern eingekauft: Gulasch und Reis. Was trinkst du, Rolf?"

„Hast du ein Bier, ich habe von der Fahrt einen richtigen Durst – und du, Uli?"

„Auch ein Bier!"

„Ach nee, Kleener, det jeht noch nich, bleib du vorläufig beim Sprudel – oder hast du einen Obstsaft für ihn?" wandte er sich an die Mutti.

„Aber später trinke ich auch Bier. Ortwin hat es nämlich auch schon getrunken!"

„Na, denn mal Prost und guten Appetit!"

„Wie war die Fahrt, Rolf?"

Mit einem müden Lächeln sah er Charlotte an: „Seltsamerweise fielen mir während der Fahrt meine früheren Fahrten über Eberswalde–Angermünde–Kloster Corinchen nach Stettin ein; die bin ich doch so oft gefahren."

„Vor und während des Krieges."

„Ja, und das liegt alles soweit weg, als wäre es nie geschehen."

„Doch nicht Eberswalde und Angermünde."

„Die Orte nicht, aber Stettin, das hat so einen besonderen Stellenwert für mich."

Er schüttelte nachdenklich den Kopf: „Ich weiß auch nicht, warum mir gerade das einfiel."

„Wir werden uns abfinden müssen, Rolf."

„Ja, wie mit vielen anderen; dir als Thüringerin wird es leichter fallen."

„Vielleicht, obwohl ich mit meinen Eltern oft über Stettin nach Misdroy und Liebeseele auf Wollin gefahren bin. Es ist schon lange her, trotzdem erinnere ich mich noch an die Ostsee mit dem wunderbaren weißen Strand und den Kieferwäldern. Mein Vater hatte als Beamter der Reichsbahn Freikarten, und die nutzten wir natürlich aus."

„Hättet ihr es nicht leichter haben können, ich meine näher?"

„Nicht die Ostsee, mein Lieber", lachte sie ihn an.
„Nein, das allerdings nicht."
„Aber hier ist doch auch die Ostsee, Mutti!"
„Du hast recht, Herzchen, es ist eben ein großes Meer, tausend Kilometer lang und breit. Aber laß man, das lernst du alles noch in der Schule."
„Nur nicht nervös werden, Uli", spöttelte Rolf, „in ein paar Jahren sind das für dich auch olle Kamellen. Jetzt mußt du erst mal deinen Mittagsschlaf machen. So, können wir?"
Er stand auf und half das Geschirr in die Küche zu tragen, dann faßte er Charlotte um die Schultern und ging mit ihr in sein Zimmer. In der Sesselgruppe ließen sie sich nieder: „Jetzt ist es halb zwei, bringen wir es hinter uns."
Charlotte sah ihn prüfend an: „Sag mal, war die Reminiszenz an Stettin zufällig?"
„Was meine Grundstimmung angeht, wohl nicht; man sucht gern die Vergangenheit, wenn die Gegenwart beschwerlich ist, man könnte es auch rabiater formulieren."
„Rolfi, komm zur Sache: Was hat die Reise gebracht? Hat sie überhaupt was gebracht?"
„Das auf jeden Fall!"
Die leichte Müdigkeit, die bisher in seinen Worten lag, drückte er beiseite, in seiner Stimme wurde Enttäuschung erkennbar: „Nun, sagen wir, wie es ist: Ich hatte nichts erwartet, von wem auch."
„Ach, Rolf, du bist immer noch sehr allgemein."
Er sah sie überrascht an: „So, meinst du, entschuldige bitte."
Er beugte sich vor und verschränkte die Hände: „Gut, gehen wir der Reihe nach:
In der Marienstraße war alles wie gehabt, auch der Besuch beim Agenten fiel wie erwartet aus. Nach Erbens Andeutungen wird er auch nach dem Westen umsiedeln, da hier private Vermittler nicht mehr erwünscht sind, die wollen die Bühnenvermittlung zentral steuern. Was da zu erwarten ist, kannst du dir ja denken."
„Tut sich nichts an den Bühnen in Westberlin?"
„Nein, nichts, die großen sind komplett und die kleinen bedienen sich mit ihren bewährten Funk- und Filmfritzen, alles ist wie erwartet, unser schmaler Weg ist noch schmaler geworden."
Es entstand eine kleine Pause, Charlotte blickte ihn nachdrücklich an: „Aber da ist doch noch etwas – wenn ich deine Untertöne richtig gehört habe."
„O Himmel, du analysierst meine Untertöne. Seit wann treibst du das Spiel schon?" versuchte er zu bagatellisieren.
Sie strich ihm behutsam über die Hand: „Wenn du so fragst, seit 10 Jahren. In der ersten Zeit intuitiv, in den letzten Jahren bewußter, und als ich

vorhin auf dem Bahnhof deinen leeren abwesenden Blick sah, wußte ich, daß sich wieder etwas zuspitzt."

„Ich kann nicht mehr alles in mich hineinfressen!" fuhr er auf, „es tut mir leid, ich kann es nicht!"

Er hielt inne und starrte sie einen Augenblick hilflos an.

Sie ergriff wieder seine Hand: „Komm, Rolf, was war beim 'RIAS'?"

„Beim 'Sender Freies Berlin' – ach, die interessierte nur, ob man mich schon am Theater rausgeschmissen hat, nur das Formalrechtliche, und rieten mir, einer Blockpartei beizutreten, und guckten ziemlich blöd, als ich ihnen sagte, daß ich den ganzen Quatsch schon hinter mir habe. Den Rest bekam ich allerdings, als sie mir vorschlugen, ich sollte unter einer Deckadresse Betriebsinterna mitteilen, also Spitzeldienste leisten. Natürlich sei das keine Spionage, meinten sie."

Er legte sich im Sessel zurück und starrte zum Fenster hinaus. Nach einer Pause fuhr er fort: „Ihre Ahnungslosigkeit kann man ja noch begreifen, aber mich für läppische Informationssendungen anzuwerben, um den roten Geheimdiensten in die Fänge zu geraten, das war für mich zuviel. Ich habe es den Idioten knapp und deutlich gesagt und bin gegangen."

Er sah sie unsicher und verlegen an, sah ihre Hilflosigkeit und stellte resigniert fest: „Hier bei den roten Brüdern können wir nicht mehr lange weitermachen, und die im Westen instrumentalisieren uns für ihren 'Kalten Krieg' – Was bleibt uns, was?"

„Ja, Rolf, was bleibt dir, mir und Uli?"

Rolf sah seine Frau entschieden an: „Wir müssen gehen."

„Was meinst du – und wohin?"

„Ins Ausland."

Sie blickte ihn fragend an: „Ins Ausland? – Hast du dir schon Gedanken gemacht?"

„Ja, habe ich. Wir fahren doch oft nach Warnemünde – fahren wir einige Kilometer weiter..."

„Du meinst..."

„... mit einem Boot rüber nach Lolland, nach Dänemark."

Sie starrte ihn ungläubig an: „Mein Gott, hast du dir das auch richtig überlegt? Das ist doch nicht so einfach, über die Ostsee zu kommen – und mit einem Boot, hast du eines? Und wer soll es rudern – du allein, die vielen Kilometer! – Ich kann dir doch kaum helfen! Und wenn Sturm aufkommt! – Mich packt jetzt schon ein Entsetzen, wenn ich daran denke!"

Ihre Worte überschlugen sich vor Erregung. „Nein, Rolf, das ist keine gute Idee!" Sie blickte ihn unsicher und hilflos an.

Rolf nickte mit ernster Miene: „Du hast die wesentlichen Schwierigkeiten genannt, es kann sie, muß sie aber nicht unbedingt geben. Ich denke vor allem an die Zeit; wenn wir außer Landes wollen, müssen wir es bald tun. Im August, wenn ich in Halle antrete, weiß ich nicht, welche Möglichkeiten da bestehen. Hier kennen wir uns aus und können alles in Ruhe vorbereiten." – Er legte ihr die Hand auf den Arm und sah sie eindringlich an: „Ich habe es mir so gedacht: Du hast doch in Warnemünde die Fischersfrau, die dir jede Woche Fisch bringt, suche sie umgehend auf und erzähle ihr nur so im Vorbeigehen, daß Ulrich uns sehr nervt, weil er gerne mit einem Boot fahren möchte, und frage sie, ob sie dir nicht behilflich sein kann, eines zu besorgen, eines zu vermitteln, vielleicht kann sie dir sogar eins leihen. Kann sie das, fahrt ihr bei jeder Gelegenheit raus und gondelt mit dem Boot herum, so daß es nichts Besonderes, Auffälliges mehr ist. Klappt das mit dem Boot, mietest du einen Strandkorb, den ihr benutzt und in dem wir vor der Fahrt unser Fluchtgepäck und Proviant unterbringen können. Ihr beide benutzt ihn und tretet nur allein in Erscheinung. Das ist der erste Teil, und wenn es klappt, wenn euer Badeleben selbstverständlich wirkt im Verlauf von rund vierzehn Tagen, dann können wir es wagen: Ihr fahrt an einem späteren Nachmittag mal raus, haltet euch unauffällig bis in die Dämmerung auf, und dann komme ich mit einem der letzten Züge, wir setzen uns in der Dunkelheit ins Boot und fahren selbstverständlich und unauffällig Richtung Norden. Die Grenze der Hoheitsgewässer liegt bei 6 Kilometern, die Fischereigrenze etwas weiter."

„Und dann mußt du allein rudern, das ist doch das größte Problem, Rolf."

„Das allerdings."

„Wieviel Kilometer sind es denn bis Dänemark?"

„Bis Gedser auf Lolland rund 50–60 Kilometer."

„Und die willst du allein rudern, Rolf!" rief Charlotte entsetzt.

„Ich werde es müssen, Liebes." Beruhigend fügte er hinzu: „Aber es besteht ja noch die Möglichkeit, daß uns in den 'Internationalen Gewässern' jemand in Schlepp nimmt."

„Ja, ein Schiff von den roten Brüdern!"

„Mal den Teufel nicht an die Wand, Kind. Ich habe mir gestern bei Margarete einen Atlas ihrer Tochter angesehen."

„Hast du ihr etwas gesagt?"

„Um Gottes willen, nein, ich wollte mir die Hallenser Gegend ansehen, habe ich ihr gesagt, und mir die Strecke nach Dänemark noch mal angesehen, wenn ich 4–6 Kilometer in der Stunde zurücklege, müßte ich es schaffen. Zwei Probleme haben wir noch: einmal die Orientierung. Bei Sternenhimmel ist es einfach, aber vielleicht kann ich mir noch einen alten Kompaß besorgen. Das größte Problem ist allerdings das Wetter. Bei Windstärke 3–4 ist es schwer zu schaffen, bei stärkeren überhaupt nicht. Wir müssen also in der nächsten Zeit die Wetterberichte genau abhören."

„Lieber Rolf, wohl ist mir bei der ganzen Angelegenheit nicht und es sind doch sehr viel Unwägbarkeiten drin."

„Das ist überhaupt keine Frage, aber die größte Unwägbarkeit ist zu bleiben, bis wir einmal Hals über Kopf türmen müssen oder ich gemäß Zulassungsbestimmung kein Engagement habe – oder in Bautzen sitze, weil ich doch mal die Beherrschung verloren habe. Nein, Kind, ich habe die letzten Tage nichts weiter getan, als alles in Gedanken durchzuspielen – ich sehe keinen anderen Weg. Eines kann ich dir aber versichern, beim ersten Anschein von Scheitern brechen wir ab."

„Hoffentlich beurteilen wir die Lage auch richtig, wenn es darauf ankommt."

„Darum müssen wir uns bemühen, Kind, das ist dann ernst."

Charlotte hatte ihre eindeutige Abwehr des Planes zurückgenommen. „Wenn also alle Voraussetzungen gegeben sind, wäre die beste Gelegenheit dazu an einem Sonnabend auf Sonntag, wenn keine Schauspielaufführung stattfindet."

„Ja, das dachte ich auch. Zuerst mußt du die Fischersfrau wegen des Bootes aufsuchen, und wenn das geht, dich nach einem Strandkorb umsehen. Kannst du diese beiden Punkte morgen schon erledigen? Und versuche Uli zu Bootsfahrten zu animieren, je begeisterter er ist, um so glaubwürdiger und unverfänglicher wirkt alles, und wenn die Voraussetzungen nicht zu schaffen sind, lassen wir es."

Er ergriff ihre Hand: „Das ist mein Plan, hier herauszukommen, prüfe ihn gründlich, ob es geht und ob es so geht."

Sie standen auf. „So, ich lege mich noch etwas aufs Ohr und nach dem Abendessen muß ich zur Vorstellung."

„Soll ich dich wecken?"

„Ja, bitte, sicher ist sicher."

15. Kapitel

Am Montag nachmittag war Charlotte mit Uli bei strahlend blauem Himmel zum Strand hinausgefahren. Rolf war gespannt, ob er sie noch sprechen könnte, bevor er ins Theater mußte. Er hatte etwas Text für den „Faust" gearbeitet und sich schließlich mit Pliviers „Stalingrad" auf den kleinen Balkon gesetzt. In der letzten Zeit war er wenig zum Lesen gekommen, obwohl er sehr interessiert und vom Buch beeindruckt war.

Inzwischen wurde ihm auch klar, warum Plivier nach dem Westen umgesiedelt war: Die bemühte Objektivität Pliviers, die ihm im Roman so zusagte, war sicher der Anlaß, warum der geradezu klassische „Arbeiterdichter und Revolutionär" mit denen in Berlin nicht auskommen konnte, er stand kritisch zur alten Gesellschaftsordnung, blieb auch kritisch dem gegenüber, was sich als neu ausgab und es nicht war. Sogar seine Tätigkeit im „Kulturbund" hatte er dem Vernehmen nach eingestellt. Ein unabhängiger Kopf, stellte Rolf fest. Hoffentlich hört er nicht auf zu schreiben, das wäre sehr schade.

Er legte das Buch ab und blickte zur Bahnstrecke Warnemünde hinüber, wo gerade ein Güterzug in Richtung Hauptbahnhof fuhr.

Im Grunde sind Pliviers Probleme von meinen gar nicht so weit entfernt: Es geht um die Akzeptanz von Anschauungen und Überzeugungen, die man nicht übernehmen kann und auch nicht will. Konrad lächelte etwas gequält über seine etwas anmaßende Gleichstellung mit Plivier. Doch für den war es leichter, daraus Konsequenzen zu ziehen – und wie sieht es da für mich aus? Den Weg und das Ziel weiß ich, aber wie dahinkommen, das ist die Frage. Nein, weit ist Dänemark nicht, doch Stunden werde ich mich schinden müssen – und dann sind wir frei.

Er schüttelte unwillig den Kopf: Reichlich pathetisch das „Frei" – vielleicht, von was, sicher von politischen Zwängen, aber von was leben wir, wie wird unsere wirtschaftliche Lage sein? Das wäre dann der dritte Neubeginn – und wo und wie? Von Dänemark gehen wir weiter in die Bundesrepublik, das ist klar – und dann, von was sollen wir leben? Bei mir wird es eine Zeit dauern – und Charlotte, kann sie – und was kann sie? Bestimmt wird sie eher eine Arbeit finden – oder, die haben doch auch noch eine beachtliche Arbeitslosenzahl!

Nervös stand er auf und ging in die Küche. Es war sechs Uhr, um sieben muß ich im Theater sein. Er goß sich einen Sprudel ein, trank in langen Zügen und ging zum Balkon zurück. Lesen wollte er nicht mehr, er konnte es auch nicht, da er zu gespannt, zu nervös war.

Hoffentlich kommt Charlotte noch, bevor ich mich auf den Weg machen muß, grübelte er weiter, ich hätte es gern gewußt, ob wir ein Boot kriegen, vor allem ein Boot kriegen und auch den Strandkorb. Kann uns die Fischersfrau helfen und ist es auch so unverfänglich, wie wir meinen, auch wenn sie uns schon solange kennt? – Er schrak zusammen: Die Wohnungsklingel gellte mehrere Male. Er sprang auf und drückte den Summer. Von unten trompetete Uli: „Vati, bist du noch da?"

„Nein, Uli, ich bin schon weg!"

Charlotte lachte im Treppenhaus: „Ein irrer Dialog, er könnte von Beckett sein, Schatz!"

Er schloß hinter ihnen die Tür. „War's schön am Strand?"

„Und wie, Vati, wir kriegen ein Boot und fahren auf dem Ozean, und ich bin der Kapitän!"

„Da muß dir Mutti schnell noch eine Uniform besorgen, mein Lieber."

Rolf nahm ihnen die Badesachen ab und brachte sie ins Bad und auf den Balkon.

„Wie sieht es aus, Liebes?"

„Gut, Rolf, besser als ich gedacht habe. Die Frau Hinrichs hat ein kleines Beiboot, das ihr Mann für uns herrichten will, und dann kann ich mit Uli ein bißchen rumschippern."

„Ich freue mich schon drauf, Vati, das macht Spaß, das kannst du mir glauben!"

„Und der Strandkorb?"

„Ist überhaupt kein Problem, ich habe einen für zwei Wochen gemietet und vorausbezahlt."

„Ist er von Frau Hinrichs?"

„Nein, von einer Nachbarin."

„Und wo wohnt Frau Hinrichs und vor allen Dingen, wo liegt das Boot?"

„Im westlichen Teil von Warnemünde, am Weidenweg, nicht weit vom Strand. Der Strandkorb steht auch da, wir haben ihn schon eingeweiht, nicht wahr, Uli?"

„Aber ich freue mich schon aufs Boot, das könnt ihr mir glauben!"

„Na, dann mal zu! Fahrt ihr morgen wieder raus?"

„Aber feste, Vati, ich habe es Mutti schon gesagt."

„Das ist aber schön."

Er wandte sich an Charlotte: „Ich muß mich fertig machen, eßt ihr gleich mit oder wollt ihr noch warten, auch du, Uli?"

„Später, Vati, ich ruhe mich erst noch aus."

„Ich auch, Rolf, aber ich kann dir das Essen anrichten."

„Bleib nur liegen", er drückte sie auf die Couch zurück, auf die sie sich gelegt hatte, „das kann ich schon allein, ich wollte es sowieso machen, bin gleich wieder da."

Er ging in die Küche, legte sich Gedeck, Brot, Aufschnitt und eine Flasche Bier aufs Tablett und kam zurück. „Ich kann dir nicht sagen, wie froh ich bin, wenn wir das Wesentliche auch noch vor uns haben. Ihr spielt jetzt mal die Badegäste mit allem Drum und Dran, vergeßt nur nicht Ulis Schulaufgaben!"

Uli ging in sein Zimmer: „Ach, Vati, das mach ich doch mit links."

Seine Eltern blickten ihm lächelnd nach: „Hoffentlich hält er die Stimmung."

„Ich denke doch, Rolf, ich werde mir etwas einfallen lassen, seine Hochstimmung zu halten, ohne ihn merken zu lassen, was wir da vorbereiten. Du kommst nicht mehr mit an den Strand?"

„Von der knappen Zeit ganz abgesehen, ist es schon richtiger, wenn da keine komplette Familie aufkreuzt; lassen wir es wie geplant."

Er hatte sein Essen beendet und blickte zur Uhr: „Es ist an der Zeit. Ich stelle nur mein Gedeck in die Küche, das andere braucht ihr ja noch."

Charlotte stand auf und ging mit ihm in den Flur, um sich von ihm zu verabschieden: „Heute ist 'Wassa', sei schön gemein und brutal zu deinen Frauen."

Sie küßte ihn intensiv. Er löste sich lächelnd: „Ich bin bald wieder da."

16. Kapitel

Die freundlichen Sonnentage blieben unverändert, so daß Charlotte und Uli jeden Tag an den Strand konnten, um in der Sonne zu liegen, zu schwimmen, zumindest es zu versuchen, und mit dem kleinen Boot zu fahren. Sie taten sich zuerst etwas schwer, wurden aber bald erfahrener und geschickter. Uli war die treibende Kraft, auch wenn es mehr Wunsch und Wille war, aber es reichte aus, seine Begeisterung hielt an, so daß Charlotte ihn gar nicht animieren mußte.

Das erste Wochenende nach ihrem Entschluß, über die Ostsee zu gehen, war witterungsmäßig sehr günstig, doch sie verschoben es auf die nächste Woche. Nach einer vorübergehenden kurzen Verschlechterung wurde ein Zwischenhoch angesagt, und sie bereiteten sich auf den nächsten Sonnabend vor. Am Freitag hatte Charlotte leichte Decken und etwas zu trinken im Strandkorb versteckt und nahm am Sonnabend noch einige Kleinigkeiten mit, die sie im Korb verstecken konnte. Uli registrierte es zwar, war aber als „Kapitän und Seepirat" zu stark in Anspruch genommen, um nach dem Sinn zu fragen.

Am späteren Nachmittag war Charlotte mit Uli zum Strand hinaus, und Rolf hatte eine ausgedehnte Faustprobe im „Palast des Kaisers" gehabt, wurde aber am Abend nicht gebraucht. Da er keine Vorstellung hatte, machte er sich ein kräftiges Abendbrot, räumte die Wohnung auf, nahm zu den üblichen Badesachen noch einen warmen Pulli, steckte ein Regen-Cape, etwas zu trinken und Obst ein, nahm Papiere, sämtliches Geld an sich, steckte den alten Wehrmachtskompaß ein, den er sich in einem alten Kramladen am Kröpeliner Tor gekauft hatte, und ging zur Haltestelle, um mit dem Zug 20.30 Uhr nach Warnemünde zu fahren. Im Zug, der mit etwas Verspätung kam, saßen Pendler und neue Badegäste aus dem geliebten Sachsen. Alles war unauffällig, war alltägliche Routine.

Er blickte zum Fenster hinaus und sah die Sonne am westlichen Horizont verschwinden. An der Endstation stieg er aus und ging an der Kirche vorbei, die Gartenstraße entlang zum Weidenweg. Durch das Wochenende und das immer noch schöne Wetter – allerdings hatte der letzte Wetterbericht eine Änderung angedeutet – war der westliche Teil des Strandes noch belebt, man ging und kam, flanierte die Strandstraßen und -wege oder stelzte durch die Strandburgen. Charlotte hatte ihm die Strecke zum Weidenweg beschrieben, irgendwo mußte auch der Strandkorb sein. Fünfzig Meter sah er sie stehen und ihm zuwinken. Uli war am Wasser und schuftete an einer Strandburg. Hier, am westlichen Teil des Strandes, standen die Körbe aufgelockert. Er ging auf kürzestem Weg zu ihr und legte seine Sachen gleich im Strandkorb ab. „Da bin ich, Liebes, wie geht es dir und Uli?"

Er blickte zu ihm hinüber: „Er ist noch sehr aktiv und das ist gar nicht so falsch, da ist er während der Fahrt bald müde und schläft. Ich gehe mal zu ihm. Ist das helle Boot unseres? Ein dunkleres wäre mir lieber. Na, Hauptsache, es ist noch in einem guten Zustand, ich sehe es mir gleich mal an." Er sah zur Uhr: „Jetzt ist es neun, die Dämmerung ist stärker geworden, ich denke, daß wir in einer Stunde fahren können.

„Was sagt der Wetterbericht, Rolf?" Sie faßte ihn hastig am Arm: „Ich habe doch Angst bekommen."

Er nahm sie zärtlich um die Schulter: „Nicht doch, Kind, es ist bisher alles nach Plan gegangen, bessere Voraussetzungen konnten wir uns gar nicht wünschen: Wir haben ein Boot, kein Mensch hat etwas bemerkt, und das Wetter ist vorläufig ganz erfreulich." Er sah zum Himmel: „Na ja, die Sterne leuchten nicht so wie bisher, ein paar Schleierwolken sind zu sehen, aber wir brauchen sie nicht, ich habe mir einen Kompaß organisieren können. Und noch etwas", fügte er beruhigend hinzu, „wenn es gefährlich wird, brechen wir ab."

„Wenn es nicht zu spät ist, Rolf."

„Liebes, es ist ein Versuch, wir fahren nicht um jeden Preis."

Uli kam angelaufen: „Vati, da bist du ja, aber sehr spät, es ist schon dunkel!"

„Da ist es, Kleiner, komm, zeig mir mal dein Boot."

Uli blickte hinüber: „Aber das sieht man ja gar nicht mehr."

Sie gingen hinüber. Es lag nur ein paar Meter vom Wasser entfernt. Uli kletterte begeistert hinein. Es ist ein Beiboot, stellte Rolf fest. Charlotte war hinzugekommen.

„Wie findest du es, Rolf?"

„Leichter als ein Ruderboot, das hat Vorteile, aber auch Nachteile, es ist leichter zu rudern und zu steuern, gerät bei unruhiger See leider außer Kontrolle."

Er blickte aufs Meer, das sich dunkel und weit vor ihnen erstreckte, dann sah er den Strand entlang nach Warnemünde. Es waren nur noch einzelne Strandkörbe auszumachen, hier und da einige Stimmen, nichts Auffallendes, nichts Besonderes zu sehen, die Ausgangslage wie gewünscht, und die Unsicherheit, die Spannung, ließ nach, ein wenig nach, es blieb ein Vabanquespiel, er wußte es. Er horchte noch einmal in die beginnende Nacht: Nichts.

Er faßte Charlotte an die Schulter: „Es ist 10 Uhr, wollen wir?"

„Wenn du meinst. Ich muß Uli erst noch warmes Zeug anziehen und dann die restlichen Sachen aus dem Strandkorb holen. Hilfst du mir?"

„Aber natürlich, Schatz."

Sie gingen zum Strandkorb zurück. Uli, der sich auffallend ruhig verhielt, suchte seine Hand: „Was ist denn, Vati?"

„Das wirst du gleich sehen. Mutti zieht dich erst mal warm an und dann machen wir noch eine Fahrt."

„Jetzt ist es aber schon dunkel."

„Eben, Uli, darum machen wir auch die Fahrt, aber sprich etwas leiser."

Charlotte zog Uli warme Kleidung an, zog unter den Fußstützen des Strandkorbs ein Einkaufsnetz mit Schnitten, Obst und Getränken hervor, nahm leichte Decken und Bademäntel: „So, gehen wir."

Rolf horchte noch einmal in die Runde und ging mit Charlotte und Uli zum Boot. Vereint schoben sie es ins Wasser. Uli kletterte hinein, während Charlotte das Boot festhielt und Rolf alle Sachen hineinlegte.

„Warte noch einen Augenblick, ich sehe noch mal am Strandkorb nach, ob wir etwas vergessen haben."

Er lief schnell hinüber, kontrollierte und kam zurück.

„So, Kind, steig ein und gib mir gleich die Ruder. Mit kräftigen, schnellen Schritten schob er das Boot weiter ins Wasser und kletterte hinein. Uli hatte sich am Heck niedergelegt und beobachtete unsicher seine Eltern. „Fahren wir weit hinaus, Vati", fragte er ängstlich.

„Ein bißchen schon und mach es dir bequem. Schatz, decke ihn warm zu, damit er schlafen kann, und setz dich zu ihm."

„Mach ich." Sie balancierte zu Uli und verpackte ihn und sich mit den Decken. Rolf legte den Kompaß auf die Ruderbank und fuhr in ruhigen, langen Zügen in nördliche Richtung. Den Bericht von einer möglichen Wetterverschlechterung hatte er Charlotte verschwiegen, da die Berichte oft zu allgemein gehalten sind, und vorläufig sah es noch ganz günstig aus. Er blickte zum Himmel, na ja, günstig ist wohl ein bißchen geschönt, stellte er fest. Nach einer dramatischen Verschlechterung sah es allerdings nicht aus, Sterne waren nicht zu sehen, sogenannte „Aufgleitbewölkung" schien schon da zu sein, hinter der dann Niederschlag kommen könnte, muß aber nicht – Wind könnte aufkommen.

Unentwegt ruderte Rolf, Zug um Zug, Meter für Meter, fünfzig – hundert, er wollte so schnell wie nur möglich aus den Hoheitsgewässern heraus, wenn das internationale Gewässer auch keine absolute Gewähr für Sicherheit gab, aber wohler würde ihm auf jeden Fall sein. Unentwegt zog er die Ruder durchs Wasser. Das Boot war leichter als übliche Ruderboote, die Ruder auch, und bisher ging es gut voran, die ersten Kilometer dürften hinter uns liegen, sprach er sich Mut zu. Sprechen wollte und konnte er auch nicht, jetzt hieß es erst mal, raus aus dem Bannkreis der Roten, später können wir es ruhiger angehen, machte er sich Mut, redete er sich zu, weiter, Zug um Zug, eintauchen und durchziehen. Die Lichter von Warnemünde waren nicht mehr zu sehen, nur der sporadische Schwenk des Leuchtturms zog durch den nächtlichen Himmel, nicht mehr so hoch wie zu Beginn, langsam sank er zum Horizont herab, wurde flacher, wurde ferner.

„Was macht Uli?" fragte er Charlotte mit gedämpfter Stimme, „schläft er schon?"

„Ja – und fest." Mit kräftigen Zügen schob er das Boot weiter voran, weiter durchs Wasser nach dem Norden.

„Die Lichter von Warnemünde sind nicht mehr zu sehen, Liebes, und der Leuchtturm schwindet auch mehr und mehr. Guck mal nach Positionslichtern von Schiffen."

„Ja, das mache ich schon von Anfang an; wir wollen uns ja nicht überraschen lassen, das nicht."

Nach einer Weile fuhr Rolf fort: „In meinem Blouson hab' ich eine Taschenlampe, nimm sie doch heraus und leg sie griffbereit."

„Sind wir schon aus den Hoheitsgewässern?"

„Ich schätze ja und ich kann bald mal eine kleine Pause einlegen. Noch etwas anderes: Habt ihr eure Gummiringe?"

„Ja, natürlich!"

„Kannst du sie rausnehmen und aufblasen?"

„An die habe ich gar nicht gedacht."

Um Uli nicht zu wecken, kramte sie vorsichtig die Schwimmhilfen aus der Tasche und blies sie auf.

„Die sind so unhandlich."

„Ja, das sind sie."

„Ist es dir eingefallen, weil die See unruhiger geworden ist?"

„Nicht nur."

„Die sind so sperrig und hinderlich."

„Schieb sie unter die Bank, Liebes."

Nach einer Weile flüsterte Charlotte mit unterdrückter Stimme: „Ehrlich gestanden, Rolf, die Dunkelheit zerrt an meinen Nerven."

„Sieh zum Leuchtturm von Warnemünde; jedesmal, wenn du sein Licht siehst, sind wir einige Meter weiter."

„Und wie weit kannst du noch?"

„Einstweilen geht es noch. Wie spät ist es, kannst du mal nachsehen?"

„Viertel vor zwölf. Hast du schon bemerkt, daß die See unruhiger geworden ist?"

„Ja, ein leichter Wind ist aufgekommen. Sei so gut und schau immer mal in die Umgebung, auch wenn wir schon in den internationalen Gewässern sein sollten, vor den 'Roten Brüdern' sind wir nicht sicher, ich möchte mich von denen nicht erwischen lassen."

„Wenn ein Küstenschutzboot kommt, sind wir sowieso aufgeschmissen."

„Kind, mal den Teufel nicht an die Wand. Unangenehm ist, daß ich langsam gar nicht mehr bemerke, ob ich vorankomme; ich hab' das Gefühl, als rudere ich auf der Stelle, aber ich muß mich noch etwas ins Geschirr legen, noch zehn oder zwanzig Minuten."

Mit gleichmäßiger Kraft zog er die Ruder durch und wieder durch. „So, jetzt laß ich es ein bißchen auslaufen." Er zog die Ruder ein und legte sie zur Seite. Im selben Augenblick wurde das kleine Boot von rechts nach links geschlagen, wurde hoch und niedergedrückt, war mit einem Schlag den Wellen völlig ausgeliefert.

Rolf hielt sich an der Bank fest und starrte in die Dunkelheit. Nichts änderte sich, das Boot schlug weiter nach links – nach rechts, wurde hin- und hergeschleudert und riß Uli aus dem Schlaf. Der wühlte sich aus den Decken und schrie gellend nach Mutti und Vati. Durchdringend klangen seine Angstschreie. Charlotte drückte ihn fester an sich, versuchte ihn zu beruhigen. Es war unmöglich, sie selbst rutschte von einer Seite zur anderen, Rolf versuchte sie zu halten und fand selbst keinen Halt. Jetzt schrie auch Charlotte, sie klammerte sich an den Bootsrand und schrie um Hilfe: „Kehr um, Rolf, um Himmels willen, kehr um!" Rolf tastete nach den Rudern, wo waren sie? Gott sei Dank, sie hatten sich unter der Bank verkeilt, er bekam sie in Griff, tauchte ein und versuchte das Boot zu stabilisieren, den Druck der Wellen zu mindern. Er stemmte sich gegen das Wasser, rief, sie sollten keine Angst haben. Mit äußerster Mühe bekam er das Boot wieder unter seine Kontrolle.

Charlotte war nach unten gerutscht, hielt Uli umklammert und schrie, daß Rolf kehrtmachen solle. Sie wolle nicht ertrinken, es wäre Irrsinn!

Rolf war verzweifelt: Irrsinn war es, das war ihm jetzt klargeworden. Wir kommen nicht raus aus dem Dreckssstaat, wir müssen zurück!

„Ich fahre zurück!" rief er ihr zu, „sag es Uli, beruhige Uli."

Er steuerte das Boot in einer 180-Grad-Kurve zum Land zurück. Ein leichter Wind drückte ihn seitlich, bis er wieder Kurs auf den Leuchtturm nehmen konnte. Zurück, wieder dieselbe Strecke, rund zehn Kilometer. Die Handflächen brannten schon. Er biß die Zähne zusammen: Ich muß es schaffen. Die Handflächen wurden immer empfindlicher, Blasen hatten sich schon gebildet, nicht mehr lange, dann wird das rohe Fleisch bloßliegen und die Schmerzen nicht mehr zu ertragen sein – aber ich werde sie ertragen müssen – ertragen müssen, fügte er in Gedanken verbissen hinzu.

„Liebes, kannst du den Leuchtturm von Warnemünde schon sehen, du müßtest ihn rechts über meine rechte Schulter sehen. Das Licht kommt im Abstand von mehreren Sekunden."

„Ja, ich hab' ihn – jetzt wieder."

„Das ist gut, du brauchst nur von Zeit zu Zeit die Richtung zu kontrollieren."

Unermüdlich zog Rolf die Ruder durch, Meter für Meter.

„Ich kann dir nicht helfen, Rolf, geht es denn noch?"

„Ja, ja, achte nur auf Uli, daß er ruhig bleibt, und blicke von Zeit zu Zeit zum Leuchtturm. Die See ist gröber geworden, und ich hoffe auf ein bißchen Rückenwind, der uns an die Küste drückt." Er ruderte verbissen und unentwegt, Meter für Meter, versuchte die Schmerzen in den Händen zu ignorieren, aber jeder Zug mit den Ruderblättern erinnerte ihn nachdrücklich, daß das Schlimmste, die Lebensgefahr, vielleicht vorbei war, aber die Schufterei noch lange nicht, vielleicht in zwei Stunden, wenn der Rückenwind etwas stärker würde, früher. Unentwegt und verbissen ruderte er weiter.

Charlotte schien sich beruhigt zu haben.

„Die Küste ist leider noch nicht zu sehen, Rolf."

„Ja, ja, schon bemerkt, Hauptsache, wir haben den Leuchtturm, den halte dir mal warm, Kleene."

Etwas krampfhafter Galgenhumor, stellte er fest und schob sich Meter für Meter ans Land. Es war ihm klargeworden, daß das Boot zu leicht war, um es für eine kurze Zeit dümpeln zu lassen. Mit einem schwereren Boot wäre er nur langsamer vorangekommen. Das habe ich nicht bedacht, räsonnierte er vor sich hin. Eine Ablösung durch Charlotte war und ist nicht möglich, ich muß meine letzten Reserven aus mir herausschinden, und Uli scheint sich auch beruhigt zu haben. – Wer hätte sich in dem Alter anders verhalten.

„Wie geht es Uli?"

„Er atmet ruhiger; es war für ihn zuviel, das haben wir nicht bedacht."

„Ich habe den Eindruck, daß es jetzt schneller vorangeht. Wie spät ist es?"

„Warte mal, halb zwei."

„In zwei Stunden könnte die Dämmerung beginnen. Den Leuchtturm hast du noch?"

„Ja, unverändert über deine rechte Schulter. Uli schläft jetzt wieder."

„Ich fürchte, den kriegen wir in kein Boot wieder rein", stellte Rolf nach einer Pause fest.

„Ist mir auch jetzt reichlich Wurscht, ich möchte nur wieder festen Boden unter den Füßen haben."

„Wirst du haben, und ich habe beide Hände voll Blasen."

„Du ruderst fast vier Stunden."

„Ja, in einem Stück, aber ich denke, ich schaffe es. Der Wind ist übrigens stärker geworden und schiebt uns ein bißchen. – Was macht dein Leuchtturm?"

„Ist deutlicher zu sehen."

„Gut, daß ich früher Langstreckenläufer war."

„Daß du jetzt daran denken kannst."

„Mit Dankbarkeit, meine Liebe, mit Dankbarkeit", murmelte er grimmig vor sich hin.

„Wieder mal ein bißchen weit hergeholt, aber freuen wir uns, wenn es so ist und daß es so ist. Ich kann jetzt schon ein paar Lichter von Warnemünde sehen", rief sie ihm zu.

„Tröstlich zu hören, meine Liebe, langsam bin ich am Ende meiner Kräfte. Ein Glück, daß der Wind aufgefrischt hat."

„Aber die Wellen sind jetzt höher, Rolf."

„Allerdings. – Was macht Uli?"

„Schläft jetzt fest."

„Und Warnemünde?"

„Ist zu sehen, vereinzelte Lichter."

„Im Nordosten wird es ein bißchen hell."

„Ja, sehe ich auch, dicht über dem Horizont", sagte Charlotte erleichtert.

„Schatz, sei so gut und lotse mich an die Westseite des Strands. Ist er schon auszumachen?"

„Ungefähr, du mußt dich weiter rechts halten – ich kann den Turm sehen und dahinter die Westmole, Gott sei Dank!" Eine große Erleichterung lag in ihrer Stimme, Entspannung hatte sich eingestellt. Sie korrigierte ihn noch mehrere Male. Dunkle Punkte waren am Ufer zu sehen, Umrisse erkennbar, Häuser in Umrissen – Bäume, Einzelheiten des Strandes kamen in Sicht – fünfhundert Meter vielleicht noch – es wurde höchste Zeit, aber Gott sei Dank, es war zu sehen, das Ziel, das Ende der Qual und der Gewißheit, nicht gescheitert zu sein, vierhundert Meter mochten es noch sein – und weniger, die brennenden Schmerzen in den Händen wurden unerträglich – noch zweihundert Meter – und weniger, noch weniger, irrsinnige Schmerzen in den Händen – im Kreuz – die Arme gingen mechanisch vor und zurück, die Ruder tauchten nur kurz und flach ins Wasser. Es wurde Zeit, allerhöchste Zeit – und dann das Geräusch da unten – das Schurren über den Boden – und sie lagen fest – waren an Land – hatten es geschafft! Total erschöpft ließ Rolf augenblicklich die Ruder fallen und sackte vornüber – atemlos – kraftlos bis in die letzte Faser seines Körpers erschöpft.

„O Himmel – war das eine Quälerei", stöhnte er und atmete in langsamen, langen Zügen tief durch und immer wieder, ließ seine Arme hängen, fünf Minuten, zehn Minuten, dann richtete er sich langsam auf, als hätte er eine Zentnerlast auf den Schultern: „Entschuldige, ich bin am Ende meiner Kräfte – bin völlig zerschlagen."

Vorsichtig betastete er mit den Fingerspitzen seine Handflächen: „Dachte ich es doch", flüsterte er mit matter Stimme, „die Blasen sind weg, rohes Fleisch stellenweise. Verdammt, ist das schmerzhaft, aber", er bückte sich noch mal mühselig nach vorn und zerrte die Schuhe von den Füßen.

„Soll ich nicht, Rolf ..."

„Nein, laß nur, es geht, mach Uli nicht wach."

Langsam, mühselig schob er sich über den Bootsrand ins Wasser, schleppte sich zwei, drei Meter auf den Strand und ließ sich fallen. Mit ausgebreiteten Armen lag er auf dem Sand und schloß die Augen.

„Ist was, Rolf, kann ich dir helfen?"

„Nein, nein, laß nur", flüsterte er mit matter Stimme, „laß mich nur ein paar Minuten noch, ich komme dann und hole dich und Uli, schläft er noch?"

„Ja, ganz fest und tief."

„Kannst du es da noch aushalten, Liebes?"

„Ja, es geht noch."

Nach einigen Minuten rappelte er sich mühsam auf und ging ans Boot: „Schatz, kannst du aufstehn und mir Uli rüberreichen?"

Es war schwierig, den Jungen, ohne ihn wach zu machen, zu übergeben und vorsichtig im Strandkorb abzulegen.

„Was ist, Mutti?" flüsterte er kurz und schlief weiter.

„Leg dich auch rein, ich hole die restlichen Sachen und du kannst auch schlafen."

Er ging zum Boot, nahm die Decken, Ausrüstungen und das Essen wieder zurück. Müde und völlig erschöpft stand er vor dem Strandkorb und blickte sich um. Im Osten war es wesentlich heller geworden.

„Was machst du, Rolf?"

Er nahm seinen Bademantel: „Ich lege mich drüben in den Strandkorb und schlafe auch ein bißchen."

„Wird es gehen?"

„Ich denke schon, um halb sechs komme ich, um euch zu wecken."

Müde und abgeschlagen schleppte er sich hinüber und warf sich restlos erschöpft hinein – enttäuscht – verzweifelt. – „Ich habe ihr Leben aufs Spiel gesetzt", stöhnte er, „habe ihr Leben riskiert – ihr Leben!" Wütend trommelte er mit den Fäusten auf die Sitzfläche des Korbes: „Verdammt – verdammt! Soll denn das so weitergehen!" – Er wußte, daß es darauf keine Antwort gab, sank kraftlos in sich zusammen und schlief ein.

17. Kapitel

Rolf Konrad nahm sein Waschzeug aus dem Koffer, der auf dem Boden seiner neuen Wohnung in Halle, Fleischmannstraße, lag, um sich im Bad zu waschen und zu rasieren. Er hatte die Nacht auf dem Fußboden liegen müssen. Mit dem Koffer als Kopfkissen und dem Mantel als Decke, hatte er eine beschwerliche Nacht verbracht, aber es ging nicht anders, da Charlotte und Ulrich später von Rostock abgefahren sind und erst gegen Mittag eintreffen können und der Spediteur mit den Möbeln am Nachmittag oder auch früher eintreffen würde. Glücklicherweise war der Vormieter schon nach Magdeburg umgezogen. Wenn seine Beiden und anschließend die Möbel kommen, hätte alles gut geklappt, überraschend gut, fügte er in Gedanken hinzu.

Mit der Wohnung, drei große Zimmer, Bad, Küche, mit Etagenheizung, in der 3. Etage, war er sehr zufrieden und die Lage war für Hallenser Verhältnisse recht gut. Die Fleischmannstraße führt in der Verlängerung zu den „Galgenbergen", einer schönen Parkanlage mit Anhöhen und reichlich Grün. Dem Namen nach muß es früher alles andere als eine schöne Anlage gewesen sein. Hier wird man sie gehenkt haben, die kleinen und großen Gauner, die Verbrecher, den Verhältnissen entsprechend sicher mehr kleine Gauner und Tagediebe. Nun, die Zeiten sind vorbei, jetzt geschieht es mehr im stillen und geheimen. – Er schüttelte den Kopf, immer die unnötigen Reminiszenzen!

Die Wohnung befand sich im Eckhaus Geilstraße – Fleischmannstraße in Fortsetzung der Geis-Bernburger Straße am Bergzoo vorbei nach Trotha im Norden.

Durchs Fenster sah er gegenüber auf einem schönen Gartengrundstück eine stattliche Villa, und in Fortsetzung der Fleischmannstraße nach dem Westen kommt man an die Saale und zum Giebichenstein mit erfreulich großen Grünanlagen, wie ihm gestern im Zug ein einheimischer Fahrgast mitgeteilt hatte. Der Mann hat recht, bestätigte Rolf. Das ist wirklich eine schöne Wohngegend, und die Verbindung in die Stadt hinein besteht in einer altehrwürdigen Straßenbahn, wie er gestern abend schon feststellen konnte.

Hier oben werden wir gut leben können, schöner als in Rostock – Warnemünde ausgenommen, das wir in der letzten Woche auch nicht mit dem Nahortzug erreichen konnten. Warum nicht, war auch wieder nicht zu erfahren. Wie üblich war es die Polizei, die zurückwies, wahrscheinlich auf Befehl des „Großen Bruders" in Berlin oder Moskau oder irgendwo anders, vielleicht auch nur ein wildgewordener Subalterner.

Konrad hatte seinen Rundgang durch die Wohnung beendet, nahm aus dem Koffer den Zahnputzbecher, füllte ihn mit kaltem Wasser und aß die letzten Schnitten, die Charlotte ihm gestern vorsorglich für die Fahrt und die ersten Stunden in Halle mitgegeben hatte. Vielleicht ergibt sich im Theater eine Möglichkeit, in der Kantine oder im Theater-Restaurant etwas Warmes zu bekommen, als spätes Frühstück oder als frühes Mittagessen, überlegte er und schloß seinen Koffer ab.

Es war 9 Uhr, er zog den Mantel an und verließ die Wohnung, um von der Haltestelle gegenüber mit der Straßenbahn zum Universitätsring ins Theater zu fahren, sich bei der Intendanz zu melden und die nächsten Proben zu erfahren. Eine Umbesetzung oder Verständigungsprobe für „Tell" würde sicher umgehend stattfinden, da der „Tell" gleich wiederaufgenommen werden soll.

Die Tramway kam von der Endstation hinter dem Bergzoo mit Quietschen und Bimmeln herunter. Er stieg zu. So wird es mindestens ein Jahr gehen, reflektierte er kurz und sah nach links und rechts die breite Ausfallstraße. Diese Teile der Stadt waren glimpflich durch den Krieg gekommen, besser als die Bahnhofsgegend und am alten Stadttheater. Das Theater hatte man wieder aufgebaut und sah recht stattlich aus. Er stieg am Universitätsring aus und ging zum Theater hinüber. Ja, da ist ansprechender, gediegener, stellte er fest, als er die Treppen zur Intendanz nach oben ging. Er wollte sich beim Intendanten Dr. Rath melden, sagte er einer Angestellten im Intendanzbüro. „Rolf Konrad ist mein Name."

„Das ist nicht möglich", lächelte sie ihn freundlich an, „der ist nicht hier."

„Ich bin ein neues Mitglied und komme aus Rostock."

„Ach so, dann wissen Sie es wohl nicht: Dr. Rath hat die Generalintendanz der Dresdener Staatsoper übernommen. Unser neuer Intendant ist der Altenburger Intendant, Herr Jung. Wollen Sie ihn sprechen?"

Jung, du lieber Himmel, auch das noch, durchfuhr es ihn. Aus dem Nebenzimmer trat ein freundlich-rundlicher Mittfünfziger hinzu.

„Was ist, Frau Schütz?"

Sie wies auf Konrad:

„Das ist ein neues Mitglied aus Rostock, Herr Konrad, er wollte sich bei Dr. Rath melden."

Sein Gegenüber lächelte ihn freundlich an: „Ich bin Verwaltungsdirektor Beck. Doktor Rath ist nach Dresden gegangen, und der neue Intendant ist Herr Jung aus Altenburg. Daß Sie das nicht wußten, wundert mich. Wollen Sie Herrn Jung sprechen?"

Konrad quälte sich ein schwaches Lächeln ab: „Oh, das hat dann noch Zeit, ich erwarte nämlich meine Familie und die Möbel aus Rostock. Der Transport muß bald hier sein.

Eine Frage noch, Herr Beck, kann ich die Rechnung über den Transport dann gleich an Sie weitergeben?"

Das Lächeln verschwand beim Verwaltungsdirektor: „Eine Rechnung für den Transport von Rostock nach hier?"

„Ja, Dr. Rath hatte mir zugesagt, daß das Theater die Umzugskosten übernehmen würde."

„So, davon hat er mir aber nichts gesagt, als er sich neulich verabschiedete, und Schriftliches liegt auch nicht vor. Aber kommen Sie doch zu mir rein."

Er führte Konrad in sein Dienstzimmer und bot Platz an. „An sich ist es bei uns nicht üblich, die Umzugskosten zu erstatten."

„Doktor Rath hat es von sich aus angeboten, im anderen Fall wäre ich in Rostock geblieben, so übermäßig war ich nicht interessiert, nach hier zu kommen, wir fühlten uns da oben recht wohl."

„Ich verstehe Sie, Herr Konrad, die Übernahme der Dresdener Staatsoper hat Dr. Rath sehr überrascht und er hat Ihre Angelegenheit aus dem Auge verloren. Wir möchten natürlich nicht, daß Sie durch den Wechsel Nachteile haben, aber ob wir die ganzen Unkosten tragen können, das kann ich noch nicht überblicken. Vielleicht können wir sie aus einem anderen Budget abzweigen. Reichen Sie auf jeden Fall die Rechnung ein."

Er stand auf: „Ich freue mich, Sie kennengelernt zu haben. Auf gute Zusammenarbeit, Herr Konrad."

Beck brachte ihn zur Tür: „Auf Wiedersehen."

Langsam ging Konrad die Treppen hinunter zur Tafel mit den Besetzungen und Probenplänen am Bühnenaufgang. Für morgen war „Tell"-Übernahme und Verständigungsprobe angesetzt. Das betraf ihn, auf dem Besetzungsplan der „Brigade Karhan" war er als der „Ingenieur" angeführt. Er grinste grimmig: Hat sich schon rumgesprochen, der Ingenieur ist reaktionär und antisozialistisch. Nun ja, wenn man meint, das kümmerliche sozialistische Machwerk bringen zu müssen, dann würde ich mich durchaus als den Ingenieur besetzen. Was also soll's!

Ein Kollege trat an den Probenplan. Konrad grüßte und fragte nach einer Kantine. Unten im Souterrain, sie sei leicht zu finden.

Hatten wir in Rostock nicht, stellte er erfreut fest: Er holte sich vom Buffet eine Bouillon und Schnitten und setzte sich an einen der leeren Tische, einige waren besetzt; das Orchester machte eine Probenpause. Angeregte und freundliche Unterhaltung. Sein Blick fiel auf die Wanduhr über dem Lautsprecher: Es war an der Zeit, Charlottes Ankunft war etwas vage. Er stand auf und ging zum Bühnenausgang auf den Universitätsring hinaus und wartete auf die Tramway Richtung Trotha. Das hier scheint der Mittelpunkt der Stadt zu sein, überlegte er, die südliche Peripherie mit der stinkenden Chemie, dann hier das Zentrum und oben am Galgenberg-Giebichenstein und Bergzoo der schönere Teil der Stadt – und da wohnen wir. Eine erfreuliche Feststellung.

Mit der nächsten Bahn fuhr er hinauf und stieg an der Fleischmannstraße aus. Kein Möbelwagen stand vor dem Haus und auch keine Charlotte mit Ulrich vor der Wohnung, auch gut, so hieß es warten. Er legte den Mantel auf den Koffer und inspizierte noch einmal die Wohnung: drei große Zimmer, von denen zwei durch eine breite Verbindungstür verbunden waren. Wir können die Wohnung wie in Rostock einrichten: das Herrenzimmer mit Liege und Klavier und zwei Sesseln für mich, im anderen Raum das Wohnzimmer von Charlotte mit Couch, Sessel, Tisch und kombiniertem Schrank, das dritte Zimmer als Kinderzimmer für Ulrich, für den wir umgehend ein größeres Bett kaufen müssen, wenn es das gibt. Das Bad war ähnlich wie das Rostocker, leider die Küche etwas dunkel, da das Fenster an einer engen Hofseite lag und was ebenfalls erfreulich zu vermerken war, die Miete so wie in Rostock, etwas über 70,- RM. Er ging noch einmal an den Fenstern vorbei: Die unmittelbare Umgebung war wesentlich schöner als im Norden. Und noch etwas fiel ihm ein: In Rostock wohnte über uns ein Musiker, der beim Üben mit dem Fuß immer den Takt schlug, tam-ta-ta, tam-ta-ta und hier wohnt niemand über uns, der tam-ta-ta macht, dafür müssen wir allerdings 3 Treppen steigen, ein Nachteil, den man in Kauf nehmen kann, schloß er seine Überlegungen.

Der „Rostocker Nachbar" brachte ihn auf den neuen, den von nebenan, er könnte sich ihm vorstellen, Zeit habe ich, stellte er fest, tun wir es – wenn er da ist. Er öffnete die Wohnungstür und klingelte beim Nachbarn „H. Schäfer". Eine Männerstimme im leicht halleschen Dialekt war zu hören: „Marie, kannst du mal sehen, wer da ist?"

„Ja gleich, Hermann!" In der offenen Tür erschien eine etwas kräftige Marie: „Ja, bitte, Sie möchten?" Ihre Heimat schien mehr die Leipziger Jechend zu sein als die Hallenser.

„Entschuldigen Sie, Frau Schäfer, ich bin Ihr neuer Nachbar und wollte mich nur bekanntmachen, Konrad, Rolf Konrad; entschuldigen Sie," setzte er hinzu, „wenn ich Sie gestört habe."

„O nein, ganz und gar nicht. Hermann, kommst du mal, der neue Mieter von nebenan! Kommen Sie nur herein, aber ..." sie wies auf seine offene Wohnungstür, „wollen Sie sie aufstehen lassen?"

„Sie ist noch leer, ich erwarte meine Frau mit unserem Sohn in den nächsten Stunden."

„Ja, dann kommen Sie doch inzwischen rein."

Ihr Mann, fünfzigjährig mit dunkler Halbglatze, trat hinzu: „Tach, Schäfer mein Name, da ziehn Sie nun ein." Er reichte Konrad die Hand.

„Aber gehn wir doch ins Wohnzimmer." Er öffnete eine Nebentür und wies auf eine wuchtige Sitzgruppe mit großen Blumenmustern: „Nehm'n Se Platz, Herr Konrad, Marie, bringst du uns etwas zu trinken?

Darf ich gleich mal fragen, sind Se auch von der Oper?"

„Nein, ich bin vom Schauspiel, aber an der Oper sehr interessiert, als Zuschauer", lachte er leicht. „Die Hallische Oper wird ja sehr geschätzt, von dem 'Händel-Festspiel' ganz abgesehen. Meine Frau und ich sind sehr auf die 'Salome' gespannt."

„Ist Ihre Gattin auch tätig?"

„Nein, sie ist nur 'Hausfrau und Mutter', hat allerdings am Erfurter Konservatorium ein Stipendium als Opernsoubrette gehabt. Durch meinen Beruf mit häufigen Wechseln und mit Rücksicht auf unseren Sohn hat sie es aufgegeben." –

Frau Schäfer brachte einen ungarischen Wein mit Gläsern, und der Hausherr schenkte ein.

„Das ist aber bedauerlich", stellte Herr Schäfer fest, „trinken wir darauf, daß Sie hier vielleicht das Studium wiederaufnehmen kann."

„Aber natürlich", stimmte Frau Schäfer zu, „mein Gatte ist Professor an der Musik-Hochschule, da könnte er Ihnen behilflich sein."

„Vielen Dank für Ihr freundliches Angebot. Ich werde meine Frau auf die Möglichkeit hinweisen; es liegt ganz bei ihr."

Frau Schäfer hatte sich ebenfalls gesetzt: „Wissen Sie schon, welche Rollen Sie spielen werden?"

„Ja, ich muß gleich den 'Tell' übernehmen, er wird in die neue Spielzeit übernommen."

„Das ist aber schön", reagierte Frau Schäfer spontan.

„Er wird ja zur Zeit an vielen Theatern gegeben", stellte Konrad fest und wurde von der Wohnungsklingel unterbrochen.

„Vielleicht ist das schon Ihre Gattin, Herr Konrad!"

Frau Schäfer ging zur Tür und öffnete: Charlotte und Ulrich standen im Hausflur. „Sind Sie Frau Konrad? Ihr Gatte ist bei uns, kommen Sie doch gleich zu uns rein."

Rolf war aufgesprungen: „Das hat aber geklappt, Liebes!"

Er grüßte sie und Ulrich.

Professor Schäfer war ebenfalls aufgestanden: „Komm'n Se ruhig rein und setzen Sie sich, Sie werden von der Reise müde sein." Er tätschelte Uli: „Und du bist sicher der Stammhalter."

Uli blickte kurz zu seinem Vater und ließ dann die altväterliche Aufmerksamkeit über sich ergehen.

„Können wir erst unsere Koffer rüberstellen und die Wohnung dann abschließen?"

„Laß, Liebes, ich mach' das schon!" Er übernahm das Gepäck und war gleich wieder zurück.

„Wann meinst du, wird der Möbelwagen hier sein?"

„Spätestens gegen Mittag, hat der Spediteur gesagt, und das wäre ...", energisches Klingeln von ihrer Wohnung herüber, „einen Augenblick", alle lauschten, „das könnte er sein!"

Rolf ging schnell zum Fenster seiner Wohnung: „Ja, da unten steht der Möbelwagen, das ging ja aufs Stichwort. So meine Liebe, jetzt müssen wir kurz schalten, wie wir die Möbel am besten stellen."

Er wandte sich an die Nachbarn: „Herzlichen Dank für die freundliche Aufnahme und auf Wiedersehen." Er nahm sämtliche Koffer, legte sie im Bad ab und blickte sich in der leeren Wohnung um: „So meine Liebe, ich denke, wir werden die Zimmer wie in Rostock einrichten. Die Küche ist klar. Du hast schon gesehen, sie ist etwas dunkel. Uli bekommt das Zimmer zur Hinterseite, und zur vorderen Straßenseite kommt zuerst mein Zimmer mit dem Klavier und dahinter dein Wohnzimmer. Stellwände für die Schränke sind reichlich vorhanden. Wo ist denn Uli?"

„Der war gleich nach unten gegangen und lotst die Möbelpacker nach oben." Sie horchte zur Wohnung hinaus: „Da kommen sie schon mit dem Herrenzimmerschrank."

„Die schwersten und unangenehmsten Teile zuerst, solange sie noch frisch sind, es ist ein harter Job."

„Vielleicht hilft ihnen Routine."

„Wenn nur nicht die verdammten Treppenhäuser wären."

Mühselig schoben die Arbeiter den sperrigen Herrenzimmerschrank in den Flur. Konrad wies ihnen sofort den Platz zu.

Der Vorarbeiter begrüßte Charlotte: „Sehen Sie, junge Frau, das ist genau nach Plan, wie ich Ihnen in Rostock gesagt habe. Jetzt bringen wir gleich das Klavier, dann haben wir die schwersten Teile oben", versicherte er und ging mit seinen jungen Kollegen nach unten. „Wir stehen nur rum und können gar nichts machen."

„Dürfen nichts machen, Rolf, aber laß man, wenn wir auspacken müssen, sind wir voll ausgelastet.

Aber etwas anderes: Warst du schon im Theater?"

„Ja, vor zwei Stunden."

„Und? Du machst so ein säuerliches Gesicht."

„Ja, mir ist auch entsprechend aufgestoßen. Ich wollte Doktor Rath eigentlich nur 'Guten Tag' sagen, aber der ist in Dresden."

„Was heißt das?"

„Er übernimmt nicht die Intendanz hier, sondern die Staatsoper Dresden."

„Und Halle?"

„Hat inzwischen der Altenburger Intendant Jung übernommen. Er ist schon hier."

„Und was bedeutet das?" Sie lehnte sich neben ihm an das Fenster mit der Aussicht auf das schöne Grundstück gegenüber.

„Du meinst, daß der Jung für Rath Halle übernimmt?"

Er lachte leicht spöttisch: „Wenn ich es nicht falsch sehe, kann es Probleme geben."

Charlotte reagierte unwillig: „Aber warum denn?"

Er legte seine Hand beruhigend auf ihre Schulter:

„Es tut mir leid und es ist auch mehr eine Vermutung: Erinnerst du dich an Greiz, als ich Knall und Fall innerhalb der Spielzeit ein Engagement suchen mußte?"

„Ja, und was war da?"

„Ich hatte mit Jung in Altenburg verhandelt und der brach die schriftlichen Verhandlungen plötzlich ab mit der üblichen Mitteilung, die Vakanz sei inzwischen anderweitig besetzt worden."

„Du bist doch gar nicht in Altenburg gewesen – oder?"

„Nein, aber ich hörte von Kollegen, er sei in Greiz gewesen und habe sich eine Vorstellung angesehen."

„Das muß doch nichts besagen, Rolf."

Er blickte sie resigniert an: „Liebes Kind, machen wir uns nichts vor, in Greiz war nach meinem Dafürhalten nichts Sehenswertes, von mir auf keinen Fall, nicht im 'Ruhetag', in 'Volpone', nicht in 'Die Räuber' und auch nicht in 'Die Möwe', die er sich angesehen haben soll."

„Ich habe von allen leider nichts gesehen, ich war ja noch in Halberstadt. In 'Ruhetag' und 'Volpone' konntest du kaum beeindrucken, wenn ich nicht irre, aber 'Die Möwe' von Tschechow, du hast doch den Trigorin gespielt, der mußte doch was für dich hergeben."

„Gab es aber nicht. Ich fand mich nicht überzeugend und kann dir nicht einmal sagen, woran es eigentlich lag. Ich glaube, es war zu der Zeit, als man uns die Gage nicht mehr zahlen konnte. Ich verliere bei solchen Mißlichkeiten mein inneres Gleichgewicht, es treten Spannungen auf. Ich bin offenbar nur ein 'Schön-Wetter-Schauspieler'."

„Und 'Die Räuber', den Schweizer müßtest du doch mit links spielen."

Konrad reagierte leicht ärgerlich: „Ach Kind, das ist doch die alte Kleister mit meinen 'Schiller-Helden', das sind doch alles Schmalspur-Aspiranten und der Schweizer liegt ganz schmal. Er erinnert mich an einen Unteroffizier der Großdeutschen Wehrmacht. Die ganze Inszenierung war laut und chaotisch, es wurde wild gestikuliert, und der Witz ist, Schiller ertrug es und trug es. Seltsam war es schon." Er schüttelte nachdenklich den Kopf.

„Das einzige, was ich von meiner Arbeit in Greiz-Reiz-Schleiz akzeptieren könnte, war meine Inszenierung von 'Der Mann, den sein Gewissen trieb' von Rostand. Ein gutes Antikriegsstück, das nach dem 1. Weltkrieg spielt."

„Du drückst dich vage aus."

„Es war von mir aus gesehen nur eine halbe Sache."

„Und woran lag es diesmal?"

„Stop, Kleine, werde nicht sarkastisch. Die Inszenierung war annehmbar, aber sie hätte mehr bringen können."

„Können, hätte? Warum hätte, Rolf?"

„Wegen einer falschen Besetzung. Die zentrale Gestalt, ein junger, sehr sensibler Franzose, also der Mann, den sein Gewissen trieb, mußte ein ausgesprochen deutscher Typ, nicht nur in der äußeren Erscheinung, sondern vielmehr noch in der seelischen Struktur spielen. Und dabei hatten wir einen jungen Kollegen, der saß geradezu auf der Rolle."

„Hätte es nicht reizvoll sein können, den 'Deutschen' von seinem Gewissen treiben zu lassen, Rolf?"

„Ich habe mich darum bemüht, aber mach' aus einem verklemmten, starren Deutschen einen sensiblen, dunklen agilen Franzosen. Eine Perücke bringt es nicht.

Nein, nein, meine Liebe. Ich sage auch nicht, daß die Inszenierung mißglückt war, ich hätte mehr daraus machen können. Die anderen Darsteller waren eindeutig besser."

Konrad registrierte, daß die Möbelpacker Charlottes Couch gebracht hatten: „Schau, jetzt können wir uns bequem setzen. Wo ist denn Uli eigentlich?"
„Er wird sicher unten inspizieren."
„Na, lieber nicht. Ich gehe mal runter und hole für die Arbeiter Bier oder was sie sonst mögen."
„Und ich werde sehen, ob ich schon etwas ausräumen kann."
„Ja, tue es, ich frage unten den Boß von det Janze und gucke nach Uli."

Die Möbelpacker wollten sowieso eine Pause machen und akzeptierten die Getränke. Uli war nicht mehr beim Ausladen der Möbel, er sei in Richtung der Galgenberge gegangen, versicherten ihm die Männer. Das paßte ihm gar nicht. Er ging um die Ecke in die Reilstraße und konnte in einem Lebensmittelgeschäft die Getränke besorgen, gab sie den Arbeitern und ging die Straße weiter zu den Galgenbergen. Uli war nicht zu sehen. Langsam stieg Konrad die Anhöhen aufwärts. Links war eine größere Wiese, rechts und oben auf der Anhöhe, sie mochte dreißig bis vierzig Meter hoch sein, waren Büsche und niederer Laubwald. Eine sehr schöne Anlage und so nahe an unserer Wohnung, stellte er fest, aber wo ist Uli? Er suchte rechts und links, er war nicht zu sehen. Was war dem Jungen nur eingefallen? Ein alter Mann, der auf einer Bank in die Nachmittagssonne blinzelte, bestätigte, daß ein Junge vorbeigegangen sei, vielleicht sei er in dem Steinbruch, der auf der anderen Seite läge. Aber da könne nichts passieren. Durch den Niederwald war ihm die Sicht versperrt. Er rief nach Uli. Ein herankommendes altes Ehepaar hatte ihn an den Steinbrüchen gesehen, teilten sie ihm mit, aber das sei doch schon ein großer Junge, meinten sie, dem passiert doch nichts. „Rufen Se man, der ist nich weit. Sind Se fremd hier?"

„Wir sind eben erst hergezogen."

„In de Fleischmannstraße, wo der Möbelwagen steht? Und da is Ihr Junge gleich uff Abenteuer aus", lachte der Alte. „Hätten wir doch ooch gemacht."

„Ein bißchen später wäre mir lieber, aber vielen Dank für Ihre Auskunft."

Er ging in die gezeigte Richtung und rief noch einige Male nach Uli. Am ostwärtigen Teil der Galgenberge stand Uli tatsächlich am Rand eines Steinbruchs, vorsichtig nach unten peilend.

„Uli, was machst du denn hier?"

„Ach nur so, Vati. Hier ist es beinahe wie in Halberstadt."

„Du, da waren aber keine Steinbrüche, Kleiner, und hier rumzuklettern ist gefährlich."

„Seh' ich nicht, Vati."

„Wenn du runtersteigst, kannst du leicht abstürzen, Junge, das sind ungefähr 30 Meter, und du fällst auf Felsbrocken. Aber komm, Mutti wartet schon auf uns, und wir müssen ihr noch helfen."

Er faßte ihn um die Schultern und ging den Weg zurück. „Wir gucken uns in den nächsten Tagen die ganze Umgebung genau an, Uli. Auf der anderen Seite der großen Straße, der Reilstraße, kommt man an die Saale, da ist es

auch sehr schön, und gar nicht weit von hier liegt der Zoologische Garten, da gehen wir dann öfter hin, wahrscheinlich schon am nächsten Sonntag."
„Hat man da auch wilde Tiere?"
„Und wie, Uli, Löwen, Tiger, Bären."
„O fein! Können wir nicht schon morgen hingehen?"
„Nein, das geht nicht, wir müssen erst alle Möbel aufstellen und alles wieder einräumen."
„Ach, das macht doch Mutti!"
„Hoppla, Kleiner, wir müssen ihr doch behilflich sein, und dann mußt du auch noch in der Schule angemeldet werden."
„Das hat doch Zeit, Vati!"
„Eben nicht, das muß umgehend erfolgen, sonst machen wir uns strafbar."
„Auf einen Tag mehr oder weniger kommst doch gar nicht an."
Konrad lachte: „Es kann auf eine Stunde ankommen, mein Kleiner!"

Sie waren am Rande der großen Wiese angekommen, von der sie einen schönen Ausblick auf die Fleischmannstraße und ihre Umgebung, dem Giebichenstein und dem Bergzoo hatten. Die Fleischmannstraße war nur auf der einen Seite mit Häusern aus den früheren Dreißiger Jahren bebaut. Das also war ihre neue Heimat, war die neue Bleibe.

Der Möbelwagen stand noch vor dem Haus, nur letzte kleinere Teile, Kartons, Übersee- und Offizierskisten wurden abgeladen und nach oben gebracht. Konrad blickte nach der Uhr: Du lieber Himmel, stellte er fest, es ist 17 Uhr.

„Komm, Uli, es ist höchste Zeit, wir müssen Mutti helfen!"
Der Boß der Möbelpacker sah sie kommen: „Ihre Frau sucht Sie schon, Herr Konrad, wollte der Sohn wieder nach Rostock zurück?"
„Nein, nein, das nicht, er wollte nur die Gegend erkunden."
„Dafür hat er doch nun reichlich Zeit."
„Natürlich. Sind die Flaschen alle leer?"
„Ja, sie stehen an der Haustür."
„Möchten Sie noch etwas?"
„Nein, nein, wir sind auch fertig. Ihre Frau hat den Transport und Lieferbescheid schon unterschrieben, wir könnten fahren."
Konrad zog sein Portemonnaie und gab jedem Transportarbeiter ein ordentliches Trinkgeld.
„Haben Sie vielen Dank für Ihre Hilfe und glückliche Heimfahrt."
Das Transportkommando stieg in den Möbelwagen, wendete ihn und fuhr die Geissstraße in nördlicher Richtung davon. Konrad blickte ihm kurz nach: „Uli, geh bitte nach oben zu Mutti, ich komme auch gleich und bringe nur die leeren Flaschen zum Kaufmann."
„Mach' ich, Vati, Mutti braucht unsere Hilfe, ist doch klar."
Er machte kehrt und lief ins Haus.

18. Kapitel

Rolf Konrad sprang an der Haltestelle Fleischmannstraße aus der Straßenbahn und ging ums Eckhaus herum zu seiner Wohnung hinauf. Der Beginn der persönlichen Vorstellung mit den Kollegen des hallischen Ensembles und die anschließende Verständigungsprobe „Tell" hatte sich verzögert, da der neue Intendant sich auch noch vorgestellt und einige freundliche Worte zur Begrüßung an die Kollegen gerichtet hatte. Die Stimmung und Erwartung war moderat gewesen, die Kollegenschaft wohlwollend und seine gestrige Enttäuschung über den Intendantenwechsel hatte sich auch schon etwas gegeben.

Mit dem Rostocker Erkennungszeichen „kurz – lang – kurz – lang" meldete er sich an.

Uli riß oben die Wohnungstür auf? „Wo bleibst du denn, Vati, wir warten schon auf dich!"

„Gemach, mein Bübchen, gemach", rief er in den Flur, „es gab eine kleine Verzögerung."

In der Wohnung blickte er sich erstaunt um: „Donnerwetter, wie habt ihr das geschafft, nur noch die Gardinen und die Lampen!"

„Die kommen morgen dran, die mache ich mit meiner neuen Aufwartefrau Röpke."

„Hast du auch schon, das ist ja großartig. Warte, ich wasch' mir nur die Hände, und dann können wir essen."

„Die Aufwartefrau hat mir eine Nachbarin vermittelt, als ich mich bei allen bekannt machte."

„Schön, das geht ja alles wie geschmiert, ich kann dir leider nicht helfen."

„Das habe ich auch nicht erwartet. Uli, komm bitte essen!"

„Bin schon da. Vati, ich habe Mutti schon gesagt, mein Zimmer ist größer als das in Rostock."

„Freut mich und guten Appetit, wohl bekomm's."

„Konntest noch einkaufen gehn?"

„Es war nicht nötig, ich habe noch Reserven. Und wie war es bei dir?" Ist es nun der Altenburger Intendant, und hat er was gesagt?"

„Worüber?"

„Über die Verhandlungen mit dir damals in Greiz."

„Kein Wort, es war ja auch mehr eine Kombination von mir. Nein, er verhielt sich zu mir wie zu den anderen Kollegen, von denen auch welche bei ihm in Altenburg engagiert waren. Da fällt mir ein, ein alter Kollege aus Nordhausen ist auch hier, Herr Elgner, erinnerst du dich?"

„Nein, ich war ja nur zwei-, dreimal in Nordhausen und ich habe auch nur mehr unsere Probleme, die wir damals hatten, in Erinnerung."

„Ach ja, das auch. – Übrigens, Herr Elgner ist ein angenehmer Kollege, dunkelhaarig, groß und, ich glaube, ein paar Jahre älter als ich."

„Und welchen Eindruck hast du von den anderen Kollegen?"

„Ach, recht gut, will mir scheinen. Bisher habe ich von Halle einen guten Eindruck, alles ist etwas großzügiger, eben kein Behelfstheater, wie Rostock im Grunde doch war. Wir haben sogar Einzelgarderoben. Ich bin mit Herrn Leber, dem Heldenvater und schweren Charakterspieler, in einer Garderobe. Übrigens auch ein angenehmer Kollege, ungefähr sechzig Jahre alt, groß, stattlich, hat im 1. Weltkrieg ein Auge verloren, man sieht es aber gar nicht. Im 'Tell' spielt er den Attinghausen. Er wird den 'Nathan' spielen. Wenn ich es richtig sehe, ist er ein Mann der leisen Töne.

„Das ist erfreulich. Und wer ist der Oberspielleiter?"

„Vor ein paar Jahren war Dr. Stark der Schauspieldirektor, der scheint aber nicht mehr hier zu sein. Da Jung Schauspieler ist, wird er die Oberspielleitung übernehmen. Die 'Tell'-Probe hielt ein Kollege Schneider ab, ob er den 'Tell' inszeniert hat, weiß ich nicht."

„Habt ihr noch weitere Proben?" Sie wandte sich an Uli: „Herzchen, du hast abgegessen und kannst in dein Zimmer gehen, ich unterhalte mich noch mit Vati."

„Ist mir auch lieber." Er sprang vom Stuhl und verschwand.

„Morgen um 10 Uhr in Kostüm und Maske wie Vorstellung."

„Geht denn das schon?"

„Ich denke doch, textlich ist alles klar, ich muß mich nur noch mit dem Bühnenbild vertraut machen."

Er machte ein etwas skeptisches Gesicht: „Da gibt es einige Schwierigkeiten, es ist ganz anders als das Rostocker. Da agierten wir in einem naturalistischen Bühnenbild aus Pappmaché."

„Und das war doch nicht falsch!"

Rolf lachte: „Jetzt sind wir wieder bei alten Themen, nur was sich der Ausstattungsleiter hier hat einfallen lassen, ist der extreme Gegensatz. Ich hatte dir doch von Magdeburg erzählt, wo ich im Bühnenbild von deren 'Tell' vorsprechen mußte, das nur aus lauter Treppen bestand."

„Na, das ist doch ein Quatsch!"

„Vor allem ein Plagiat, denn Jessner hatte den Blödsinn schon in den zwanziger Jahren gemacht."

„Und habt ihr nun auch Treppen – oder was sonst?"

„Gott sei Dank nicht; ich habe die mühseligen Verrenkungen der Magdeburger Kollegen noch in grauslicher Erinnerung, das bleibt mir erspart, aber hier hat man auch stilisiert."

„Und wie?"

„Der Bühnenbildner hat auf der Drehbühne ein hohes Gerüst aufgebaut, mit geschlossenen und auch offenen Seiten, und dahinter werden auf dem Rundhorizont Hochgebirgslandschaften projiziert."

„Versteh' ich nicht."

„Die Handlungen finden oben, vor und in dem Aufbau statt, die Szene auf dem Markt in Altdorf ist so ganz gut gelöst, auch bei Attinghausen, und es geht alles recht flott, aber sonst muß man hoch aufs Gerüst, irgendwo und irgendwie dann wieder runter auf dunkler Hinterbühne."

„O Gott, Rolf, geht das denn und ist das gut?"

„Wenn du mich so fragst: Ich halte es für eine idiotische Lösung und kann mich nicht erinnern, ein Bühnenbild gesehen zu haben, das dem Schauspieler seine Arbeit so erschwert. Ich muß zum Beispiel bei der Flucht in der ersten Gasse links eine Treppe hochstolpern, oben auf dem Plateau meine Flucht schildern und in der rechten ersten Gasse wieder runterklettern."

„O nein!"

„Ich muß unserem Rostocker A.P. Hoffmeister einiges abbitten." Er stand auf: „Ich lege mich etwas hin und muß gegen 18 Uhr noch mal ins Theater zur Kostümprobe." Er räumte mit Charlotte das Geschirr in die Küche. „Soll ich dir eine Freikarte für den Sonnabend zurücklegen lassen?"

„Auf jeden Fall, ich bin auf die Aufführung sehr gespannt. Wer hat sie eigentlich inszeniert?"

„Der bisherige Intendant, der als Regisseur und Schauspieler ans Deutsche Theater nach Berlin geht."

„Na, das ist aber selten."

„Er hatte die Nase voll vom Papierkrieg, und das kann man verstehen, wenn man es ernst meint mit der Kunst. Der Titel 'Intendant' oder 'General-Intendant' beeindruckt ja auch nur Gevatter Handschuhmacher. Das ist doch das ewige Mißverständnis, wenn man meint, ein starker Regisseur oder gar Schauspieler müßte auch ein starker Theaterleiter sein. Ein Theater zu leiten setzt Kenntnisse über Literatur, ihre Umsetzbarkeit durch die Menschen und den Apparat voraus, nicht zu vergessen die Leitung und Führung dieser seltsamen Menschen mit dem Übermaß an Phantasie und Ichbezogenheit. Ich schätze Gründgens zum Beispiel als Theaterleiter viel höher ein als als Regisseur und Schauspieler. Der Darsteller Gründgens wird meines Erachtens weit überschätzt, weil er zu stark vom Wort herkommt und häufig auch am Wort hängenbleibt. Erinnere dich an unseren Spaß, den wir in Rostock hatten, als wir eine historische Aufnahme von Moissis Hamlet-Monolog hörten, wir haben uns bei dem Wortgeklingel doch vor Lachen nicht halten können."

„Na ja, Rolf, das war nun wirklich altes Theater."

„So, dann lies mal Fontanes 'Parkettplatz 29' und wie er sich über Matkowski mokiert. Das, was Fontane da fordert, ist das, was ich jetzt noch unter direktem modernen Theater verstehe. Aber laß, wir können uns ein andermal darüber unterhalten – oder haben wir es nicht schon oft getan? – Etwas anderes: Kannst du nicht mal in der Apotheke oder Drogerie etwas gegen meine Halsentzündung besorgen, Salbei oder so etwas, vielleicht kannst du auch Zitronen besorgen, die Beschwerden werden immer stärker und ich kann mir einen Ausfall nicht erlauben."

„Ist das immer noch die Erkältung von Rostock?"

„Ja, leider, mal mehr, mal weniger, meine Mandeln sind nach wie vor stark gerötet."

„Dann müssen wir eben mehr tun!"

„Ja, tun wir es auch, jetzt tue ich erst mal schlafengehen", lachte er und ging in sein Zimmer.

19. Kapitel

Charlotte Konrad ging am Sonnabend nach der Vorstellung des „Tell" vor dem Bühnenausgang nervös und unzufrieden auf und ab. Ein böiger Wind pfiff den Universitätsring hinunter und trieb Niederschlagswolken über den nächtlichen Himmel.

Sie wartete auf Rolf, der sich beeilen wollte und blickte zum wiederholten Male zur Tür: Hoffentlich hat er sich nicht bereden lassen, mit Kollegen mal kurz in die Kantine zu gehen. Der Kollege Elgner hatte ja nach seinen Worten gestern angedeutet, daß es hier „Sitte sei". Mit Elgner gern, hatte Rolf gesagt, aber sonst – die Querelen in Rostock hatten ihn vorsichtig gemacht und er wollte lieber als ein wenig umgänglicher Kollege erscheinen und nicht wieder denunziert werden. Die Grenzen und Übergänge sind am Theater „fließend", war zu seiner Erkenntnis geworden. Sie schüttelte verstimmt den Kopf, das eine war so ärgerlich wie das andere, aber die Zurückhaltung den Kollegen gegenüber würde sich höchstens auf das Arbeitsklima auswirken, aber nicht zu einer politischen Auffälligkeit. Dieser Weg war wohl einfacher und nicht so riskant.

Charlotte war eine kurze Strecke zum Universitätsring gegangen, als sie Schritte hinter sich hörte, sie drehte sich um: Es war Rolf, der sich schnell bei ihr einhakte und zur Haltestelle der Straßenbahn weiterging.

„Ich hab' mich rangehalten, weiß allerdings nicht, in welchen Abständen die Bahnen fahren."

„Hauptsache, sie fahren überhaupt; nach einer Vorstellung wäre es schon bequemer, zur Fleischmannstraße zu fahren."

„Vor der Vorstellung sicher auch, Rolf."

Sie beschleunigten ihre Schritte und stiegen zu.

Die Bahn war nur mäßig besetzt.

„Du bist müde, Rolf."

Er sah sie überrascht an: „Sieht man das?"

„Ich glaube es zu sehen. Aber morgen kannst du ausspannen, es ist ja Sonntag."

„An dem ich mit Uli in den Bergzoo gehen wollte."

„Na ja, da können wir auch am Nachmittag hingehen."

„Am Vormittag dürfte es ruhiger sein."

„Auch das!"

An der Haltestelle Fleischmannstraße verließen sie die Bahn und stiegen zu ihrer Wohnung hinauf. Leise hingen sie ihre Garderobe im Flur ab und gingen ins hintere, in Charlottes Zimmer.

„Möchtest du etwas trinken oder lieber gleich schlafen gehen?"

„Schlafen – o nein! Das ist gegen die Statuten!"

Er gab ihr einen kleinen Stups.

„So müde bin ich auch wieder nicht, um mit dir nicht noch einen freundlichen Wein trinken zu können."

„Schön, setz dich, ich bringe ihn und auch noch ein bißchen zu knabbern."

Sie ging in die Küche, Getränke und Gläser zu holen; er ließ sich in den nächsten Sessel fallen, saß sehr abgespannt und hatte die Augen geschlossen.

„So, mein Lieber, ich habe leider nur noch schweren ungarischen Wein", sie schenkte ein.

Er lächelte müde: „Er wird hoffentlich meine Neigung nicht zu sehr verstärken."

Sie setzte sich ihm gegenüber: „Sehe oder höre ich es falsch, es ist keine körperliche Müdigkeit."

„Trefflich gesehen und gehört, meine Liebe, du hast doch die Aufführung gesehen."

„Ja, das habe ich, aber wollen wir uns nicht morgen darüber unterhalten?"

„Nein, nein, nur zu, warte, ich stärke mich nur mit einem kräftigen Schluck."

Er trank sein Glas bis zur Neige aus und setzte es ab. Charlotte goß ihm nach. „Du hast vorgestern A.P. Hoffmeisters 'Tell' nachträglich akzeptiert – ich tue es auch."

„Gell, das hier ist nicht Fisch, nicht Fleisch, das ist Limonade, und was mich bedrückt, ist, daß ich da noch einen draufsetze, ich bin ganz klar ein Fremdkörper im Ganzen. Weißt du, ich habe einzelne Kollegenblicke mitbekommen: Was macht der da, schienen sie sich zu fragen. Ich hatte gehofft, noch einige Anpassungen vornehmen zu können – Pustekuchen!"

Er legte sich enttäuscht in seinen Sessel zurück.

„Auch meine Erfahrungen, in eigener Regie arbeiten zu können, hat mir nicht geholfen, eine einfache Verständigungsprobe reichte nicht aus, ich hätte Szene für Szene neu erarbeiten müssen, dann hätte ich in diese Inszenierung gepaßt, die Gesamtaufführung allerdings wäre nach meiner Überzeugung nicht besser geworden, sie ist einfach schwach."

„Gehst du da wieder einmal nicht zu weit?"

Er blickte sie spöttisch an: „Du müßtest es doch wissen, du hast die Aufführung gesehen – und die in Rostock."

„Ja, das habe ich und natürlich war die in Rostock stärker, das ist überhaupt keine Frage, aber hier kennt man nur die hiesige, und ich nehme an, daß dein Vorgänger der Inszenierung entsprechend gespielt haben wird. Wenn ich es nicht falsch sehe, lieber Rolf, ist es leider kein guter Auftakt für dich, entschuldige bitte." Sie strich ihm begütigend über die Hand.

„Du hast recht und darum bin ich auch enttäuscht. In Rostock hatte der 'Tell' ein erhebliches äußeres und inneres Tempo, hier hat er nur ein mäßiges inneres, und die schnelle Szenenfolge gleicht da gar nichts aus, kann es gar nicht."

Er nahm wieder einen Trostschluck.

„Und nun geht es hier weiter mit dem sozialistischen Arbeiterstück 'Brigade Karhan', in dem ich die gehobene Charge des reaktionären Ingenieurs gestalten darf. Ich werde also weiterhin nichts zeigen können, das mein Engagement rechtfertigt, die sonst besseren Arbeitsverhältnisse und die höhere Gage trösten mich da keinesfalls. Dann kommt allerdings der 'Nathan', in dem ich den Saladin zu spielen habe, und das müßte mir was bringen. Ich glaube, der ist auch gut zu besetzen, und Herr Leber als Nathan müßte verdammt gut sein – denke ich mir, wenn ich nicht irre. Ich freue mich schon auf die Arbeit. -

Aber kommen wir noch einmal auf den 'Tell' zurück. Mir ist gestern und auch heute etwas aufgefallen, was ich in Rostock gar nicht bemerkt habe: die Rolle oder besser die Gestalt der Stauffacherin. Hier wird sie von der Frau Wille gespielt, und ich weiß nicht, hat das mit der Darstellerin zu tun oder mit der dichterischen Gestalt."

„Was meinst du?"

„Wenn ich den Baumgarten nach erfolgreicher Flucht zum Stauffacher bringe, muß ich hinter der Szene den Dialog zwischen Stauffacher und seiner Frau anhören und gewann den Eindruck, daß sie, die Frau, ihn erst indoktriniert. Wir wissen, daß Schiller keine glückliche Beziehung zum anderen Geschlecht hatte, seine Frauengestalten haben mehr dramaturgische Funktionen und leben als Ideenträger; auch wenn ich das weiß, finde ich die Stauffacherin schlicht und einfach entsetzlich, wenn sie mit 'eigener Hand die Fackel ins eigene Haus schleudern' will. Wie gesagt, in Rostock habe ich das kaum wahrgenommen, hier in dieser Inszenierung entsetzt mich der Fanatismus der Frau. Es fiel mir gleich seine unselige 'Glocke' ein: 'Zuckend mit des Panthers Zähnen zerreißen sie des Feindes Herz'. Es tut mir leid, ich finde es grauenhaft und äußerte mich Elgner gegenüber; er ist ja der Stauffacher."

„Und, was sagte er?"

„Er meinte nur: Das sagt sie doch jeden Abend."

„Er macht es sich eben leichter, mein Lieber – und schleppt offensichtlich nicht soviel mit sich herum."

„Tue ich es denn?"

„Mein Rolfi, du sagst es doch, wenn du von deinem Trauma sprichst, und ich glaube, du hast überhaupt einen inneren Widerstand gegen Schiller, denk nur an deinen Posa und seine Beziehung zu Phillip. Aber da sind wir wieder bei einem alten Thema."

„Dann lassen wir es lieber", er winkte resigniert ab, „denken wir lieber an den Zoobesuch mit Uli morgen vormittag. Kommst du mit oder mußt du dich ums Essen kümmern?" – „Ich kann es einrichten."

„Uli wird sich freuen, und ich freue mich auch. Wenn der berufliche Start nicht besonders ist, das Drum und Dran ist jedenfalls erfreulich."

Er stand auf: „Ich mache mich im Bad fertig und morgen gehen wir gegen 10 Uhr in den Zoo."

20. Kapitel

„Vati, steh auf!" Ulis Stimme gellte am Sonntagmorgen durch die Wohnung. Er stand in der Tür zu seines Vaters Zimmer und lief zu ihm, um die Steppdecke herunterzuziehen: „Wir wollen in den Zoo, das hast du versprochen!"

Sein Vater warf ihm die Decke über den Kopf, daß er verstummte.

„Ist versprochen, Uli, ist doch klar, aber um 10 Uhr und nicht schon um acht."

Uli machte sich wieder frei.

„Guck mal zu Mutti, ob sie schon wach ist."

„Hab' schon, sie ist im Bad."

„Fein, gehst du anschließend oder soll ich?"

Er machte einige Beinübungen, stand auf und öffnete das Fenster: „Ganz freundlich, sah gestern gar nicht danach aus."

„Der Zoo ist doch nicht weit, hast du gestern gesagt, Vati."

„Ist er auch nicht, vielleicht kannst du später mal allein hingehen."

„Darf ich es?"

„Von uns aus, sicher, ob dich die Zoowächter reinlassen, weiß ich allerdings nicht. Wir werden uns nachher erkundigen."

„Rolfi, das Bad ist frei!" Charlotte huschte leicht bekleidet in ihr Zimmer.

„Oh! là là, Kleine!" rief ihr Rolf nach.

„Hat sich was mit oh! là, là, leg erst mal deinen Bart ab!" und verschwand.

„So, Uli, ich bin auch gleich fertig und dann kannst du dich waschen."

„In Ordnung, Vati, ich ziehe mich an", er wollte in sein Zimmer zurück.

„Nee, Kleener, erst waschen, dann anziehen."

„Na, wenn du meinst."

„Meine ich auch, Uli", Charlotte begann die Zimmer aufzuräumen und das Frühstück vorzubereiten.

„Soll ich dir helfen, Mutti?"

„Das ist lieb von dir, mein Schatz, aber Vati wird im Bad gleich fertig sein, dann kannst du dich waschen und anziehen, wir frühstücken und gehen."

Uli trug den Brotkorb hinter ihr her.

„Ich freue mich, Mutti, das haben wir in Rostock nicht gehabt."

„Dafür hatten wir da aber das Meer."

„Na ja, war auch nur Wasser und Sand. Schwimmen habt ihr mir auch nicht gelernt."

„Sind wir schuld, daß du so wenig geübt hast, du Kritikaster, es lag doch bei dir!"

„Uli, mein Knabe, du kannst!"

„Komm schon!"

„Was zieht man an, wenn man zu den Raubtieren geht, meine Liebe?"

„Lederwams und Cowboyhut."

Rolf ging lachend in sein Zimmer: „Ich wollte sie nur besichtigen und nicht schießen."

„Dann kannst du auch die leichte graue Hose anziehen und den Blouson. Uli, bist du soweit, komm, wir fangen schon an!

Übrigens, unser Söhnchen macht uns verantwortlich, daß er in Rostock nicht schwimmen gelernt hat. Wie findest du das?"

„Korrekt, Darling."

Rolf setzte sich zu ihr an den Tisch: „Er hat sich gedrückt und wir haben ihn sich drücken lassen."

„Na, hör mal!" Sie machte ein enttäuschtes Gesicht.

„Liebes, mach dich damit vertraut, daß wir solche und noch schwerere Vorwürfe bis ins hohe Alter hören werden."

Uli setzte sich ebenfalls an den Tisch und trank seine Milch.

„Aber nun mal ernsthaft, Rolf, findest du das in Ordnung, wenn er das sagt?"

„Ach, die Frage stellt sich gar nicht für ihn."

„Sondern?"

„Er selektiert die Zusammenhänge."

„Na, dazu ist er doch noch zu jung."

„Der Auffassung bin ich nicht, er wird es mit der Zeit nur noch erweitern. Übrigens sehe ich es nicht als böse Neigung an, es ist mehr eine Technik, unbeschadet oder richtiger unbeschädigt zu bleiben."

„Das ist mir zu hoch, mein Lieber."

„Gut, dann lassen wir es auf sich beruhen."

„Von was redet ihr, Vati?"

„Ach, dein Vater versucht sich zur Abwechslung mal als Prophet."

„Versteh' ich nicht."

„Ich auch nicht, Uli", spöttisch fügte sie hinzu, „Vati vielleicht auch nicht." Rolf lachte schallend: „Wieder mal erwischt. Dann können wir das Gespräch und das Frühstück beenden, räumen ab und machen uns auf unsere Safari."

Er half Charlotte beim Abräumen und Wegstellen der Gedecke und Speisen.

„Ich gehe schon!" Uli war nicht aufzuhalten.

„Schön, weißt du, wo der Zoo liegt?"

„Ja, hat mir mein Freund gesagt", und schon war er zur Tür hinaus und polterte die Treppe hinunter.

„Siehst du, einen Freund hat er auch schon, Rolf."

„Gott erhalte ihm sein engelhaftes Gemüt", er ließ Charlotte zur Wohnung hinaus. „Aber schön wäre es schon."

Er schloß hinter ihr ab und folgte auf die Fleischmann-/Reilstraße. Sonntagsruhe herrschte.

„Wie weit ist es, Rolf, müssen wir fahren?"

„Nein, nein, nur 200 bis 300 Meter, es reicht nicht einmal zu einem ordentlichen Morgenspaziergang. Übrigens fiel mir eben im Hausflur ein: Was sind das für Leute im Haus? Die Nachbarn in Rostock hatten wir kaum kennengelernt."

„Ein bißchen umgänglicher ist man hier schon, aber das ist doch eine Wechselbeziehung, lieber Rolf."

Er grinste sie an: „Geschickt, daß du 'lieber Rolf' sagst, da merkt man den kritischen Unterton gar nicht."

„Nein, nein, so war es nicht gemeint. Inzwischen habe ich mich überzeugen müssen, daß deine skeptische Distanz die richtigere Verhaltensweise ist. Hier jedenfalls ist es bei aller Freundlichkeit nicht anders zu halten." Sie schüttelte selbstkritisch den Kopf: „Mein Gott, wie gestelzt sich das anhört. Aber sehen wir uns die Nachbarn mal an: Die Hausmeisterin im linken Hochparterre dürfte wohl zusätzliche Informationsaufgaben haben, der Interessentenkreis ist sicher naheliegend, und auch unser Etagennachbar Schäfer ist sicher über den Neulehrer zum Professor an der Musik-Hochschule gekommen."

„Ja, den Eindruck habe ich auch, seine Syntax verrät es – und die seiner Frau."

„Ach, Rolfi, komm, lassen wir das, es ist nicht unbedingt die feine englische Art."

„Du hast recht, aber gestern bin ich im Treppenhaus den Nachbarn im 1. Stock begegnet, er groß und stattlich, sie klein und wieselig, scheint in der Furcht des Herrn zu leben. Was ist er denn von Beruf?"

„Ich glaube Steuerberater."

„So, das wundert mich aber."

„Warum, Rolf?"

„Wir haben doch so gut wie keinen Mittelstand mehr."

„Ja, da hast du recht. Außer denen wohnt noch die Witwe eines Oberlandesgerichtspräsidenten im Haus." Charlotte lächelte spöttisch: „Das war der erste Satz von ihr, als ich mich bei ihr vorstellte."

Rolf grinste sie an: „Unsere Hausmeisterin wird also viel zu tun haben, meine Liebe. Ob sie meinen fragwürdigen Ruhm auch schon kennt?"

„Zumindest hat sie unseren Filius vor dem Haus schon vom 'Onkel Tobias vom Sender RIAS' singen gehört."

„Ach du Scheibenkleister! Hast du Uli schon vergattert?"

„Ja, aber zu spät, wir hätten früher daran denken sollen. Da ist er übrigens."

Sie waren am Zoo angelangt, vor dessen Kasse Uli ungeduldig wartete und zwischendurch immer mal einen langen Hals in den Zoo hinein machte. Er kam ihnen entgegen:

„Mein Gott, habt ihr aber lange gebraucht!"

„Der läuft uns doch nicht weg, Uli, der bleibt uns erhalten, hier können wir noch oft hergehen – oder?"

„Ja, ja, schon!" er flutschte an der Kasse vorbei, um zum Bärenzwinger zu kommen, der allerdings keinen freundlichen Eindruck machte: Ein tiefes, dunkles Gemäuer hatte man errichtet, in dem mehrere Braun- und Schwarzbären achtlos untergebracht waren. Sie liefen ziellos da unten umher; nur wenn Zuschauer kamen, richteten sie sich auf und bettelten um Eßbares. Ein deprimierender Anblick. Auch Uli sah betreten zu seinen Eltern. Das war eine arge Enttäuschung, auch für sie. Da war ja der Tanzbär einer fahrenden Gruppe noch besser dran, konstatierte Rolf verärgert, je länger er die armseligen Tiere in ihrer Enge beobachtete. Er nahm Charlotte an den Arm: „Gehen wir, ich hoffe, es geht nicht so weiter."

„Ich auch und wenn ich nicht irre, auch Uli."

Ihre Befürchtung erwies sich als völlig überflüssig, denn der Weg führte zum felsigen Komplex, in dem man Freigehege eingerichtet hatte. Gleich zu Beginn der eigentlichen Anlage war ein sehr schönes Freigehege für Löwen angelegt, das einem ganzen Rudel Löwen guten Auslauf ermöglichte und zugleich sicher umfaßt war. Daneben war ein großer Käfig für ein Rudel Wölfe, die allerdings nicht den Freiraum der Löwen hatten. Hinter den Löwen waren herrliche Sibirische Königstiger zu sehen, alle in einem angemessenen Freiraum. Es war eine erfreuliche Anlage. Uli überschlug sich beinahe vor Begeisterung und das konnte man auch nach dem ersten Eindruck bei den Bären. Dann kam der eigentliche Bergzoo, der nach den großzügig angelegten Gehegen etwas kleinere Tiere der Gebirge und sogar der Hochgebirge zeigte. Eine schöne und sinnvolle Nutzung des gebirgigen Komplexes. Sie waren sehr angetan, besonders Uli hatte immer noch die eine und die andere Frage, denn Tierbücher sind eine Sache für einen Jungen, die Wirklichkeit, die Realität schafft doch ganz andere Eindrücke. Und schließlich das gut plazierte Affenhaus. Noch nicht besonders besucht, herrschte Freude und Aufregung. Besonders beeindruckt war Uli von den Gorillas in ihrer Stärke und massiven kompakten Aktionen. Ja, da war was. Hier waren alle Bücher und Bilderchen von Ulrich und auch anderen Kindern vergessen, das beeindruckte nicht nur, das überwältigte. Der Junge überschlug sich immer wieder und fragte und wollte das wissen und das andere auch.

Sein Vater sah zur Uhr: Drei Stunden waren inzwischen vergangen und immer noch einmal das eine Tier oder das andere wollte er sehen.

„Uli wird hier übernachten wollen", meinte Charlotte, „aber wir müssen nach Hause. Sag ihm, daß wir gehen, hol ihn in unsere Welt zurück, die ist doch auch ganz interessant."

Nur der Hunger bewog Uli, den Heimweg zu akzeptieren, und das Versprechen, bald ein zweites Mal in den Zoo gehen zu können. „Wir haben noch soviel Gelegenheit und morgen ist erst mal Schulbeginn."

„Ach, die Schule!"

„Mit der Schule werdet ihr sicher auch oft hergehen."

„Na ja, mit den Lehrern", bemerkte Uli abschätzig, „aber ich habe Hunger."

„Na also, das ist endlich ein Wort, meine Junge, ich nämlich auch."

Zu Hause hatte Uli Schwierigkeiten, sich wach zu halten. Erschöpft fiel er nach dem Mittagessen in sein Bett: „Aber wir gehen bald wieder hin", insistierte er, „versprochen?!"

„Versprochen, Ulrich, vielleicht gehn wir Männer auch alleine, die Frauen verstehn ja nicht viel davon."

„Setz ihm Flöhe ins Ohr", kommentierte Charlotte, als sie den Tisch abräumte.

„Kannst du mir aber heißes Wasser für eine Zitrone aufsetzen, Liebes?"

„Sind die Halsbeschwerden immer noch nicht weg?"

„Im Gegenteil! Du hörst es ja, und die Mandeln sehen aus wie Radieschen. In der nächsten Woche sind die Proben für 'Brigade Karhan', da kann ich es sicher mal einrichten, zum HNO-Arzt zu gehen. Ich glaube, in der Bernburger Straße ist einer. Es paßt mir jetzt nicht, aber wenn die 'Nathan'-Proben beginnen noch weniger.

„Ja, Rolfi, kuriere dich endlich mal aus." Sie gab ihm die Zitrone: „Da trink, ich mache jetzt erst mal meinen Mittagsschlaf. Du hast heute abend Vorstellung und brauchst auch deine Ruhe. Schlaf gut. Sie schob Rolf in sein Zimmer, zog die Übergardine zu und legte sich auf die Couch.

21. Kapitel

„Mutti, wo bleibt denn der Vati? Wir warten schon eine halbe Stunde und ich habe auch Hunger!"

Uli guckte ins Zimmer seiner Mutter, in dem der Mittagstisch gedeckt war.

„Ach, Junge, geh mir nicht auf die Nerven, du siehst, ich warte auch. Er ist beim Arzt, das weißt du doch und das kann dauern. Sag lieber, wie es dir in der Schule gefallen hat. Ist sie besser als die in Rostock?"

„Nee, der Weg in Rostock war schöner."

Uli hatte sich neben Charlotte auf die Couch gesetzt.

„Na, mein Kleiner, wenn es das nur ist. Wie sind denn deine Klassenkameraden?"

„Doof."

„Warte ab, vielleicht findest du auch hier einen wie den Ortwin – einen Moment – das ist er schon."

„Ortwin?"

„Ach, Herzchen, Vati natürlich!"

Rolf hatte nicht geklingelt und kam zur Wohnung herein.

Charlotte sprang auf. „Das hat aber lange gedauert!"

„Wem sagst du das, der Bumsladen war so voll."

Er hing sein Jackett an der Flurgarderobe auf und wusch sich im Bad die Hände.

„Ihr habt noch nicht gegessen – hättet ihr aber."

„Ich aber nicht! Ich wärme das Essen auf und komme gleich. Geh nur rein, Uli wartet schon."

„Verdammt lange, Vati!"

„Kannst du mir noch mal verzeihen?"

„Natürlich kann er, nicht wahr, Uli?"

„Muß es mir erst überlegen", moserte er.

„Laß mir Gnade widerfahren, mein Junge. Beim Arzt war ein großer Betrieb."

„Und warum warst du da, Vati?"

Charlotte brachte das Essen: „Ja, Rolf, wie war es denn, was sagt er?"

„Nun, was schon: eine verschleppte Angina. Die Mandeln sehen ganz abscheulich aus, meint er. Er hat mir Medizin verschrieben und meint, wir sollten mal abwarten, ob und wie es wirkt."

„Nun gut, essen wir erst mal, guten Appetit."

„Wohl bekomm's, Vati."

„Dir auch, Uli." – „Das ist nicht viel, Rolf."

„Hättest doch mehr kochen können."

„Ach, ich meine doch nicht das Essen, ich meine den Arzt, das ist nicht gerade neu, das sehe ich auch, wenn ich dir in den Hals schaue."

„Liebes Kind, mein Problem ist die berufliche Situation, er wollte mich leicht und locker krankschreiben, damit ich mich auskurieren könne, aber du weißt doch selbst, so leicht geht das am Theater nicht. Da fallen Vorstellungen aus, Umbesetzungen müssen vorgenommen, Gäste engagiert werden, du kennt doch den Zirkus, und deshalb habe ich in Rostock auch hinhaltend taktiert, aber die Selbstheilungskräfte der Natur haben bei mir nichts erbracht. In 'Brigade Karhan' habe ich ja nur leichte Dialoge, da geht es noch, aber beim 'Tell' geht es nicht so linker Hand, da muß ich mehr geben, und tiefschwarz sehe ich, wenn die 'Nathan'-Proben beginnen."

Er sah Charlotte verlegen an: „Ich kann dir im Augenblick nicht sagen, wie es gehen soll."

„Und das gleich zu Beginn der Spielzeit."

„Ja, eben, die Konsequenz kannst du dir doch vorstellen."

„Du meinst?"

„Was schon! Zu dem mißglückten 'Tell' noch das."

„Du siehst zu schwarz, Rolf." Nach einer kurzen Pause fuhr sie fort: „Wie kommst du eigentlich mit dem Intendanten aus?"

„Das kann ich dir nicht sagen", lachte er sarkastisch, „weiß ich nicht einmal, weil ich mit ihm bisher nicht zusammengekommen bin. Im November oder Dezember habe ich mit ihm zu tun, da spielt er in 'Die Räuber' die 'Kanaille Franz' und ich den 'Schweizer' – und sonst? Gestern kam er zufällig ins Konversationszimmer und machte uns mit ein paar 'Genie-Bubis' aus dem Brecht-Ensemble bekannt, Monk oder Weckwert oder wie sie heißen. Das sind die sogenannten 'Meisterschüler', die hier und da an Provinzbühnen die Modell-Inszenierungen von Brecht-Stücken exekutieren."

„Bei euch auch?"

„Ich glaube nicht, seien wir ehrlich, ich hoffe nicht."

„Du magst den Brecht nun mal nicht."

„Damit ich das erläutern kann, müßtest du noch einmal ein Mittagessen servieren, meine Liebe, und Uli macht sowieso schon schläfrige Augen. Erlassen wir es ihm. Uli, du kannst aufstehen und deine Mittagsruhe halten."

„Gott sei Dank, ihr redet und redet, und ich verstehe nichts davon."

„Dann spring ins Bett, mein Junge, ich helfe Mutti noch etwas in der Küche."

Sie räumten den Mittagstisch ab und brachten die Gedecke in die Küche.

„Du unterstellst wieder einmal nur eine Aversion bei mir, kannst du mir zubilligen, daß ich auch sachlich-fachliche Gründe haben könnte?"

„Dann nenne sie mir mal."

„Ganz einfach und ernst zu nehmen: Mit dem Verdikt seine Stücke nur nach seiner Schablone inszenieren zu lassen unterbindet er gerade das, was dem Theater Lebendigkeit und Würze gibt."

„Nämlich?"

„Mit immer wieder anderen Interpreten Deutungen seiner Charaktere und ihren Handlungen zu variieren. Hier liegt doch der unerhörte Reiz, nicht nur für den jeweiligen Regisseur, sondern auch für den Darsteller. Es ist nicht idealisiert, wenn ich sage, nicht die sichere Gage am 1. des Monats, auch nicht der Titel eines Staatsschauspielers oder Nationalpreisträger gibt uns den Reiz für und in unserer Arbeit. Das mag Gevatter Handschuhmacher so sehen und Aussagewert haben, für uns gilt doch die Frage: Schaffe und bewältige ich die gestellte Aufgabe und, ganz wesentlich, wie habe ich sie geschafft. Und wenn man weiß, daß nur der Dummkopf immer recht hat und nur ein Nichtskönner immer gut ist, weiß man, was gefordert ist."

„Das hast du wieder schön gesagt." Charlotte legte ihm beide Hände auf die Schultern und schob ihn zur Küche hinaus.

„Lieber Rolf, du hast es so schön gesagt, daß wir uns dem verdienten Mittagsschlaf hingeben können. Nur noch eine Frage: Wann mußt du wieder zum Arzt?"

„Übermorgen und wenn es so ist, wie er fürchtet, müßten wir die ganze Angelegenheit noch mals überdenken."

„Sind das seine Worte?"

„Ja, original."

„Na, dann ruhe dich aus, du mußt heute noch den 'Tell' spielen."

22. Kapitel

„Und das ist wirklich gegangen, Rolf?"

Charlotte saß in ihrem Wohnzimmer und sah Rolf skeptisch an. „Weißt du, wenn meine eigene Mandeloperation als Kind nicht drei Wochen gedauert hätte", sie korrigierte sich, „natürlich nicht die eigentliche Operation, auch die Vorbereitung und Heilung, davon eine Woche Krankenhausaufenthalt, wäre mir wohler."

„Doktor Wagner sagt, daß alles zusammen ungefähr 10 Tage dauern würde."

Charlotte war noch nicht überzeugt: „Und bei Kindern heilt alles noch viel schneller, ich war damals etwa 10 Jahre alt."

Rolf Konrad hatte sein zweites Frühstück beendet und sah zur Uhr: „Es ist 11 Uhr, ich habe noch etwas auf Vorrat gegessen, und um 12 Uhr will er die Mandeln ambulant rausnehmen, darauf haben wir uns verständigt."

„Und du sagst, er hätte es schon öfter gemacht?"

„Ja, während des Krieges in Rußland bei der russischen Zivilbevölkerung. Er gab selber zu, daß er zuerst Zweifel gehabt hätte, ob das gehen würde, aber nach ungefähr 2 Wochen seien seine Patienten quietschvergnügt wieder bei ihm angetanzt."

Charlotte schüttelte ungläubig den Kopf: „Ach, Rolfi, wohl ist mir bei der ganzen Sache nicht, vor allem wenn du hier zu Hause liegen mußt. Was ist, wenn sich eine Komplikation einstellen sollte, wenn eine Naht reißt zum Beispiel. Nun gut, du mußt ein paar Tage liegen und eine Eiskrawatte tragen, aber du mußt doch essen und sprechen, das alles dauert doch auch noch seine Zeit. Ach nee, mein Junge, ich habe große Bedenken."

„Na, ja, Kleines, die kannst du auch haben, und ich würde als Angestellter einer Sparkasse oder bei der Post oder Reichsbahn es auch so sehen, aber ich bin am Theater und habe außerdem hier keinen guten Start gehabt."

„Aber doch nicht, um so ein Risiko eingehen zu müssen."

„Die Mandeln müssen raus! Kleine, sie sind völlig zerklüftet und sind eine Belastung für den ganzen Körper. Ich habe das mit Doktor Wagner vorwärts und rückwärts betrachtet, das Für und Wider besonders im Hinblick auf meine Arbeit: Die einzige Möglichkeit, es zeitlich zu begrenzen, d. h. nur eine kurze Zeit im Theater auszufallen, liegt in einer ambulanten Mandeloperation bei lokaler Betäubung und die Wagner für 12 Uhr angesetzt hat. Seine Frau assistiert. Wenn du willst, kannst du auch dabeisein. Nach der Operation muß ich vorsichtig im Taxi nach Hause fahren und liegend mit Eiskrawatte die Heilung abwarten und die Behinderung wegtrainieren. So sieht es der Arzt, so habe ich es dem Intendanten geschildert und so müssen wir es auch machen. Der Intendant weiß also, daß ich für den 'Nathan' nicht zur Verfügung stehe."

„Und was hat er gesagt?"

„Er hat sich nicht gefreut, war wohl auch nicht zu erwarten, aber wir haben einen Weg gefunden, den wir gehen können: 'Tell'-Aufführungen können verschoben werden, 'Karhan' wird umbesetzt, im 'Nathan' spielt der Kollege Brauer den Saladin, der Charakterkomiker – ich weiß nicht einmal seinen Namen – probiert einstweilen den Patriarch und sobald ich kann, übernehme ich den Patriarch.

Ich gebe zu, das ist wieder einmal eine 'theatergemäße Lösung', aber wir können sie alle akzeptieren."

„Ärgerlich wird der Intendant trotzdem sein, Rolf."

„Ich habe ihn nicht danach gefragt, aber es ist mit Händen zu greifen, wie er das sieht und bewerten wird."

„Und du meinst?"

„Als unerfreuliche Belastung des Theaters. Natürlich ist er klug genug, meinen gesundheitlichen Ausfall nur zu bedauern und mir nicht anzulasten."

„Du hättest in Rostock die Angina erst richtig ausheilen lassen sollen, Rolf."

„Ach, Liebes, da war es nur eine lästige Behinderung, inzwischen ist es ein akuter Krankheitsfall geworden, der keine Alternative zuläßt als raus mit den Dingern! Es gibt übrigens Leute – auch Ärzte –, die meinen, die Mandeln seien überflüssig, aber wir haben sie nun mal – und ich muß sie loswerden!"

Er lachte bissig: „Wir haben hier in Halle ganz annehmbare Lebensverhältnisse – verdrängen wir mal das 'Politisch Lied, garstig Lied', aber ob es Bestand haben wird, das wissen die Götter."

„Oder der Intendant."

„Oder die Betriebsgewerkschaftsleitung. Aber ich bin ja noch nicht lange hier."

Die Wohnungsklingel unterbrach.

„Das wird Uli sein, machst du auf, Schatz? Wir müssen ihn übrigens noch informieren und um Rücksicht bitten. Da ist er schon."

„Hätte eigentlich früher zu Hause sein sollen."

„Frag doch mal, was für Läuse er gekämmt hat?"

„Läuse, Vati, was für Läuse?"

„Warum du so spät kommst?"

„Ich war noch in der Religionsstunde!"

Er baute sich stolz vor seinen Eltern auf.

„Sieh an, hast am Religionsunterricht teilgenommen, freiwillig?"

„Ja, aber es war nicht viel los."

„Bist du allein auf die Idee gekommen?"

„Ja, Mutti! Ihr könnt mir doch auch nicht sagen, ob es einen Gott gibt."

„Nein, das können wir wirklich nicht, mein Schatz."

Charlotte strich ihm über den Kopf.

„Und wirst du nun immer am Religionsunterricht teilnehmen?"

„Das weiß ich noch nicht, mal sehen."

Er trug seinen Schulranzen in sein Zimmer.

„Uli, kommst du noch mal, ich muß dir was sagen. Vati und ich fahren gleich zum Arzt, er muß sich die Mandeln rausnehmen lassen und einige Tage im Bett liegen, bis alles verheilt ist. Wir müssen darum in den nächsten Tagen auf ihn besondere Rücksicht nehmen; er darf sich nicht aufregen und nicht anstrengen."

„Ihr müßt mich also mit Samthandschuhen anfassen oder wie ein rohes Ei behandeln, damit es keine Komplikationen gibt", grinste ihn sein Vater an.

Uli ging zu ihm und setzte ihm einen leichten Stoß in die Seite: „Ist doch klar, Vati, ich mach' dir keine Komplakationen." (Der Vater lächelt über die kleine Fehlleistung des Sohnes.)

Sein Vater lachte: „Das ist besonders schön, Uli, aber wir müssen auch gehen, in einer Stunde sind wir wieder hier."

Er wandte sich an Charlotte: „Gehen wir, meine Liebe."

Mit der nächsten Straßenbahn fuhren sie zur Bernburger Straße hinunter in die Praxis des Hals-Nasen-Ohren-Arztes Dr. Wagner, der bereits auf sie wartete und sie mit seiner Frau bekannt machte. Umgängliche Leute, er schien ein paar Jahre älter als Konrad zu sein. Sie hatten Praxis und Wohnung im gleichen Haus, das grau – und nicht sonderlich erhalten – aus den Gründerjahren stammte. Doktor Wagner erklärte Charlotte noch mal, daß es ihm lieber wäre, die Tonsillektomie im Krankenhaus vorzunehmen, da er dort einige Betten zur Verfügung hätte, aber die Arbeitsverhältnisse am Theater seien nun wohl anders und so ginge es auch."

„Daß Sie mitgekommen sind, gnädige Frau, ist sehr gut für den Fall, daß sich zu Hause Komplikationen einstellen sollten", fügte der Arzt hinzu. „In Rußland hatte ich keine gehabt, jedenfalls habe ich von keiner gehört und außerdem liegt es schon zehn Jahre zurück. Die Operation in der Ambulanz ist weniger das Problem als mehr die unmittelbare Zeit danach, aber ich denke, das ist uns klar."

Konrad setzte sich in den Behandlungsstuhl, sein Kiefer wurde fixiert und dann wurden lokale Betäubungsspritzen gesetzt. Der Arzt kontrollierte, bis sich die partielle Narkose eingestellt hatte, dann schälte Wagner die Mandeln aus ihren kleinen Mulden und schloß sofort die Wunden mit einer kleinen Naht. Die Blutungen waren geringfügig. Konrad spürte von allem nichts, sah nur die routinierten Handhabungen des Arztes und die Assistenz seiner Frau. Nach dem Eingriff mußte der Arzt warten, bis die Betäubung des ganzen Rachenraumes soweit zurückgegangen war, daß die Fixierung des Kiefers aufgelöst und entfernt werden konnte.

Doktor Wagner wandte sich an seine Frau: „Ist das Taxi schon da?"

Der Fahrer saß schon im Wartezimmer. „Ja, Hans!"

„Sehr schön, warten wir noch fünf Minuten und dann gehen Sie langsam die Treppe hinunter. Seien Sie besonders vorsichtig beim Einsteigen ins Taxi."

Er holte aus einem Schrank einen roten schlauchartigen Ring. „Den müssen Sie, gnädige Frau, zu Hause mit Eis füllen und um den Hals legen. Seien Sie beim Umlegen der Eiskrawatte vorsichtig, daß keine Pressionen entstehen, also ganz, ganz vorsichtig. Wenn eine Komplikation entstehen sollte, rufen Sie sofort an – sonst komme ich morgen gegen 9 Uhr und am Abend."
Er geleitete Konrad zur Treppe, der Taxifahrer übernahm, und – rechts noch von Charlotte unterstützt – ging Schritt für Schritt die Treppe hinunter auf die Straße. Das Taxi war ein großer Wagen, mit dem er mit Charlotte wohlbehalten in der Fleischmannstraße ankam. Vorsichtig stieg er die drei Treppen hoch und legte sich sofort auf die Couch, Charlotte richtete die Eiskrawatte her und legte sie ihm um den Hals.

Uli strich vorsichtig und etwas ängstlich um ihn herum.

„Vati darf sich nicht aufregen und nicht anstrengen, Uli, sei also brav und nimm auf ihn Rücksicht", schärfte ihm Charlotte noch mal ein.

23. Kapitel

Rolf Konrad hatte sich nach der Vorstellung 'Nathan' schnell abgeschminkt und umgezogen und ging eilig in die Theater-Kantine hinunter, wo er sich mit Charlotte verabredet hatte. Im hellen, freundlichen Raum saßen ein paar Kollegen von der Oper in angeregter Unterhaltung und in der hinteren Ecke zu seiner Überraschung Charlotte mit dem Kollegen Schaffer, seiner Frau und der jungen Kollegin Deutscher. Er hängte Hut und Mantel an der nächsten Garderobe auf und ging zu ihnen hinüber: „Eine echte Überraschung, du hast Gesellschaft, da hätte ich mich gar nicht so beeilen müssen. Du kennst Schaffers schon?"

„Ich habe sie kennengelernt, sie saßen neben mir."

„Das ist schön und Frau Deutscher auch?"

„Nein, ich bin erst dazugekommen und warte auf Herbert."

Er begrüßte sie, nahm einen Stuhl vom Nebentisch und setzte sich dazu.

„Was trinkst du?"

„Apfelsaft." Bei der gerade vorbeikommenden Bedienung bestellte er sich auch einen Saft.

„So, da sind wir."

„Bist du müde, Rolf?"

„O nein, die Rolle ist angenehm zu spielen, man kann später kommen, aber leider nicht früher gehen – wegen der Vorhangordnung."

„Da ist Herbert schlechter dran als Derwisch."

„Das allerdings", bestätigte Konrad, „ich finde es aber durchaus in Ordnung, wenn sich am Schluß alle Darsteller verbeugen; es war auch nur eine Feststellung von mir."

Charlotte wandte sich an ihn: „Und was macht der Hals?"

„Es ging gut – oder hast du etwas gehört, ich meine sprechtechnisch."

„Nein, das auf keinen Fall – oder?" Sie blickte Schaffers an.

„War ganz einwandfrei, Herr Konrad, und in so kurzer Zeit, alle Achtung. Ich weiß nicht, ob ich das gemacht hätte."

„Ich versichere Ihnen, ich mache es nicht wieder!" lachte er die Kollegen an.

„Wo man lacht, da laß dich ruhig nieder!" bemerkte Kollege Herbert Hassel, nahm einen Stuhl und setzte sich neben seine Freundin Lore Deutscher.

„Was gibt es denn?"

„Mein Mann will sich nicht ein zweites Mal die Mandeln rausnehmen lassen."

„Da tut er gut daran", er blickte Charlotte an, „und wir haben die erste Gelegenheit, Sie kennenzulernen."

„Es hat sich bisher nicht ergeben, Herr Hassel."

„Waren Sie in der Vorstellung?"

„Ja, mein Mann hatte mich darum gebeten."

„Zur Premiere 'Nathan' waren Sie nicht?"

„Nein, da lag ja mein Mann nach der Mandeloperation noch zu Hause."

„Das ist schade, denn in Premieren herrscht ja meist eine größere Spannung."

„Wir haben uns die Vorstellung heute zum zweiten Mal angesehen und haben keinen Unterschied bemerkt", stellte Schaffer fest, „und ich finde sie nach wie vor sehr gut. Als Außenstehender kann ich mir das Urteil ja erlauben."

„Das können Sie doch auch, wenn Sie darin beschäftigt sind, Herr Schaffer."

„Ob man den Abstand hat?"

„Man kann sich ja darum bemühen."

„Meinen Sie, daß einem das gelingt, Herr Konrad?"

„Wenn nicht beim ersten Mal, vielleicht beim zweiten", lachte Konrad. „Aber da wir gerade beim Fachsimpeln sind, kann ich Ihnen ja sagen, daß meine Frau heute mit so einer Absicht in der Vorstellung war."

„Im Ernst, da bin ich aber gespannt. Ich nehme an, sie wollte Ihre Szenen sehen."

„Erstens wollte sie sich die Aufführung noch mal ansehen, denn sie ist wirklich sehr stark und kann sich mit Aufführungen Berliner Bühnen vergleichen. Ich finde Herrn Leber als Nathan überzeugender als zum Beispiel Ernst Deutsch. Was übrigens zu begründen wäre und finde auch weiter den Tempelherrn von Blumen ganz ausgezeichnet. Er sieht zwar wie ein südländischer Held aus, ist aber in der Mentalität ein gradliniger deutscher Held. Ich hatte es nicht vermutet."

„Er spielt in der Spielzeit ja noch den Romeo", warf Hassel ein. „Ja, und ich bin gespannt, ob ich da widerlegt werde."

Charlotte war anzusehen, daß ihr die Unterhaltung nicht behagte: „Rolf, spiel doch bitte nicht den Kritiker."

„Ach, Liebe, ich erteile doch keine Zensuren, ich artikuliere nur meine Eindrücke."

Er wandte sich an die Kollegen: „Das ist das ewige Mißverständnis am Theater. Kritisches Überprüfen ist doch nicht zersetzend, sondern hilft zum besseren Verständnis. Goebbels hatte die Kritik abgeschafft, es wäre destruktiver, jüdischer Geist, und man konnte bei den Nazis auch nur Kunstbetrachtungen anstellen und die waren auch danach. Ich halte es nicht mit dem Klumpfuß, sondern mit Fontane und seinem 'Parkettplatz 29 oder 89', die Platznummer weiß ich nicht mehr genau. Natürlich bleibt immer die Frage, hat man es richtig gesehen, und es ist immer eine persönliche Auffassung, die man überprüfen sollte, beim Autor, dem Regisseur oder auch dem Darsteller."

Rolf legte seine Hand entschuldigend auf Charlottes Arm und fuhr fort: „Ich habe mir neulich wegen der Übernahme die Aufführung angesehen und war sehr beeindruckt.

Ich kann Ihnen ja sagen, daß ich den Gastregisseur Wendel persönlich nicht mag, aber es ist wirklich eine gute Arbeit."

„Ja, ja, Kollege Konrad", stimmte Schaffer zu, „aber Sie deuteten an, daß Ihre Frau aus einem besonderen Grund in die Vorstellung gegangen ist."

„Na gut, fachsimpeln wir weiter: Ich habe den Patriarch von Bender-Plück gesehen und – ich gebe zu, jetzt wird es für mich etwas heikel – war, vorsichtig ausgedrückt, überrascht, daß es bei der stereotypen Wiederholung 'Tut nichts, der Jude wird verbrannt', Lacher gab."

Hassel sah ihn an: „Und, Sie meinen?"

„Nun, dann muß ich es deutlich sagen: Ich war entsetzt über den Lacher."

„Wie denn das, Herr Kollege, für den Lacher im Zuschauerraum kann man doch den Darsteller nicht verantwortlich machen!"

„Nicht gleich, und darum habe ich Bender-Plück auch gefragt, wie er die Lacher fände. Er sagte mir, der Lacher wäre richtig, den hätte es schon bei Reinhardt gegeben, sehen Sie, da war ich entsetzt!"

„Rolf, wollen wir uns nicht über anderes unterhalten, mir gefällt es nicht."

„Ist es falsch, Liebes?"

„Nein, nein, aber mußt du es hier äußern."

„Entschuldige, Charlotte, hier sitzen doch Kollegen, die sich ihre eigenen Gedanken machen."

„Aber selbstverständlich, Frau Konrad, da denke ich auch so, aber stimmt denn das mit Reinhardt?"

„Nun, Bender-Plück sagte es, aber hatte nicht daran gedacht, daß Reinhardt noch nichts von Auschwitz wissen konnte."

„Ach, so betrachtet", meinte Schaffer nachdenklich.

„Aber wir wissen von Auschwitz und jeder Regisseur und Schauspieler ist vor die Frage gestellt, liegt es an mir, wenn die da unten bei dem Anlaß lachen, oder am Publikum, habe ich den Lacher rausgekitzelt?"

„Das wäre doch unverantwortlich!" – „Ja, das wäre es."

„Aber Reinhardt" – Hassel konnte es nicht begreifen.

„Ich will mich nicht an allem reiben und meine Gute ist mir schon ein bißchen gram."

„Ganz so schlimm ist es auch wieder nicht", milderte Charlotte die Selbstvorwürfe, „außerdem kenne ich das Repertoire schon."

„Interessant ist es auf jeden Fall", stimmte Hassel zu, „aber gab es nun heute einen Lacher, denn Sie haben doch den Patriarchen gespielt? Ich selbst habe gar nicht darauf geachtet."

Schaffers blickten sich und Charlotte an.

„Sie haben nicht gelacht", stellte Charlotte fest.

„Wirklich nicht?" Lore Deutscher sah zu Schaffers.

„Nein, nur eine leichte Unruhe war zu bemerken."

„Zur Premiere war es ein Lacher, ich weiß es noch genau", versicherte Lore Deutscher.

„Als ich drin war, auch", wiederholte Konrad.

„Und wieso bei Ihrem Patriarchen nicht?"

„Ja, warum nicht? Ich habe es nicht als eine Pointe serviert, nicht entspannt, sondern die fanatische Unbeirrbarkeit bestehen lassen. Er darf bei aller ideologischen Starrheit nicht entspannen, er muß den Scheiterhaufen brennen sehen, die Wiederholungen dürfen das Bild nicht auflösen."

„Der Wendel hat als Regisseur das dann aber übersehen."

„Ich glaube ja. Die entsetzliche Geschichte der christlichen Kirchen steht doch den Nazis in keiner Weise nach. Nein, nein, Lessing hat es auch ernst gemeint, und wenn es Reinhardt nicht gesehen hat oder haben sollte, dann bestätigt das etwas meine Skepsis gegenüber den anerkannten 'Großen des Theaters', übrigens bei Fontane nachzulesen."

Hassel sah Konrad an: „Aber da muß ich Sie fragen: Gehören Sie der Kirche an, Herr Kollege?"

„Aber nein, lieber Herr Hassel", lachte Konrad lauthals, „das wäre ja der Gipfel der Verlogenheit!"

Frau Schaffer blickte Konrad pikiert an: „Wir gehören der Kirche an."

„Mein Schwiegervater ist Pfarrer, Herr Konrad", bemerkte ihr Mann.

„Entschuldigen Sie, ich sprach von der Institution Kirche, nicht von Ihrem Vater, Frau Schaffer."

Konrad lächelte sie freundlich an.

„Und was machen Sie, wenn Sie mal einen guten Geistlichen spielen müssen, einen Gläubigen?"

„Das ist doch gar keine Frage, Herr Hassel, ich spiele ihn im Sinne des Autors und wie der Regisseur ihn verlangt. Das ist doch unser Alltag, liebe Kollegen!"

„Dann sind doch die augenblicklichen Proteste in West-Berlin gegen Krauß und auch gegen Veit Harlan unberechtigt."

„Kann man denn das vergleichen?" fragte Hassel. „die Leute, die da protestieren, werden sich nicht damit zufriedengeben, wenn der Krauß erklärt, ich bin Schauspieler und habe die fiesen Typen im 'Jud Süß' gespielt, und der Harlan erklärt, ich habe ihn nur gedreht, weil ich Regisseur bin, und was die Nazis daraus gemacht haben, habe ich nicht zu verantworten."

„Im Klartext sind wir wieder bei Auschwitz und Reinhardts Lacher."

„Kollege Hassel, den würde ich da nicht sehen, da ist Arglosigkeit und, sagen wir es ruhig, politische Dummheit im Spiel."

„Sind Sie nicht zu hart, Herr Konrad?"

„Meinen Sie, weil ich dem großen Reinhardt was am Zeuge flicke? Ach, wissen Sie, was da so über die früheren Größen berichtet wird, höre ich seit langem nur noch mit Skepsis, und da ich unlängst Reinhardts amerikanischen Film 'Ein Sommernachtstraum' gesehen habe, mit einigem Bedenken."

Er wandte sich an Charlotte: „Erinnerst du dich noch an den Moissi mit dem Hamlet-Monolog 'Sein oder Nichtsein' auf einer Schallplatte. Halten Sie uns bitte nicht für bösartige Kritikaster, aber das war für uns nur eine heitere Viertelstunde, liebe Kollegen."

„Nun ja, altes Theater, das weiß man doch!"

„Weiß man es wirklich, mein Lieber? Lesen Sie bei Fontane nach, und der war noch älter als der große Moissi. Aber das ist nicht das Thema, uns geht es um den Mißbrauch von Kunst für politische Zwecke und um die Korrumpierbarkeit von Interpreten. Schon die Feudalherren hatten ihre Hofnarren und Hoftheater."

„Na, Gott sei Dank, die haben wir nicht mehr!" seufzte Schaffer.

„Nein, die nicht mehr, aber kommt es nicht auf die Ansprüche an, die gestellt werden und erfüllt wurden von der großen Kollegenschaft, übrigens auch von der kleinen aus Kötzschenbroda. 'Die Kunst dem Volk', da ist doch beachtliches Wunschdenken mit dabei, von den Künstlern, dem Volk und dem Mäzenaten, sprich von den Mächtigen – und das geht doch schon seit den Griechen, den Römern über das Mittelalter bis heute."

„Am konsequentesten haben sie doch die Nazis eingesetzt, denke ich", ergänzte Hassel.

„Ja, gemäß ihrer Weltanschauung, und da sind wir wieder bei Krauß, Jannings, George und den anderen 'Großen', warum haben sie Auftrittsverbot, obwohl wir festgestellt haben, daß ein Mörder, dargestellt von Mimen, kein Mörder sein muß und daß man ihm auch die fürchterlichsten Entartungen nicht anlasten kann, warum also der Protest? Weil Krauß nur bereit war, im Film 'Jud Süß' mitzuspielen, wenn er sämtliche fiesen Juden im Film spielen dürfte."

„Ist das wahr?"

„Verbürgt. Übrigens war er dem Vernehmen nach ein großer Verehrer des Übergefreiten. Da liegt doch in dem Fall die Ursache für den Protest und daß es klar war, wozu die Nazis den Film benutzen wollten: Zur Volksverhetzung, und es ist ja wohl ein Unterschied, ob die Mehrheit der Bevölkerung die Behandlung der Juden passiv hingenommen oder aktiv dazu beigetragen hat, und das tat dieser Mann, deshalb der Protest. Es ging hier doch nicht um seine Kunst oder die Kunst überhaupt, er war Mittäter dieser abscheulichen Verbrechen in voller Kenntnis und Konsequenz."

Hassel, gute zehn Jahre jünger als Konrad, sah ihn spöttisch an: „Ich weiß, Sie werden es nicht gern hören: Kann man den Vorwurf der Mittäterschaft nicht gegen Soldaten der Deutschen Wehrmacht erheben?"

Konrad sah ihn spöttisch an: „Ich glaube, das ist keine gute Frage, lieber Kollege, die Proteste, von denen wir sprechen, richten sich ja nicht gegen alle Schauspieler, sondern nur gegen Krauß. Aber man hat es oft getan, nur habe weder ich, noch die Millionen anderen Soldaten der Wehrmacht von den Kriegsverbrechen gewußt, ja nicht einmal erfahren. In Nürnberg ist das doch verbindlich geklärt worden. Um beim Thema zu bleiben, ich glaube schon, daß ein Interpret prüfen kann und soll, ob er der Kunst dient oder nur irgendwelchen Machthabern aus eigennützigen Gründen Geschäfte verrichtet. Ich gebe Ihnen ein Beispiel: Rudolf Forster war 1937 in Amerika und hätte in Hollywood bleiben und arbeiten können. Es sagte ihm aber nicht zu, und er ging wieder nach Deutschland zurück, d. h. doch, er konnte in einer freien Gesellschaft leben und arbeiten und ging in die Nazi-Diktatur zurück, er hat sie also gar nicht einmal bemerkt. Soweit ich weiß, sind ihm die Nazis nicht nahegetreten, und er hatte wohl auch keine jüdische Frau, aber hat er nichts von der Behandlung der Juden in unserem Land gehört oder gesehen, und hat er nichts von Konzentrationslagern gehört? Ist es Ignoranz oder Dummheit? muß ich da fragen. Nebenbei bemerkt, ist das Talent, intelligente Dialoge auf der Bühne abzuliefern, noch lange kein Beweis von eigener Intelligenz."

„Sie sind ganz schön bissig, Herr Kollege!"

„Es tut mir leid, ich stelle nur allgemeine Betrachtungen an, Frau Deutscher." Konrad lächelte sie freundlich an: „Aber ich muß ehrlich gestehen, daß ich ihn früher sehr geschätzt habe."

„Also enttäuschte Liebe!"

„Sagen wir Enttäuschung, Frau Schaffer."

Konrad sah zur Wanduhr: „Es ist schon ein bißchen spät geworden."

„Ach, da drüben sitzen auch noch ein paar Kollegen, ich finde die Unterhaltung ganz interessant. Sie haben sich politisch besonders interessiert?"

„Ich bin es noch immer. War übrigens im Sommer 45 auch gleich der Liberal-Demokratischen Partei beigetreten."

„Das ist selten", stellte Lore Deutscher fest.

„Ja, ich hatte einiges aufzuarbeiten. Nebenbei bin ich nach 3 Jahren wieder ausgetreten. Es ist vielleicht interessant, aber kann auch deprimierend sein. Aber sehen wir uns doch noch einen anderen großen Kollegen an, den Jannings. Der ist ja nun sehr untergetaucht in seinem 'Refugium' am Wolfgangsee. Schön, er steht als gebürtiger Schweizer ein bißchen daneben, gilt aber allgemein als deutscher Schauspieler mit großem internationalem Ansehen. Ich muß Ihnen sagen, gleich sagen, daß ich zum Beispiel von seinem Mephisto im 'Faust-Stummfilm' überhaupt nichts halte, und sein Portier in dem Film 'Der letzte Mann' hat mich mehr amüsiert als ergriffen. Ich habe mich nur gewundert, daß der auch wieder 'große' Regisseur Murnau das nicht gesehen hat."

„Schatz!" Charlotte stieß ihm in die Seite: „Du bist immer noch zynisch und außerdem schweifst du ab."

Er sah sie überrascht an: „So, tue ich das? Na jedenfalls hat Jannings kurz vor dem Ende des fürchterlichen Krieges auf eine Frage von Gustav Fröhlich, wie er die weitere Entwicklung sehen würde, mit den Worten, da habe er schon vorgesorgt, aus seinem Schreibtisch zwei Manuskripte rausgeholt: 'Wenn es gutgeht, drehe ich den Stoff, und im anderen Fall, diesen hier.' So einfach war es für diesen Idioten."

„Mein Gott, das ist aber herzlos", stellte Frau Schaffer fest. „Ein dicker

Hund", bestätigte ihr Mann. „Ja, Sie sagen es, das namenlose Elend und der Tod von Millionen Menschen hat den Kerl überhaupt nicht berührt und noch weniger die Frage nach einem eigenen Anteil an dieser Katastrophe, die durch die braunen, und ich muß es erweitern, auch feldgrauen Ganoven angerichtet worden ist, erreichte ihn in seinem 'Refugium'."

„Er hat aber keinen 'Jud-Süß'-Film gespielt."

„Nein, das nicht, sich aber mit diesem Staat identifiziert, ihn in jeder Hinsicht bejaht. Ich sehe es im Kontext mit seiner Äußerung dem Fröhlich gegenüber."

„Haben das nicht fast alle?"

„Nicht mit solcher Wirkung. Der Kleindarsteller oder Komparse im Film wußte doch kaum etwas mehr, als seine kleine darstellerische Aufgabe von ihm verlangte, der Produzent, der Drehbuchautor, der Regisseur und auch die Hauptdarsteller wußten und kannten die Handlung und die Absicht, die damit verfolgt wurde. Und wir kennen ja auch Fälle, wo es gelungen war, sich an so bedenklichen Aufgaben vorbeizudrücken, das war in der bildenden Kunst so wie in der Literatur. Die Frage wäre doch zu stellen: „Bin ich aus wirtschaftlichen Gründen darauf angewiesen? Nehmen wir ein Beispiel aus dem Alltag; muß ich noch einen Film unbedingt drehen, wenn ich zum Beispiel ein festes Engagement am Theater habe?"

„Na, dann gehen wir doch einfach in den Alltag, Kollege Konrad: Hat das Besetzungsbüro bei der Defa von Ihnen Material?"

„Gut, Kollege Hassel, sie hat nicht, aber Hetzfilme würde man ja auch da nicht drehen", fügte er mit Naivität hinzu."

„Sie sind politisch sehr gut informiert."

„Ja, das bin ich. Aber jetzt bin ich etwas müde und habe ein bißchen viel geredet."

Er wandte sich an Charlotte: „Wollen wir gehen?"

„Ja, es ist an der Zeit." Die Kollegen stimmten zu, die Bedienung wurde gerufen. Übliche Aufbruchstimmung. Fragen nach der Wohnung, dem Heimweg, den weitesten Weg nach Hause hatten Konrads, man trennte sich nach „angeregter Unterhaltung".

Auf dem menschenleeren Universitätsring hakte sich Charlotte bei Rolf ein: „Wollen mal sehen, wie lange wir brauchen. Für den Fall, daß wir wieder einmal im Theater hängenbleiben, Schatz."

„Ja, willst du denn?"

Sie blickte ihn verwundert an: „Es könnte doch sein."

„Nein, lieber nicht."

„Ach, jetzt begreife ich, deshalb bist du so plötzlich aufgebrochen."

„Sagen wir mal, ich habe die Gelegenheit wahrgenommen. Hassels Frage, ob die Defa Bild- und Rollenmaterial hat, behagte mir nicht. Auch die beiläufige Feststellung, daß ich politisch sehr interessiert sei."

„Überziehst du mal wieder?"

„Ich glaube nicht. Erstens weiß ich, daß die meisten Kollegen ihr Material bei denen haben und darauf warten, mal ein paar Drehtage zu bekommen. Erinnere dich, daß ich nach den Probeaufnahmen, die man von uns in Rostock gemacht hatte, denen auch Material von mir geschickt hatte."

„Weiß ich gar nicht mehr."

„Ja, ja, habe es aber nach ein paar Wochen wieder zurückgefordert. Ein Rostocker Kollege hat es mir mitgebracht, als er ein paar Drehtage bei der Defa hatte."

„Davon hast du mir aber nichts erzählt."

„Dann habe ich es vergessen." Rolf lachte spöttisch.

„Vergessen habe ich nicht die Äußerung vom Leiter des Besetzungsbüros Reich oder Reisch: Hat Kollege Konrad Angst gekriegt? Natürlich habe ich keine Angst, ich möchte nur nicht in eine Reihe mit Krauß, Jannings, Klöpfer und anderen Opportunisten kommen. Übrigens ließen sich die Namen aktualisieren. Im Verlauf unserer Unterhaltung heute abend ist mir nebenbei ein Lapsus linguae unterlaufen."

„Ist mir nicht aufgefallen, mein Lieber."

„Ich sprach in einem Satz von Staatsschauspielern und Nationalpreisträgern. Wir wissen, daß solche Auszeichnungen nicht unbedingt Leistungsnachweise waren oder sind."

„Und du nimmst an, sie könnten annehmen, du würdest die roten wie die braunen Opportunisten meinen?"

„Wenn man wollte, könnte man. Ehrlich gestanden, habe ich es so gemeint, aber es war mir nur so rausgerutscht."

„Ach du lieber Himmel! Aber einen 'Jud-Süß'-Film hat die Defa noch nicht gedreht."

„Nein, das nicht, aber die ideologische Masche ist doch nicht zu übersehen und die Forderung an uns, zur Bewußtseinsbildung beizutragen. Bleiben wir also wachsam, es wird weitergehen wie bisher: Unsere Vergangenheit werden wir nicht los, und die Gegenwart überstehen wir nur, wenn wir lavieren."

„Ach, Rolf, ich hatte gedacht, hier in Halle könnte es anders sein."

„Wie sollte das, die Verhältnisse, sie sind nicht so, wir müssen ein bisserl achtgeben und ein bißchen Übung haben wir doch schon – und da vorn haben wir unsere Fleischmannstraße. Jetzt bin ich auch rechtschaffen müde."

„Und ich erst."

Sie gingen leise die Treppe hinauf in ihre Wohnung.

24. Kapitel

Rolf Konrad war eine Stunde früher von der Vormittagsprobe nach Hause gekommen. Uli würde später aus der Schule kommen, und Charlotte hatte am Morgen die Absicht geäußert, den schönen Spätherbsttag noch zu nutzen und auf die Galgenberge zu gehen. Sie hatten in den vergangenen Wochen da oben einen Platz aufgesucht, von dem man einen sehr schönen Ausblick am Giebichenstein vorbei und über die felsigen, aber niederen Ufer mit dem Niederwald nach dem Westen hin hat. Langsam ging er die Treppen wieder hinunter, um Charlotte entgegenzugehen. Eine halbe Stunde würde sie sicher noch da oben bleiben, überlegte er, ich gehe zu ihr und setze mich auch noch ein halbes Stündchen in die müde, freundliche Herbstsonne.

Die Hausmeisterin Teßnow kam gerade zur Haustür herein: „Guten Tag, Herr Konrad, suchen Sie Ihre Frau, die ist vorhin auf die Galgenberge gegangen."

„Oh, vielen Dank, Frau Teßnow, ich will auch hochgehen."

„Es ist doch noch ein schöner Tag."

„O ja, das ist er, Frau Teßnow." Freundlich grinsend ging er zur Anhöhe hinüber, begegnete Nachbarn aus den Nebenhäusern und war bald an dem Platz auf der Anhöhe, wo sie seit Wochen ihren „Stammplatz" gefunden hatten. Er drehte sich um, schaute nach rechts, nach links, Charlotte war nicht zu sehen. War es ein Mißverständnis, aber sie wollte doch das schöne Wetter unbedingt noch nutzen, erinnerte er sich, überlegte, ob er sich setzen sollte oder nach ihr suchen, eine halbe Stunde hatte er ja noch Zeit, so oder so, unentschlossen ging er langsam weiter. Vielleicht hat sie noch einen schöneren Platz entdeckt. Er ging am Rand der großen Wiese vorbei weiter nach oben – und tatsächlich, hinter einer Baumgruppe stand eine Bank, auf der ein alter Mann saß, und nicht weit von ihm lag Charlotte im Gras und blickte zum Bergzoo hinüber.

„Ach hier bist du!"

Sie schrak zusammen und blickte sich rasch um. Erleichtert sah sie ihn an, als er zu ihr ging und sich neben ihr niederließ. Er legte sich auf den Rücken und breitete die Arme aus: „Mein Gott, ist das noch ein schöner Tag!"

„Und Gott sei Dank, daß du da bist!" stieß sie mit ärgerlicher Stimme hervor.

Er richtete sich auf und blickte sie an: „Warum – was ist – was war?"

„Ich wurde belästigt!"

„Von dem Alten da?"

„Ach wo, in dessen Schutz habe ich mich erst hierhergesetzt."

„Warst du an unserem alten Platz?"

„Ja, natürlich!"

„Und wer hat dich belästigt?"

„Zwei russische Landser, so gammelige Muschik, die legten sich einfach neben mich und quatschten mich an."

„Verdammt noch mal! Wurden sie zudringlich?"

„Ich habe es erst gar nicht dazu kommen lassen, habe sie angeschrieen, sie sollen mich in Ruhe lassen, und bin hierher zu dem Alten gegangen."

„Hat der interveniert?"

„Ach wo, der hat gar nicht mitgekriegt, was los war. Ich war ziemlich aufgeregt."

„Wann war das?"

„Ungefähr vor einer guten Stunde."

Konrad sprang auf und blickte in die Umgebung: „Russen – und hier, bisher habe ich noch keinen gesehen, das ist ganz ungewöhnlich. Die Zeit mit 'Uri, Uri und Frau komm', ist doch schon lange vorbei."

„Ja, das dachte ich auch – bis vorhin. Komm, setz dich wieder, Rolf, die sind weg."

„Ja, ja, jetzt, aber sind wir sicher, daß sie nicht wiederkommen, morgen oder übermorgen, wenn du wieder hier oben bist?"

„Ich werde mir das hier abschminken müssen, es sind sowieso die letzten schönen Tage."

„Ärgerlich ist es auf jeden Fall. Übrigens habe ich nicht damit gerechnet, daß der Iwan Verbände in der Stadt stationiert hat."

„In der Stadt wohl nicht, aber weiter draußen. Mir hat ein Taxifahrer mal erzählt, daß er oft Frauen in die Dolauer Heide rausfahren würde, die da ..."

„... sich ein Zubrot verdienen. Arme Luder. Aber das gibt es bei allen Armeen der Welt."

„Eine traurige Welt."

„Ja, und zu allen Zeiten. – Eine Frage: Wann kommt Uli aus der Schule?"

„Um 13 Uhr."

„Es ist Viertel vor, wollen wir gehen?"

Er stand auf und zog Charlotte an beiden Händen hoch. Sie drehen sich nochmals um, ob sie die Russen irgendwo sehen würden.

„Keine Spur vom Iwan", stellte Rolf fest.

Er legte ihr den Arm um die Schulter und sie gingen an dem alten Liegeplatz vorbei in Richtung Fleischmannstraße, als sie von einem Nebenweg laute Stimmen hörten. Russische Uniformen waren durch die Zweige des Unterholzes zu sehen. „Dawei – dawei!" Energische Rufe.

„Das sind sie, Rolf!" Charlotte blieb stehen und sah der Gruppe nach. Mehrere russische Dienstgrade trieben zwei russische Landser vor sich her zu Jeeps, die am Rand der Galgenberge standen, stießen sie hinein und fuhren im scharfen Tempo fort, zwei Volkspolizisten folgten ihnen.

„Warte mal, Rolf, da möchte ich Näheres wissen."

Charlotte löste sich von ihm und ging zu den Polizisten hinüber, sie waren stehengeblieben und unterhielten sich angeregt.

„Herr Wachtmeister, guten Tag, was war da los?"

Einer der Volkspolizisten wehrte kühl ab: „Nichts von Bedeutung, liebe Frau."

Charlotte sah ihn ironisch an: „Vielleicht doch, die beiden Russen, die da abgeführt wurden, haben mich nämlich auf dem Berg belästigt."

„So – also", der Volkspolizist reagierte verlegen: „Sie auch – na dann wissen Sie ja Bescheid, aber Sie haben sich doch gewehrt und Ihr Mann war doch auch da."

„Nein, der war nicht da und ich habe es gar nicht soweit kommen lassen."

Der Polizist sah seinen Kameraden an: „Und dann haben die sich das Mädchen geschnappt."

„Haben die ein Mädchen vergewaltigt? O Gott! Wie alt ist sie?"

„Ungefähr zehn Jahre."

Charlotte drehte sich empört um: „Hast du gehört, Rolf, die haben ein kleines Mädchen vergewaltigt!"

Rolf ging zu ihr hinüber. „Waren das tatsächlich die beiden, die dich belästigt haben?"

„Ja, ich habe sie erkannt." Sie wandte sich an die Volkspolizisten: „Brauchen Sie mich eventuell als Zeugen?"

„Nein, nein, das wird nicht nötig sein, die Russen machen so etwas allein. Aber Sie können sich darauf verlassen, daß die Burschen sehr hart bestraft werden, da kennen die Russen kein Erbarmen."

„Ob das dem Mädchen hilft? Wo ist sie denn?" wandte sich Konrad an die Polizisten.

„Wir haben sie ins Krankenhaus bringen lassen."

„Arme Kleine, wie wird sie damit fertig werden."

„Ja, das ist es eben", stimmte Konrad Charlotte zu, „für ihr ganzes Leben. Sie ist damit fürchterlich geschädigt. Hat sie Verletzungen davongetragen?"

„Das wissen wir nicht." Die Antwort des zweiten Polizisten klang reserviert. „Wir müssen auch gehen", sagte er zu seinem Kameraden und ging mit ihm eilig weiter.

Konrads sahen ihnen nach. „Es war ihnen offenbar unangenehm, darüber zu sprechen", stellte Charlotte im Weitergehen fest.

„Das ist es wohl für jeden, nehme ich an."

Sie waren vor ihrem Haus angelangt und wurden von Uli ungnädig empfangen. Er saß auf der oberen Treppenstufe vor der verschlossenen Wohnung.

„Wo wart ihr denn? Ich warte schon eine Ewigkeit!"

„Das tut mir aber leid, mein Schatz, bist du früher gekommen?"

„Ja", antwortete er unwirsch und warf seinen Schulranzen aufs Bett, „ich habe nicht am Religionsunterricht teilgenommen."

Er holte sich aus der Küche einen Obstsaft.

„Willst du überhaupt nicht mehr teilnehmen?" fragte sein Vater, der sich ebenfalls ein Getränk eingoß.

„Ach, es bringt doch nichts, Vati!"

„Ich kann dir dazu nichts sagen, das mußt du selbst entscheiden – oder" – er rief zu Charlotte: „Siehst du das anders?"

„Ich möchte nur nicht, daß er es nur aus einer Laune oder Faulheit tut, Rolf."

„Das halte dann mal schön auseinander, meine Liebe."

„Ich habe keine Laune!" stellte Uli ungehalten fest.

„Bist jetzt noch verärgert, daß du warten mußtest."

„Ja und auch weil die Frau von nebenan mich immer so löchert."

„Wie denn?"

„Ich soll zu ihr reinkommen, aber ich mag sie nicht!"

„Und warum nicht, Kleiner?"

„Sie streicht mir immer über den Kopf und sagt: 'Mein Jungelchen', wenn ich ihr begegne."

„Das ist doch gut gemeint, Uli."

„Ich mag es aber nicht, und Herr Schäfer klopft mir immer auf die Schulter und sagt: 'Na, mein kleiner Stammhalter'. Das ist doch blöd, das mußt du doch zugeben, Vati."

„Blöd ist es nicht, Ulrich, es ist, wie Vati sagt, gut gemeint, sei keine Mimose."

Sie deckte den Mittagstisch.

„Weißt du, Uli, Leute, die keine Kinder haben, verhalten sich oft so, das mußt du verstehen."

„Will aber nicht!"

„Stell' dir vor, du wärst erwachsen und hättest keine Kinder."

„Ich will keine haben!"

„Na, mein Junge", lachte sein Vater, „das hat ja noch etwas Zeit, denke ich."

„Kannst du mir glauben, Vati, ich halte mein Wort."

„Wenn du dein Wort gibst, müssen wir's wohl glauben", grinste ihn sein Vater an. „Aber jetzt wasch dir die Hände, damit wir essen können."

25. Kapitel

Vor der Tür des Konversationszimmers des hallischen Theaters hörte Rolf Konrad erregte Stimmen von diskutierenden Kollegen. Ungewöhnlich, sonst ging es im Haus gedämpfter zu, heute mußte ein besonderer Anlaß die Gemüter der Kollegen erhitzen. Auf der Bühne wurde gerade die Szene „Alter Moor – Hermann" geprobt und im Kon-Zimmer war die „Räuberbande". „Die Räuber" wurde vom Westberliner Regisseur Behnke inszeniert, und Konrad hatte schon gefürchtet, zu spät zu kommen.

„Was sagen Sie dazu, Herr Konrad?" überfiel ihn gleich beim Eintritt der Kollege Hassel.

„Guten Morgen, liebe Kollegen." Er blickte sich fragend um: „Zu was soll ich was sagen, ich weiß nicht, um was es geht?"

„Um die Besetzung 'Dubarry'", informierte Kurt Elgner.

„Aber das ist doch Operette." Er blickte in die Runde.

„Lieber Konrad, lesen Sie keine Besetzungspläne?"

„Natürlich lese ich die."

„Auch die von der Operette?"

„Operette ..." lachend ließ er sich in einen Sessel fallen. „Bin ich ein Tenor?"

„Brauchen Sie nicht zu sein, Bariton genügt", stellte der „Spiegelberg" Wingert fest.

Die lakonische Bemerkung löste Gelächter aus.

„Nun mal Ernst, liebe Kollegen, was ist los?"

„Sie sollten alles lesen, was da hängt", riet Steinle, der „Roller".

„Also, nun ist es gut", Konrad stand auf, um nachzusehen.

„Bleiben Sie ruhig sitzen, lieber Konrad." Schaffer, der „Ratzemann", beendete das Ratespiel: „Wir sind alle in der Operette 'Madame Dubarry' besetzt, mit der einzigen Ausnahme von Herrn Leber."

„So, und als was bin ich dabei?"

„Dienstgradmäßig der König Ludwig", frotzelte Wingert. „Es sind alles nur Sprechrollen, hat man gesagt."

„So", Konrad stieg langsam ein, „darauf kommt es für mich allerdings nicht an. Mein Vertrag verpflichtet mich nur für Dienstleistungen in der Sparte Schauspiel, weder Oper, Operette noch Ballett."

„Ach, über Ballett ließe ich noch mit mir reden", erbot sich unter lautem Gelächter der „Kosinsky" Blumen.

„Aber nun mal im Ernst, ich denke nicht daran, ich bin vertraglich nicht dazu verpflichtet, in der Operette aufzutreten oder mitzuwirken."

„Was wollen Sie denn machen, lieber Konrad?"

„Das ist doch einfach, Herr Elgner, ich gehe nach der Probe zum Intendanten und teile es ihm mit.

„Er hätte uns zumindest fragen können. Am Ende kommt er noch mit Umbauverpflichtung. Wir sind doch nicht in Kötschenbroda", räsonierte Steinle.

„Weiß jemand, ob die in Kötschenbroda Umbauverpflichtung haben", blödelte Wingert.

„Ich gebe zu, daß die 'Dubarry' nicht ohne Schauspieler zu bringen ist", lenkte Konrad ein, „aber mein Vertrag bindet mich da in keiner Weise. Die Intendanz hätte vorher anfragen können. Ich sehe mir nachher den Besetzungsplan an und gehe zu Herrn Jung."

„Und wenn er darauf besteht?"

„Das wird er sich sehr überlegen, denke ich, er ist doch schon längere Zeit Intendant. Sie waren doch bei ihm in Altenburg engagiert, Herr Hetter", wandte sich Konrad an den „Räuber-Karl", „hat es da solche Schwierigkeiten gegeben?"

„Zu meiner Zeit nicht, aber offen gestanden, mir ist es egal, ich spiele auch in der 'Dubarry', wenn man mich braucht."

Konrad wandte sich an die Kollegen: „Natürlich muß jeder für sich allein entscheiden, wenn Herr Jung mich unbedingt braucht, wird er es als außervertragliche Leistung bezahlen müssen, und wenn er das nicht will, gehe ich vors Arbeitsgericht, das haben wir ja noch, Gott sei Dank! So sehe ich es und ich will niemand zuraten oder abraten oder überhaupt raten", stellte Konrad fest.

In seine Äußerung kam die Lautsprecheransage: „Auftritt 'Räuberbande'!"

„Gehn wir erst mal räubern!" Lachend und weiter diskutierend gingen die Schauspieler auf die Bühne. – Nach Ende der Vormittagsprobe überprüfte Konrad den Besetzungsplan, ging zur Intendanz und ließ sich beim Intendanten anmelden. Er war glücklicherweise frei und ließ bitten, ganz freundlich-kollegiales Wohlwollen.

Konrad hatte bisher wenig Gelegenheit gehabt, ihn näher zu betrachten; daß er groß und stattlich ist, hatte er ja schon feststellen können, auch seine Neigung zum Übergewicht und den leichten Haarausfall, der nicht zu übersehen war, aber wie gab er sich: distanziert als „Herr Intendant", sachbezogen oder auf seinen Vorteil bedacht? Der Umgangston war unleugbar höflich. Eine wache Intelligenz und – Konrad entdeckte Humor. Das ist immer gut, dachte er. „Der Besetzungsplan 'Dubarry'", begann er, „ist leider zu früh ausgehängt worden, lieber Herr Konrad, ich wollte alle Kollegen vom Schauspiel vorher noch sprechen, leider ist das in die Hose gegangen, aber es ist gut, daß Sie gekommen sind, selbstverständlich wird nach dem Normalvertrag entschieden, und die Kollegen, die nach ihrem Vertrag nicht verpflichtet sind, erhalten ein angemessenes Honorar."

„Dann hätte ich ja gar nicht zu kommen brauchen."

„Nein, nein, es ist schon besser, damit keine Mißstimmung aufkommt. Frau Hentsch überprüft noch mal die Verträge und die Kollegen, die nicht verpflichtet sind, erhalten eine Sondervergütung. Daß wir in der 'Dubarry' ohne das Schauspiel nicht auskommen können, ist den Kollegen sicher klar. Über die Höhe der Vergütung muß ich noch mit dem Verwaltungsdirektor sprechen. Ich glaube, sie wird angemessen sein."

Intendant Jung sah ihn freundlich lächelnd an, es bereitete ihm offenbar eine stille Freude, Konrad von vornherein den Wind aus den Segeln genommen zu haben.

Respekt, dachte er, das hat er gut gemacht, dem Anschein nach ein begabter Theaterleiter.

Behutsam nahm Jung die Unterhaltung wieder auf: „Da Sie schon mal da sind, lieber Kollege Konrad, möchte ich noch etwas anderes mit Ihnen besprechen."

Er machte eine kleine verlegene Denkpause: „Es tut mir leid – aber die Mitteilungspflicht des Normalvertrages zwingt mich, frühzeitig das Vertragsverhältnis für die nächste Spielzeit zu klären, und ich mache das lieber in einem persönlichen Gespräch und reiche es schriftlich nach."

Er unterbrach sich hastig: „Das hat also nichts mit Ihrer Intervention 'Dubarry' zu tun: Ich muß in der nächsten Spielzeit auf Ihre Mitwirkung an unserem Haus verzichten. Im nächsten Spielplan wollen wir andere Akzente in der künstlerischen Aussage setzen und ich sehe da keine angemessene Beschäftigung für Ihr Fach und für Sie."

Er blickte Konrad mit gespannter Miene an. Erwartet er von mir einen Ausbruch, überlegte Rolf Konrad, es ist doch eine Kränkung des Selbstwertgefühls: Das mir! – Nein, das war bei ihm nicht einmal im Ansatz vorhanden. Er wußte um seinen zweifelhaften „Tell", seinen Ausfall bei der „Nathan"-Inszenierung, und sein zaristischer Offizier in „Budjonnis Reiterarmee" gab nichts her, er gab nur eine dramaturgische Funktion ohne Gestaltungsmöglichkeiten, und das läppische Lustspiel „Flitterwochen" auf der kleinen Bühne riß nicht raus und riß nicht um. Nichts war beeindruckend, und der „Schweizer", den ich jetzt probe, gibt auch nichts her. Die Besetzung des „Karl" mit Hetter, dem Charakterheld, den er von Altenburg nachgeholt hat, bestätigt meine Annahme, daß mein Bleiben nur kurz sein wird, und als Schweizer bin ich fachlich auch richtig besetzt, das ist keine Frage, auch bühnenrechtlich nicht.

Jung nahm mit vorsichtigen Worten die Unterhaltung wieder auf: „Sie müssen zugeben, Kollege Konrad, der 'Tell' war kein überzeugender Auftakt."

Konrad blickte Jung offen an und platzte sarkastisch heraus: „Wie recht Sie haben, Herr Jung! Allerdings ist die ganze Inszenierung nicht sonderlich gelungen, auch ein anderer, besserer Tell würde daran nicht viel ändern können."

Jung sah ihn etwas pikiert an.

„Aber lassen wir das, mein Ausfall im 'Nathan' war auch nicht gerade hilfreich und der Schweizer jetzt ist brav – und nicht mehr."

Er blickte Jung spöttisch an:

„Der König in der 'Dubarry' ist sicher eine 'tragende Rolle', ich werde doch sicher ein schönes Kostüm tragen – oder?"

Jung lachte: „Sie nehmen es mit Humor, Herr Konrad!"

„Sie haben den Sarkasmus überhört, Herr Jung. Aber was soll's, ich habe Ihre Zusage, den Ludwig königlich zu honorieren, die Nichtverlängerung des Vertrages gehört zum Alltag in unserem Beruf und kann von beiden Seiten genutzt werden. Ich werde meinen Agenten bitten müssen, für mich Verhandlungen aufzunehmen."

Er stand auf. Der Intendant folgte und brachte ihn zur Tür: „Ich laß es Ihnen schriftlich nachreichen."

„Und ich bedanke mich, Herr Jung."

Die Intendanzsekretärin sah kurz vom Schreibtisch auf: „Auf Wiedersehen, Herr Konrad!"

„Auf Wiedersehen, Frau Hentsch."

Auf dem stillen Flur stand er einen kurzen Augenblick und ging dann durch den Bühnenausgang zur Straßenbahnhaltestelle – oder sollte ich zu Fuß gehen, überlegte er, ich habe keine Vorstellung, aber ich muß zu Charlotte, muß mit ihr sprechen, muß ins reine kommen – „Verdammt!" Er blieb abrupt stehen, „ich habe das Textbuch der 'Dubarry' vergessen!"

Er machte kehrt und ging beschleunigt ins Theater zurück, in die Dramaturgie. Glücklicherweise war sie besetzt und er konnte mit dem Rollenbuch zur Haltestelle. Die Bahn kam, er stieg zu, zahlte und setzte sich auf einen Fensterplatz. Seine Gedanken gingen auf das Gespräch mit Jung zurück. Habe ich mich richtig verhalten, fragte er sich, hätte ich den gekränkten Künstler spielen sollen, „meinen Tell" verteidigen sollen? Nein, zu dumm, ich bin ja selbst der Auffassung. Mein Hinweis auf die gesamte Inszenierung hat den Intendanten etwas überrascht und ich hätte durchaus darüber diskutieren sollen, aber ich spiele darin den „Tell", es geht einfach nicht. Und Jung selbst – ich mag ihn, trotz der Kündigung zur nächsten Spielzeit, es geht dabei ja nicht um Sympathie oder Antipathie, der hat das Theater zu leiten und hat sich von seinem früheren Theater seinen Charakterhelden nachgeholt und der ist als „Räuber-Karl" richtig besetzt und macht nach den bisherigen Proben einen guten Eindruck. Sein Karl wird gut. Ich könnte ihn bei meinen Neigungen zum Charakterfach auch spielen – und gern spielen, aber ich bin im Ensemble nun mal der 1. Held und den besetzt man mit dem Schweizer.

Konrad schüttelte ärgerlich den Kopf: eine vermurkste Geschichte, ich hätte in Rostock bleiben sollen, aber dieser rote Herr aus Wismar, nein, nein, das wäre auch nicht gegangen, und daß Dr. Rath nicht Halle, sondern Dresden übernahm und ausgerechnet der „Tell" und gleich die Mandeloperation – es ist schon eine blöde Konstellation.

Konrad schreckte auf, beinahe hätte er die Haltestelle verpaßt. Auch noch, er sprang aus der schon anfahrenden Bahn und ging um die Straßenecke ins Haus. Bei einem Seitenblick sah er Ulrich mit anderen Jungen vor dem Nachbarhaus Fußball spielen. Es war ihm ganz lieb, Charlotte allein anzutreffen, der Junge brauchte nicht zu wissen, daß möglicherweise wieder eine Änderung, eine Veränderung zu erwarten war mit Schulwechsel und Anpassungen an andere Lebensverhältnisse und kleinen und großen Freundschaften. Konrad wußte, daß das für seinen Sohn Belastungen bedeuteten – aber konnte er es ändern – ach, es war schon ein ziemlicher Scheibenkleister! fluchte er in sich hinein, als er die Treppen hinaufging.

„Bist du es, Rolf?"

Charlotte rief aus ihrem Zimmer: „Ein bißchen spät heute. Hast du Uli gesehen?"

„Ja, er spielt vor dem Nachbarhaus Fußball."

„Und warum hast du ihn nicht mitgebracht?"

„Ich war in Gedanken."

Er hing Schal und Übergangsmantel an die Garderobe.

„Darf ich sie erfahren?"

„Du meinst?"

„Daß du mir deine Gedanken mitteilst oder warte, ich rufe ihn hoch."

Sie ging ans Fenster.

„Nein, laß ihn noch unten, wir müssen etwas besprechen." Er ging zu ihr hinüber und setzte sich. Nervös blickte sie ihn an: „Was ist es denn?"

Vorsichtig suchte er nach Worten: „Es sind zwei Sachen, zwei wichtige Dinge – oder wie du sie nennen willst. Die erste Angelegenheit ist ganz erfreulich: Die 'Dubarry' wird gegeben und ohne Schauspieler ist das nicht zu machen ..."

„... und du mußt mitspielen, ist es das?"

„Ja, aber da ich vertraglich nicht dazu verpflichtet bin – ich habe Jung darauf hinweisen müssen –, bekomme ich ein angemessenes Spielhonorar."

„Wen spielst du darin?"

„Ludwig den Fünfzehnten. Ich habe das Rollenbuch noch in der Manteltasche. Ich nehme an, ich werde ein tolles Kostüm tragen mit meterlanger Schleppe und so und werde sicher angehimmelt und angesungen."

„Schön, schön, mein Lieber, und was ist das andere?"

„Tscha – das ist leider höchst unerfreulich, aber hat mich nicht sonderlich überrascht; ich habe damit gerechnet. Machen wir es kurz: Jung hat mir mitgeteilt, daß er in der nächsten Spielzeit auf mich verzichten muß."

„Kurz und knapp, er hat deinen Vertrag nicht verlängert, hat dir gekündigt." Mit müder Stimme fuhr sie fort:

„Soll denn das so weitergehen, Rolf?"

„Das darfst du nicht mich fragen, Kind."

„Es war nur rhetorisch gemeint." Er holte tief Atem und starrte vor sich hin. „Ja, wir wissen beide, ich hatte keinen guten Start."

„Das stimmt in mehrfacher Hinsicht. Was wirst du nun tun?"

„Das Übliche, meine Liebe, der Bühnenvermittlung in Berlin mitteilen, daß ich für die nächste Spielzeit frei bin, und auch an meinen Agenten Erben schreiben."

„Wollte der nicht in die Bundesrepublik umsiedeln?"

„Ja, er hatte die Absicht, wir werden ja sehen. Leider habe ich in der nächsten Zeit keine Rolle zum Ansehen, der Schweizer gibt ja nicht viel her und der Ingenieur in dem sowjetischen Lustspiel 'Taimir, bitte melden' ist zwar eine große Aufgabe, aber die Handlung und der sowjetische Humor sind wohl nicht unsere Sache, weder auf der Bühne noch vor der Bühne, du kennst es ja, denke nur an 'Ein Ruhetag'. Der West-Berliner Regisseur Behnke wird es inszenieren, aber wird auch nichts herausholen können, weil nichts drin ist. Das Rollenbuch liegt übrigens drüben auf meinem Schreibtisch – hast du es schon gelesen?"

„Nein, ihr fangt ja erst nach den 'Räubern' mit den Proben an und so sehr drängt es mich auch nicht danach, das weißt du doch."

„Ja, wen wohl. Diese Stücke sind nicht nur schwach und überdreht in den Handlungen, sie sind auch aus sich heraus unglaubwürdig. Aber darüber haben wir uns ja schon oft genug unterhalten."

„Bei Gott, das haben wir. Laß uns Mittag essen. Ich sehe mal nach Uli."

Sie öffnete das Fenster. „Da ist er ja. Uli, Herzenssöhnchen, komm rauf zum Essen!"

„Gleich, Mutti, ich muß nur noch ein Tor schießen!"

26. Kapitel

Rolf Konrad saß im Personenzug von Weimar nach Halle und starrte mit enttäuschter Miete durchs Fenster in den grauen Nachmittag. Auf den Feldern lagen vereinzelte Reste vom letzten Schnee, ein Bild, das durchaus seiner seelischen Verfassung entsprach. Auch diese Engagementsverhandlung am Weimarer Nationaltheater hatte nichts erbracht, nicht nur das, er war sich im klaren, daß sein Vorsprechen bescheiden war und wenig überzeugend – und warum? Hier ging es nicht, wie unlängst in Berlin, um das Mißverständnis, daß sein Foto von denen auf einen Proletarierheld gedeutet worden war und seine wirkliche Erscheinung alles andere als proletarisch ist, und er hatte selbst zugeben müssen, daß eine gewisse Schattierung im Foto den Eindruck zuließ. Was die da in Berlin nicht wissen konnten, daß seine innere, seine charakterliche Haltung völlig dagegen stand. Nun ja, er grübelte weiter, in Weimar hatte man keinen Vertreter dieses neuen Faches gesucht, obwohl das mehr zu dem neuen General-Intendanten gepaßt hätte, er hatte einfach nicht genügt, er wußte es selbst. Ich muß mir endlich einmal neue Vorsprechsachen erarbeiten. Die Frage, warum er den Faust nicht vorgesprochen hat, der von Dr. Rath in Rostock doch sehr geschätzt worden war, kann er sich selbst nicht beantworten. Es waren wieder einmal innere Widerstände da, als er den Theaterleiter sah. Er mochte ihn einfach nicht. Eine faule Ausrede? Er schüttelte den Kopf. Ich neige nicht zum Selbstbetrug, stellte er fest. Dieser Herr war wie der aus oder in Wismar, wie der ehemalige Hauptfeldwebel der Großdeutschen Wehrmacht unseligen Angedenkens, nicht dem Dienstgrad nach, sondern dem Typ, der Mentalität nach, die immer clever jetzt in Kunst machen. Er blickte verdrossen zum anderen Fenster hinaus. Der Zug war nicht besonders besetzt, kaum Reisende im üblichen Sinne, gibt es so etwas überhaupt noch in unserem Arbeiterstaat, fragte er sich spöttisch, jetzt in Weißenfels wird es eindeutiger werden, Pendler steigen zu und sicher auch noch einmal in Merseburg. Ihm fiel Weimar ein. Wie bringe ich es Charlotte bei, wie kann ich es am besten verpacken, sie ist in der letzten Zeit sehr depressiv, weil die Zeit vergeht, ein paar lächerliche Monate und die Spielzeit ist um, ist vorbei. Natürlich bestehen noch Vakanzen, aber es sollen keine wesentlichen Verschlechterungen sein, nicht im Niveau und auch nicht in der Gage, und die Wahl wird immer enger, was die festen Engagements anbetrifft. Sollte ich den Gedanken von Herrn Dietel in der Berliner Bühnenvermittlung nicht doch einmal mit Charlotte besprechen, mich mehr auf Gastspieltätigkeit umzustellen? Konrad unterbrach den Gedanken und sah nach draußen, der Zug hielt in Weißenfels. Pendler stiegen zu. Lebhafte Unterhaltung im Hallenser Dialekt. Eine Gruppe besprach Mannschaftssorgen eines Handballvereins. Ihren Worten nach ein Klasseverein, der wieder Meister werden müsse, und daß der „Klingler" sich mehr durchsetzen müßte, mit ihm in der Leitung würde der Verein stehen und fallen, die „Deutsche Eiche im Handball-Trikot". Die angeregte Unterhaltung hatte ihn etwas von seinen Überlegungen abgebracht, von einer Gastspieltätigkeit. Irgendwie hatte sich die Idee bei ihm verhakt. Zuerst hatte er den Hinweis leicht abgetan, finanzielle Unsicherheit verband sich mit dem Gedanken, aber vier Gastspiele, ein Monat Probezeit und zwei Monate Vorstellungen, das wäre dann auch eine Spielzeit, und was nicht unwesentlich wäre, die ganzen innerbetrieblichen Querelen würden ihn nicht berühren. Eines allerdings wäre wichtig: Er müßte Anschluß halten müssen. Überschneidungen wären auch zu beachten. Eine wesentliche Frage wäre dann noch, wie hoch sind die Gagen. Wenn ich es nicht falsch sehe, folgerte er weiter, könnten die höher sein als eine Monatsgage an einem Stadttheater. Größere Bühnen werden allerdings keine Gastspiele anbieten, die sind ja personell besser bestückt.

Je mehr sich Rolf Konrad mit dem Gedanken befaßte, um so mehr schien es für ihn ein Weg zu sein, weil er sich dabei absentieren könnte. Also keine Statements mehr zu Stalins oder Ulbrichts Äußerung und allerletztem Zitat. Ein Vorteil, der nicht zu unterschätzen war.

In Merseburg stiegen weitere Pendler zu. Er unterbrach seine Grübeleien. Im Grunde tat er es nur vorsorglich, da er es mit Charlotte eingehend besprechen wollte, bevor er mit dem Dietel in Berlin die neue Sachlage bespricht.

Der Zug fuhr in den Hallenser Hauptbahnhof ein, er nahm seine Garderobe und ließ sich vom Pulk der Reisenden vom Bahnsteig schieben, bestieg die Straßenbahn und fuhr nach Hause. Da er keine Vorstellung und auch keine Probe hatte, konnte er sich Zeit lassen.

Charlotte war nach ihren Worten gerade von Frau Schauer gekommen und blickte ihn einen Augenblick an: „Erlaß mir das Frage-und-Rate-Spiel, Rolf, sag es gleich."

„Wie ich angenommen hatte, aber ich bin nicht einmal sonderlich enttäuscht, ich glaube, ich würde mich bei denen nicht besonders wohl fühlen."

Er hatte seine Garderobe abgelegt und setzte sich zu ihr ins Wohnzimmer.

„Das brauchst du dann auch nicht – aber etwas ganz anderes: Stalin ist gestorben, in den Nachrichten wurde es eben durchgegeben. Der große, nein, der größte Sohn der Menschheit, der von allen Menschen geliebte Führer der Weltrevolution ist verschieden. Trauer und Trauer, Erschütterungen und Tränen und ein einziges Weinen und Klagen aller fortschrittlichen Menschen – die Welt ist ärmer geworden."

„Hast du noch eine Metapher?"

„Nein, ich habe überhaupt keine, ich habe nur wiederholt, was uns stündlich vom Rundfunk um die Ohren geschlagen wird."

Rolf sah sie nachdenklich an: „Ach, weißt du, ich habe einen schalen Geschmack im Mund bei den kritischen Untertönen. Der Tod ist immer fürchterlich, lassen wir die Gläubigen aller Religionen mal außen vor, bei denen mag es anders sein, aber in dem Fall – ist man nur ein bißchen ehrlich – regen sich doch Hoffnungen, es könnte Weiterungen geben, Konsequenzen, die sich auf unser Leben auswirken."

„Welcher Art, mein Lieber?"

Er machte eine abwehrende Bewegung: „Die Frage ist nicht zu beantworten, am allerwenigsten von uns. Ich gebe zu, ich hätte sie gern beantwortet gehabt, aber das kann keiner von uns, wir sind schon lange nicht mehr Subjekt in der Politik, wir sind nur noch Objekt – durch eigene Schuld, aber das muß ich nicht weiter betonen. Ich nehme an, man wird große Feierlichkeiten veranstalten und sicher auch Freudenfeste, nur dürfen wir nicht vergessen, mit dem Mann ist das System noch lange nicht verschwunden, wir sollten uns keine falschen Hoffnungen machen.

Kommen wir auf unser Thema zurück."

„Du meinst?"

„Meine Vertragsverhandlungen. Ich habe während der Fahrt einen Gedanken von Herrn Dietel, von der Berliner Bühnenvermittlung, aufgenommen. Ich weiß nicht, ob ich dir nach meinem letzten Besuch in Berlin davon berichtet habe?"

„Ich wüßte nicht, aber davon ganz abgesehen, warum sitzen wir hier im trocknen, hast du keinen Durst?"

Irritiert sah sie Rolf an: „Habe gar nicht daran gedacht, das Abendessen ist etwas später, habe aber nur Bier im Haus."

Sie holte es aus der Küche. „Trink erst mal."

„Wo ist denn Uli?"

„Ich nehme an, daß er irgendwo Fußball spielt. Zum Abendessen will er hier sein, hat er versprochen." Sie stellte für Rolf und sich ein frisches Bier auf den Tisch: „Wohl bekomm's. Aber was ist oder war mit Herrn Dietel?"

„Er hatte mich beim letzten Besuch so nebenher gefragt, ob ich nicht auch auf Gastspielbasis arbeiten wolle. Ich hatte es nicht weiter beachtet."

„Gastspiele, jetzt doch nicht, dein Vertrag läuft noch bis August."

„Ja, natürlich, einschließlich Urlaub, er meinte danach."

„Na, hör mal, das ist aber gewagt und eine unsichere Sache!"

„Zweifellos – man müßte sich frühzeitig darum kümmern. Ich will dir auch sagen, was mich daran nun doch interessiert: Ich hätte mit den jeweiligen Theatern nichts weiter am Hut, ich wäre Gast und alle betrieblichen Interna gingen mich nichts an."

„Ach das!" Charlotte sah ihn skeptisch an, „das könnte schon sein, aber würde doch die Unsicherheit nicht aufwiegen."

„Man könnte sie durch vorzeitige Verhandlungen ausgleichen."

„Das halte ich für sehr gewagt, Rolf. Willst du warten, bis irgendwo ein Kollege ausfällt, um dann einzuspringen? So entstehen doch die meisten Gastspiele."

„Nicht nur. Dietel sprach davon, daß einige Bühnen bestimmte Fachvertreter nicht für die ganze Spielzeit engagieren wollen, sondern nur für ein Stück, statt zum Beispiel zwölfmal 800 Mark zu zahlen, braucht er nur dreimal – sagen wir 1000 Mark – zu zahlen."

„Gibt es denn solche Theater?"

„Er sagte ja, es lägen vorsichtige Anfragen vor."

„Ein Theater braucht zum Beispiel für eine Spielzeit nur einmal einen Darsteller, der den Präsidenten in 'Kabale' spielen kann, weil er nur einen bürgerlichen Väterspieler im Ensemble hat. Vielleicht braucht er ihn im Verlauf der Spielzeit ein weiteres Mal, dann bräuchte er in einem Fall sechs Monatsgagen und im anderen zwölf Gagen. Als Intendant würde ich mir schon überlegen, ob ich das nicht einsparen könnte. Wenn du dich erinnerst, habe ich 49 als Faust an so einem kleinen Bühnchen im Erzgebirge gastiert, weil die keinen Faust hatten. Obwohl ich im festen Engagement stand, konnte ich es einrichten.

Weißt du, es ist nicht nur das erfolglose Vorsprechen in Weimar und unlängst in Berlin, was mich auf den Gedanken von Dietel gebracht hat. Dieser Typ in Weimar wirkte auf mich wie der Wismarer, und der Proletarierheld, den die in Berlin wollten, macht es noch deutlicher, die Theater hier werden immer ideologischer, und ich bleibe auf der Strecke, denk an Thiede, an Reuter, den unsagbaren Ehm oder auch an Rath; obwohl er doch reichlich indifferent war in allem, bekannte er sich als SED-Genosse."

„Ja, ja, das leuchtet mir ein, das schon, aber kann Dietel so verhandeln, daß du im September einen Vertrag hast und nach einem viertel Jahr einen nächsten und so weiter?"

„Diese Frage habe ich ihm ja noch gar nicht gestellt, ich war nicht interessiert, das müßte ich erst noch eruieren, könnte mir aber denken, daß Dietel die Problematik auch sieht, daß ich mit einem Gastspiel nicht meine ganze Existenz bestreiten kann. Er wird schon mehr bringen müssen, jetzt muß ich erst mal mein Interesse anmelden und hören, für welche Zeit sich das machen läßt."

Charlotte sah ihn sehr kritisch an: „Wohl ist mir nicht bei dem Gedanken, daß wir dann nicht einmal mehr für ein Jahr eine gewisse Sicherheit haben, aber anfragen kannst du ja ruhig und dann kann man weitersehen."

Sie blickte zur Uhr: „Uli könnte nun auch bald kommen" und ging zum Radio, „willst du Nachrichten hören?"

„Ich mag das Gequatsche jetzt überhaupt nicht hören und leg' mich auf die Couch."

27. Kapitel

Charlotte Konrad blickte beim Big-Ben-Schlag der „Westminster" auf, es war halb zehn. Sie klappte den Tolstoi-Roman „Krieg und Frieden" zu und legte ihn zur Seite. Sie war müde, wollte aber trotzdem die Rückkehr von Rolf abwarten. Bis 10 Uhr könnte die Abendprobe dauern, hatte er gesagt, sie hob den Kopf, die Wohnungstür wurde geöffnet und Rolf blinzelte zu ihr ins Zimmer: „Noch auf, Schatz?"

„Darf ich replizieren: Schon da, mein Lieber? Ich habe dich zu zehn erwartet."

Er hatte seinen Regenmantel im Flur abgelegt und setzte sich zu ihr.

„Die Probe ist ausgefallen, und ich war mit Hans Schaffer im Kino. Wir haben uns den Film 'Die Mörder sind unter uns' angesehen."

„Ach – und?"

„Du wolltest ihn dir nicht ansehen."

„Nein, und wenn er noch so angepriesen wird, die Themen öden mich langsam an."

„Ich will dich nicht agitieren."

„Kannst du auch nicht."

„Wir kommen aber an dem Thema nicht vorbei, dazu ist zuviel geschehen, und nebenbei wird er im Westen auch sehr beachtet. Staudte ist ein guter Regisseur."

„Mag sein, ist für mich nicht so wichtig, ich möchte mal einen amüsanten Film sehen."

„Nee, amüsant ist er nicht, wirklich nicht."

„Eben!"

„Aber die Themen, die Probleme bestehen nun mal, ob es uns gefällt oder nicht. Ich gebe zu, daß wir da sehr verschiedene Perspektiven haben."

„Ein Banause bin ich deswegen noch lange nicht!"

Konrad sah seine Frau aufmerksam an: „Ist dir 'ne Laus über die Leber gelaufen?"

„Muß nicht gleich, ich bin nur ein bißchen müde."

Er ergriff ihre Hand: „Was ist, Liebes? Bist du körperlich müde?"

„Nein, das nicht, es ist psychisch."

„Enttäuschung, daß Stalins Tod keine Änderung der Verhältnisse gebracht hat. Aber ich habe es dir doch gleich gesagt."

„Ja, hast du, aber man hofft trotzdem, auch wenn der Verstand etwas anderes sagt."

„Da hast du allerdings recht. Ich will mich auch nicht weiter über den Film auslassen."

„Könntest du das überhaupt?"

Er lehnte sich in seinem Sessel weit zurück: „Na ja, du kennst mich doch lange genug, um zu wissen, daß ich die fatale Neigung habe, zu fragen und zu hinterfragen."

„So kann man es auch sagen – wenn man will."

„Und willst du?"

Charlotte lachte: „Und jetzt habe ich den 'Schwarzen Peter'!"

„Ach, Kind, red doch keinen Unsinn! Wenn du keine Lust hast, vom Film, über den soviel diskutiert wird, etwas zu hören, nehme ich das natürlich zur Kenntnis, hole aus der Küche einen Wein und beklage mein trauriges Schicksal, ewig mißverstanden zu werden."

Er stand auf: „Willst du auch?"

Sie lächelte ihn an: „Trinken ja, klagen nicht."

Rolf ging in die Küche. Man hörte ihn hantieren, rumoren und mosern: „Das sah auch alles schon mal besser aus." Er kam mit einer Flasche Rotwein, zwei Gläsern und füllte sie bis obenan.

„Zum Wohl, meine Liebe, lassen wir also das Klagen und trinken wir."

„Ich habe nichts gegen eine Unterhaltung gesagt."

„Willst du mir eine Brücke bauen?"

„Deine Beharrlichkeit ist beachtlich; wenn wir auf der Brücke sind, sind wir auch bald auf der Straße, die dann irgendwohin führen kann, wo man sich wohl fühlt oder gerne sein möchte."

„Es könnte auch Tolstois 'Krieg und Frieden' sein", erklärte er großmütig.

„Nee, dann berichte lieber von Staudte."

„Also doch 'Die Mörder sind unter uns'."

„Viele Wege führen nach Rom", lachte sie und nahm einen herzhaften Schluck.

Er zog mit: „Das sah nach Verzweiflung aus."

„Nein, das nicht", wehrte sie ab, „es ist mehr LMA oder auch unsere Grundstimmung. Aber nun schieß mal los, lade deinen kritischen Müll ab."

„Hört sich ein bißchen bissig an."

„Ist es auch, aber stör dich nicht daran. Also mit Schaffer warst du im Kintopp."

„Und sah den Vielgerühmten."

„Und hast Einwände."

„Woher weißt du?"

„Es hätte mich überrascht, wenn es nicht so wäre."

Rolf blickte sie verdutzt an: „Ist es so schlimm? Warum nimmst du es hin und korrigierst mich nicht?"

„Vielleicht bin ich manchmal nur zu faul und manchmal ist es auch ganz interessant, wenn du dich gegen Althergebrachtes stellst."

„Hast du Beispiele?"

„Die Menge, mein Lieber, allein schon deine 'Tell'-Interpretationen."

„Du lieber Himmel, was muß ich da hören, das ist doch der Schnee von vorgestern und vorwärts und rückwärts durchgekaut.

Ich kann mich aber nicht erinnern, daß du gegen ein Argument Einspruch erhoben hättest."

„Mag sein, ich habe das getan, was viele Frauen ihren Männern gegenüber tun: Ich habe deine Fragen zu wenig hinterfragt."

„Sehr allgemein formuliert, meine Liebe, bring es mal genauer."

„Na schön: Nehmen wir die leidige Debatte: Mord oder Totschlag, natürlich ist es Mord. Schiller läßt es Tell sagen, er macht kein Hehl daraus, aber es ist ein Tyrannenmord, der ihm zwar auch nützt, vornehmlich jedoch seinen Landsleuten. Wenn die ihn am Ende feiern als ihren Helden, nimm's doch nicht so schwer, auch wenn er sich zuerst verweigert hat, sich am Aufstand zu beteiligen. Weißt du, ich habe den Eindruck, daß wir da häufig übers Ziel hinausschießen, weil mit großen Worten und Begriffen soviel Schindluder getrieben worden ist: Vaterland, Ehre, Nation. Übrigens das wievielte Vaterland haben wir jetzt schon in Deutschland? Du hast noch ein Stückchen der Wilhelminischen Zeit, also dem 2. Deutschen Reich, mitgekriegt, dann die Weimarer Zeit, das 3. Reich und jetzt den sozialistischen Staat – und alle wollten und wollen geliebt und verteidigt werden. Wir sind da allergisch geworden. Schiller hatte nicht unseren Erfahrungsschatz, der hatte seine Kriterien, und das verbale Übermaß kann man ja weitgehend rausstreichen, nur mach keine Weltanschauung daraus. Wie er allerdings seinen Mord an dem Landvogt psychologisch vorbereitet, das ist schon verdammt gut."

„Gar nicht so übel, was du da entwickelst. Warum nicht früher?"

„Ach, ich sage dir doch, manchmal war ich einfach zu faul. Trotzdem fand ich deine Ablehnung der Stauffacherin richtig. Ich habe mich tatsächlich gefragt, warum muß die Frau das sagen und nicht Stauffacher selbst. Was bei seiner Frau wie ein unerträglicher Fanatismus erscheinen muß, könnte bei ihrem Mann als starker Freiheitswille wirken. Und um auf die Paracidas-Szene zu kommen, es ist schon richtig, wenn Schiller den Unterschied betont, aber das Wie von ihm und das Verhalten seiner Frau stößt ab; es wird zur moralischen Standpauke, nichts weiter. Bei allem Respekt vor dem großen Genie Schiller, da war er ein Kind seiner Zeit, wir haben es jetzt im 20. Jahrhundert etwas leichter, nicht nur durch unsere eigene Geschichte, die anderen Völker sind ja auch in diese Betrachtung einzuschließen."

Rolf lächelte sie freundlich an: „Ich teile deine Auffassung, meine Liebe."

„Na, manchmal hörte sich das ganz anders an."

„Das war alles sehr schlüssig, meine Kleine, aber jetzt muß ich dich doch fragen, warum erst jetzt und am Beispiel Tell nicht schon in Rostock?"

„Das ist sehr einfach, du bist eloquenter und redest mich leicht unter den Tisch, aber was wesentlicher ist, das, was ich denke und meine, könnte deine Probenarbeit sehr irritieren."

„Es kann es, muß aber nicht, eine Hilfe würde es immer sein."

„War es ja auch, lieber Rolfi, du hast es nur manchmal nicht bemerkt."

Rolf schenkte Wein nach:

„Ich werde in Zukunft mehr auf dich hören müssen."

Sie legte ihre Hand auf seinen Arm: „Schnapp nur nicht gleich ein, erzähl mir lieber etwas über deinen Kinobesuch. War Schaffer mit Frau?"

„Nein, nein. Ich glaube, sie ist an dem Thema auch so wenig interessiert wie du."

„Die meisten Frauen, wie ich bemerkt habe."

„Aber es ist ein brennend heißes Thema, Kind, die Mörder sind immer noch unter uns, in West und Ost."

„Meinst du – und Schaffer auch?"

„Der auch."

„Da du mich eben im Zusammenhang mit dem Tell wegen meiner kritischen Zurückhaltung gerügt hast."

„Das doch nicht, ich habe dir gesagt, daß es mir erwünscht wäre, wenn du etwas mehr tun würdest. Zumindest habe ich es so gemeint."

„Nolen, volens."

„Meinetwegen auch so."

„Nun mal im Ernst, Rolfi, wenn sie schon noch unter uns sind, die Mörder, von den braunen Rädelsführern abgesehen, wer ist oder wer war ein Mörder, lege aber bitte die antifaschistische Brille ab."

„Brauche ich nicht, ich habe keine auf, das weißt du doch. Um Mißverständnissen vorzubeugen, auch wenn ich das Thema immer noch als hochaktuell betrachte und das auch für die nächsten Jahrzehnte, dieser Film hat mich in seiner Aussage nicht überzeugt – und das nicht so sehr in der Stellung und Handlung des 'Mörders' als mehr in der angeblich positiven Gestalt des Unterarztes."

„Hab' ich's mir doch gedacht, daß du da wieder ein Haar in der Suppe finden würdest!"

„Da du die Suppe weder gesehen noch gegessen und auch nicht angerührt hast, Liebling, höre dir meine Gründe erst mal an."

Charlotte nippte ein wenig am Wein: „Nun, ich höre."

„Also, es spielt 1942 in Rußland, die Deutschen beginnen gerade mit ihren ersten 'Frontbegradigungen'. Du kennst doch die euphemistische Formulierung, wenn man vor dem Feind türmen muß, sagen wir es wertneutral, die eigene Stellung räumen muß und ein Kompanieführer, nicht von Adel, mehr Vertreter in 'grüner Seife', dreht durch, weil er angeblich beschossen worden ist, nimmt an oder ist überzeugt, daß das Partisanen waren, behauptet, Leute aus der Zivilbevölkerung wären diese Partisanen, und läßt sie erschießen. Die Lage ist durchaus realistisch, solche Situationen gab es oft an der Ostfront. Ein Unterarzt, der irgendwie zur Einheit gehört, interveniert nachdrücklich, kommt aber bei dem nervenschwachen Oberleutnant mit seinen Einwänden nicht durch, die Zivilisten werden erschossen. Die Russen brechen durch, der Einheitsführer sieht sein letztes Stündlein gekommen und schreibt seinen Lieben in der Heimat einen Abschiedsbrief, den der Unterarzt, wenn er durchkommen sollte, ihnen zustellen möchte. Auch das ist durchaus realistisch gesehen. Der Krieg ist, wie bekannt, zu Ende gegangen, und wir sehen dann die bekannte Trümmerlandschaft in den ersten Nachkriegsjahren und da auch den Unterarzt in seelisch desolater Verfassung und leidend dahinvegetieren, so stark, daß er vergessen hat, daß er Arzt ist, dringend benötigter Arzt ist, nicht vergessen hat er den Brief an die Lieben des Oberleutnants, stellt ihn schließlich zu – und trifft den großen Krieger lebend an. Jetzt erfolgreicher Geschäftsmann, das wär ja gelacht. Nun kommt das Positive ins Spiel: Der Unterarzt lernt eine junge Frau kennen, die von den Nazis eingesperrt war und ihn wieder aufrichten will, aber vor allen Dingen daran hindert, den früheren Kompanieführer über den Haufen zu schießen. Es kommt nicht zum Mord, aber zu einem ärztlichen Notfall, den er leistet und entdeckt, daß er eigentlich Arzt ist. Soll sogar Chefarzt einer großen Klinik gewesen sein. Kurz und gut, er ist wieder auf der rechten Bahn. So richtig und realistisch der Fall ist, so richtig zu unterstellen ist, daß die Mörder noch unter uns sind. Der Unterarzt mit seinem Erlebnis 42 in Rußland ist nach meinem Verständnis nicht glaubwürdig, ich glaube, ich sagte es schon oder deutete es an, weil in der Zeitspanne von 42–45 so viele solcher und ähnlicher militärischer Situationen das Erlebnis von 42 in den Hintergrund treten ließen oder ganz und gar löschen würden. Nimm als große Beispiele Lidice oder Oradour. Er wird es nicht unbedingt vergessen. Ich habe selbst im Krieg so etwas und ähnliches erlebt, war empört, enttäuscht und wütend, es nicht ändern oder verhüten zu können, habe aber nicht wie der Unterarzt jahrelang darunter gelitten und 45 festgestellt: Das darf nicht wieder passieren!"

„Nun gut, ich merke, du packst mich wieder verbal ein, ist es aber nicht möglich, daß sensiblere Charaktere es nicht so umsetzen können, es nicht so verarbeiten wie du?"

„Nach drei Jahren Rußland mit zahllosen Durchbrüchen, Ausbrüchen und Frontbegradigungen – schwerlich. Du weißt doch, ich war selbst im Partisanen-Einsatz, bin hinterrücks beschossen worden, bin auf Minen gefahren, und ich habe ebensowenig wie meine Kameraden im Sicherungsgebiet Zivilisten erschießen lassen. Ich habe ihnen geholfen, wenn es ging, habe sie sogar medizinisch von meinem Sanitäts-Unteroffizier betreuen lassen."

„Aber du weißt doch auch, daß es solche wie den Oberleutnant gegeben haben kann."

„Ja, natürlich, den 'Vertreter in grüner Seife' gab es, aber den Unterarzt, von Beruf Chefarzt einer großen Klinik, gab es nicht. Ich muß mich wiederholen. Kurz und knapp: Der Unterarzt und sein späteres Verhalten taugten nicht, um das Versagen von Führungskadern aufzuzeigen."

Rolf sah sie mit spöttischer Miene an:

„Eine kleine Randbemerkung noch:

Der Darsteller des angeblichen Helden, Borchardt, war ehemaliger Parteigenosse. Das hat aber in diesem Fall nur mit der Premiere des 1. deutschen

Films zu tun. Vertreter westlicher Siegermächte blieben der Premiere des russisch-initiierten Films fern."

„Woher weißt du?"

„Ich habe ein trainiertes Gedächtnis."

„Dann ist es also kein Verlust, diesen Film nicht gesehen zu haben."

„So würde ich es nicht sehen. Sie sind immer noch unter uns."

„Wer?"

„Die Mörder, meine Liebe – in West und Ost –, aber trotzdem gehe ich jetzt schlafen. Ich mache mich im Bad fertig."

28. Kapitel

„Kommen Herr Hassel und Frau Deutscher tatsächlich um 14 Uhr, wenn die Kartenlegerin hier erscheint, Rolf?"

„Das haben sie gesagt und unter Umständen auch noch Frau Wille und Frau Raumer. Aber die wußten es nicht genau."

„Nun gut, ein bißchen Trinkbares haben wir ja. Ehrlich gestanden, mir ist bei der Sache nicht ganz wohl, es ist ein bißchen lächerlich, auch wenn die Frau dich unten bei der Frau Schauerte irgendwie beeindruckt hat."

„Ja, hat sie, zumindest meine Krankheiten hat sie bestätigt und deine Mandeloperation doch auch."

„Na, hör mal, das kann man doch in der Nachbarschaft erfahren oder bei der Hausmeisterin."

„Ja, auszuschließen ist das nicht, aber mein Lieber, es war doch deine Idee, sie zu bestellen, und deine Kollegen haben doch auch daran Interesse."

„Ach, so ganz schmeckt mir die Sache nicht. Moment mal, es klingelt, ist sie das schon – zu früh kommt sie auch noch."

Charlotte bediente den Summer und öffnete die Wohnungstür.

Ulrich blinzelte kurz ins Zimmer: „Ist das die Wahrsagerin?"

„Ja, ja", lachte Rolf, „das ist sie, mach deine Schularbeiten."

Neugierig blickte Uli an der Mutter vorbei, als die Kartenlegerin, eine untersetzte, kräftige fünfzigjährige Frau, mit einem wesentlich jüngeren dunkelhaarigen, drahtigen Mann – offenbar der Geliebte, mutmaßte Rolf – in die Wohnung geschlurft kam. Irgendwie stimmt das Erscheinungsbild, konstatierte Konrad und begrüßte sie und ihren Begleiter.

Charlotte bot ihnen Platz an. Alkohol oder Obstsaft wurden freundlich abgelehnt. Mit sicherer Selbstverständlichkeit setzte sie sich an den Eßtisch, der Geliebte ließ sich bescheiden am Fenster nieder und holte aus einer großen Handtasche die Karten.

Rolf und Charlotte setzten sich ihr gegenüber.

„Stören Sie sich nicht an den Karten", sagte sie mit leichtem ostpreußischen Dialekt, „sie sind gar nicht so wichtig, Sie müssen sich nur nicht innerlich gegen mich und das, was ich sage, stellen, dann geht das schon."

„Da können Sie ganz beruhigt sein, ich bin zwar ein skeptischer Mensch, bemühe mich aber, offen zu bleiben."

Sie sah ihn mit ihren graugrünen Augen über hohen Backenknochen an.

Die „Weßkalene" in Sudermanns „Johannisfeuer" fiel ihm ein, die hier könnte das sein und auch aus der „Kalten Heimat" kommen.

„Sehen Sie, Herr Konrad, das Theaterspielen ist Ihre Kunst, das hier ist meine."

Sie mischte die Karten, legte ab, bildete Häufchen und ließ ihn abnehmen.

„Interessiert Sie die Zukunft besonders?" fragte sie ihn.

„Ich habe eine ambivalente Einstellung zur Zukunft", stellte er fest. Er hatte den Eindruck, daß sie nicht ganz verstand, was er meinte.

Uli konnte seine Neugier offenbar nicht beherrschen und schaute vorsichtig wieder ins Zimmer. Die Frau erblickte ihn und meinte, er würde nicht zum Theater gehen. „So", spöttelte Rolf, „das käme mir sogar entgegen – oder", er wandte sich an Charlotte. „Mir auch, so großartig finden wir die Theaterverhältnisse auch nicht."

„Und außerdem hat er noch reichlich Zeit."

Sie nickte zustimmend. „Ihre Krankheit haben Sie ja überwunden", stellte die Kartenlegerin fest.

„Ja, das dürfte sich inzwischen auch rumgesprochen haben", spottete Rolf, „aber ich habe eine andere Idee: Das mit der Zukunft, ob und wie und wie lange man überhaupt lebt, ist, mit Verlaub gesagt, mehr als fragwürdig, viel interessanter wären doch Fragen nach der Vergangenheit, können Sie da etwas sagen?"

Ihm war, als sähe sie ihn etwas erleichtert an, als wäre ihr das auch angenehmer. Warum eigentlich? fragte er sich verwundert.

„Über die Vergangenheit möchten Sie etwas wissen, o gerne."

Sie schichtete die Karten neu und anders, Häufchen mal so, mal anders.

„Nehmen wir mal meine Eltern", schlug er vor, „leben sie noch?"

Sie blickte ihn kurz an, hantierte mit den Karten und sagte nach einer kurzen Pause: „Nein, sie sind schon tot." „Und seit wann?" setzte er etwas unsicher nach.

„Das ist bei Ihrer Mutter etwas schwer, die ist schon lange tot." Er bestätigte überrascht: „Das stimmt, sie starb 1917, und mein Vater starb vor 3 Jahren."

„Nein, Herr Konrad, er starb vor 4 Jahren."

Rolf sah sie verlegen und unsicher an: „Warten Sie mal", er rechnete nach, „1949, ja, Sie haben recht, es ist 4 Jahre her." Reichlich verunsichert sah er die neben ihm sitzende Charlotte an. Nicht nur, daß sie die Zeit angab, sie korrigierte ihn, den Sohn. Woher wußte sie das, konnte sie das wissen? Charlotte wußte es nicht einmal so genau und blickte ihn fragend an. Und sie erwähnte auch beiläufig, daß er Geschwister habe und wie es um die bestellt sei.

Rolf Konrad verlor seine Selbstsicherheit, alles, was diese Babuschka mit den graugrünen Augen ihm mitteilte, stimmte. Aber woher, woher, das steht in keiner Personalakte, auf keinem Meldeschein. Bei Rolfs Verlegenheit stellte auch Charlotte dieselben Fragen über ihre Eltern. Wurde bestätigt mit den Ergänzungen, daß sie erhebliche gesundheitliche Probleme hätten.

Verwirrung breitete sich bei ihnen aus, aber bevor sie sich äußern konnten, ertönte die Wohnungsklingel.

„Uli, drück mal auf den Summer, daß werden die Kollegen sein. Wir können ins Nebenzimmer gehen, damit sie ungestört sind."

Hassel und Frau Deutscher traten ein, wurden bekanntgemacht, und es war ihnen anzusehen, daß sie nicht sonderlich von der Erscheinung der Kartenlegerin beeindruckt waren. Rolf, Charlotte und Uli gingen nach nebenan und setzten sich, immer noch reichlich verwirrt. „Ich glaube, da haben wir einen schönen Nasenstüber bekommen", stellte Rolf fest und setzte sich in einen Sessel. Er wirkte verunsichert und verlegen.

„Ihre Äußerungen über deine Eltern haben dich ziemlich irritiert, Rolf."

„Na, und ob! Zukunftsprophezeiungen nehme ich nicht ernst und deshalb wollte ich sie mit einfachen Fragen nach der Vergangenheit nur ein bißchen in Verlegenheit bringen, aber in Verlegenheit war ich und nicht sie. Ich frage mich natürlich, ob sie das irgendwie in Erfahrung bringen kann, daß meine Mutter nicht nur tot ist, daß sie schon lange tot ist, sie starb schon 1917. Weißt du es übrigens?"

„Ihr Todesjahr auf keinen Fall."

„Siehst du! Und als sie mich beim Sterbejahr meines Vaters korrigierte, da war meine Selbstsicherheit ganz schön im Eimer.

Da fällt mir ein, hast du nicht neulich erzählt, man hätte sie schon bei der Polizei zur Mitarbeit bei Ermittlungen herangezogen?"

„Ja, ja, bei der Frau Schauer hat sie so etwas angedeutet."

„Na, dann könnte sie doch …" er unterbrach sich, „ach, Quatsch, auf polizeilichen Meldungen stehen solche Fragen doch gar nicht drauf."

„Du mußt es wissen, du hast uns angemeldet, sonst bliebe doch nur der Geheimdienst."

„Ich bitte dich, was sollte das für einen Sinn haben, nein, nein, ich glaube, wir kommen an Shakespeare nicht vorbei."

Nachdenklich blickte Rolf vor sich hin: „Irgendwie fühle ich mich hilflos – und das wurmt mich."

Er bemerkte Uli, der die Eltern verständnislos ansah.

„Ach, Uli, willst du nicht wieder in dein Zimmer gehen?"

„Hast recht, Vati, ihr redet wieder so 'n Zeug, das versteht doch kein Mensch", versicherte er und schob ab.

Rolf lachte hinter ihm her: „Und er hat wieder mal recht."

„Deine beiden Kolleginnen Willi und Raumer werden wohl nicht mehr kommen. Wollen wir Hassel und seine Lore noch zu einem Trink einladen?"

„Könnten wir, wenn sie nicht das Bedürfnis haben sollten, so schnell wie möglich nach Hause zu kommen."

„Du denkst an unsere Überraschungen."

„O ja, meine Liebe, das waren echte Überraschungen."

„Und willst du daraufhin nicht noch etwas über unsere Zukunft hören?"

Er hob abwehrend die Hände: „Gott bewahre, da möchte ich lieber ahnungslos bleiben, meine Skepsis kann ich ja beibehalten."

Im Nebenzimmer wurden Stühle gerückt. Hassel öffnete die Tür: „Wir sind am Ende, Herr Konrad. Wie halten wir das mit einem Honorar?"

„Das übernehmen wir." Charlotte trat zur Kartenlegerin und ihrem drahtigen Jüngling, die am Tisch standen, drückte ihr unauffällig 20 Mark in die Hand und verabschiedete sie freundlich.

„Fragen darf man nicht, Herr Hassel", wandte sich Konrad an den Kollegen.

„Ach wissen Sie, da war nicht viel, und daß wir am 20. Juni nicht heiraten werden, wie sie sagt, davon wird sie uns nicht abhalten können, da unser Aufgebot schon lange ausgehängt ist." Er blickte zur Uhr: „Aber wir müssen gehen. Vielen Dank, Frau Konrad. Wir müssen uns mal zusammensetzen."

„Ja, das können wir tun, es würde uns freuen", erwiderte Charlotte und geleitete die beiden zur Tür.

29. Kapitel

„Schatz, schläfst du noch?" Charlotte Konrad blickte ins Zimmer ihres Mannes, „ich möchte das schöne Wetter noch nutzen und auf die Galgenberge gehen, nur 'ne Stunde, von vier bis fünf."

Rolf drehte sich auf der Couch zu ihr um: „Wo ist Uli?"

„Der hat sich mit Freunden verabredet, sie wollen Fußball spielen."

„Hoffentlich nur das und nicht wieder im Steinbruch auf den Galgenbergen rumturnen. Das gefällt mir ganz und gar nicht!"

„Aber er macht es gerne, das weißt du doch."

„Ja, leider, die üblichen Mutproben und die Unterschätzung der Gefahren, alles selber erlebt, dämlicherweise sogar als Erwachsener. Aber das ist der Schnee von vorgestern." Er richtete sich auf, „wir müssen leider alle unsere Fehler allein machen."

„Wie recht du mal wieder hast, mein großer 'Filosof', kommst du nun – oder kommst du nicht? Wir können dabei gleich noch nachsehen, ob unser Filius da oben rumturnt, einverstanden?"

„Gut, ich mache mich fertig." Er ging ins Bad, zog Hose und Jacke an und stand schon an der Tür, als Charlotte noch vor dem Flurspiegel überlegte, ob sie die grüne oder blaue oder rote Bluse anziehen sollte.

„Zieh die lindgrüne an, Liebes, ich mag die Farbe am liebsten."

„Und ich?" fragte sie im gespielten Trotz.

„Wann wirst du endlich mal parieren, Kleine, du machst solange, bis ich dir kein Wirtschaftsgeld mehr gebe!" Er faßte sie um die Schulter und verließ mit ihr Wohnung und Haus.

Es war ein freundlicher Nachmittag, die Sonne wurde ab und zu von Schönwetterwolken bedeckt, und ein leichter Wind spielte im Laub der Bäume. Bänke im unteren Teil der Galgenberge waren von älteren Frauen und Männern besetzt, die sich im etwas müden Sächsisch der Hallenser einsilbig unterhielten und zwischendurch in die Sonne blinzelten.

„Legen wir uns auf unseren alten Platz oder wollen wir uns auf eine Bank setzen, Rolf?"

„Ich möchte mich langmachen. Übrigens hast du mir noch gar nichts von deinem Einspruch in der Schule erzählt. Was ist an der Sache, ich nehme an, daß Ulrich sich verhört oder seine Lehrerin sich nicht klar ausgedrückt hat." Er wies auf ihren Stammplatz auf der Wiese: „Legen wir uns erst einmal."

Sie legten sich links- und rechtsseitig auf den Rasen.

„Leider stimmt es, was Uli gesagt hat, die Lehrerin hat es mir gegenüber wiederholt und war sogar richtig stolz darauf, daß ein Schüler ihrer Klasse in eine Fördergruppe kommen soll, um später in Moskau studieren zu können. Was sagst du dazu?"

Rolf sagte gar nichts und sah sie nur einen Moment ungehalten an; bevor er jedoch losschimpfen konnte, faßte Charlotte ihn an die Schulter: „Bitte, Rolf, nicht. Natürlich ist das für uns eine Zumutung, aber das muß man den roten Brüdern nicht unbedingt sagen. Ich habe der Lehrerin freundlich für ihr Interesse gedankt, aber darauf hingewiesen, daß wir für Uli die Verantwortung tragen."

„Es bleibt trotzdem eine Zumutung", bemerkte Rolf mit unterdrückter Stimme. „Aber täuschen wir uns nicht, die werden später wieder darauf zurückkommen. Ich hoffe, daß ihnen bis dahin etwas die Felle weggeschwommen sind. Im Augenblick sind sie ja ziemlich verunsichert. Der neue Kurs in der Wirtschaftspolitik, den Grotewohl gestern im Radio angesagt hat, verrät meines Erachtens ziemliche Probleme ihrer Planwirtschaft. Die Korrekturen werden kaum etwas bringen und verraten eher eine erhebliche Unsicherheit."

„Ob das noch mehr werden könnte, Rolf?"

„Das glaube ich nicht, es scheinen mehr kosmetische Korrekturen zu sein, ihre Ideologie läßt da wenig zu."

„Du meinst, es geht so weiter?"

„Wird wohl, meine Liebe; sie werden weiter die Fehler nicht im System sehen können, das läßt doch ihre Ideologie nicht zu, und andere dafür verantwortlich machen – und die braune Vergangenheit bietet ja genug Möglichkeiten dazu. Der Film gestern war ja ein Beispiel dafür."

„Ich fand ihn aber gut!"

„Na ja."

„Was denn, Rolf, findest du da auch wieder ein Haar in der Suppe? 'Ehe im Schatten' ist ein guter Film, da kannst du mir sagen, was du willst!"

Er sah sie spöttisch an und legte sich auf den Rücken. Nach alter Gewohnheit breitete er seine Arme aus: „Du bist gefühlsmäßig stark engagiert."

„Wer ist das nicht beim Schicksal von Joachim Gottschalk!"

„Ja, wer ist es nicht", nach einer kleinen Pause fuhr er fort, „und gerade das verpflichtet, etwas genauer hinzusehen."

„Ach, Rolf, jetzt machst du wieder alles kaputt!"

Er griff mit seiner rechten Hand zu ihr hinüber: „Das möchte ich natürlich nicht und ich habe gestern abend im Kino auch gesehen, wie du die Tränen heimlich weggewischt hast – nebenbei war ich auch ziemlich dicht dran. – Ich befand mich da in einer ambivalenten Stimmung, das Bewußtsein von Joachim Gottschalks Schicksal belastete mich gefühlsmäßig genauso wie dich, aber ich begreife jetzt immer noch nicht, warum er nicht emigriert ist. Es tut mir leid, Liebes, mein Mitgefühl entbindet mich nicht, sondern verpflichtet mich, etwas genauer hinzusehen, ich sagte es schon, und was sehe ich da: der Film wird seinem Schicksal nicht gerecht – und das ärgert mich, ärgert mich sehr."

„Nein, mein Lieber, diesmal kannst du mich nicht unterbuttern!"

„Ach, Herzchen, das habe ich nie gewollt und in diesem will ich es auf keinen Fall, aber mein Eindruck war, dieser Film, wie er gestaltet und angeboten wurde, wird Joachim Gottschalks Schicksal nicht gerecht, ich muß mich hier wiederholen."

„Dann sag nun endlich warum?"

„Gut, es liegt meines Erachtens an der Dramaturgie und an der Darstellung. Die Steppat finde ich ausgesprochen schwach, sie leidet still dahin und wenn sie Gefühl zeigen muß, verhaucht sie nur den Text, der Typ Jüdin reicht für diese Aufgabe nicht aus, und die andere schwache Besetzung ist ihr Verehrer und spätere braune Fiesling von Klaus Holm, der mit seinen Aus- und Umbrüchen oft in der Nähe der Hysterie lag. Die Knallcharge des Hauswarts war zweihundertprozentig; es kann durchaus sein, daß es solche gegeben hat, aber mir war es einfach zuviel. Ebenso der Jude, von Balthof gespielt, weniger wäre mehr gewesen."

„Und was hast du an Paul Klinger auszusetzen, du Meckerkopf?"

„An ihm, nichts, ich mag ihn und schätze ihn sehr, nur konnte er seine Qualitäten in dem Film nicht einsetzen, weil er durch die authentische Vorgabe Joachim Gottschalks zur Passivität gezwungen war. Gottschalk hat sein Schicksal erlitten, er hatte, wenn ich es richtig sehe, nicht die Kraft, gegen das braune Lumpenpack Front zu machen, jedenfalls nicht in dem Film 'Ehe im Schatten', und im Leben tat er es auch nicht. Ich sagte ja schon, daß ich mich gewundert habe, warum er nicht emigrierte. Nein, nein, meine Liebe, dieser Film wird dem tragischen Schicksal Gottschalks nicht gerecht. Übrigens war die Liebesbeziehung im Film nicht gerade stark, und ich war überrascht, daß sie zur Ehe geführt hat. Sollte die Eheschließung zwischen beiden ein Opfer Gottschalks gewesen sein? Ich habe es nicht erkennen können."

„Ich weiß, du kannst immer nur verreißen!"

„Dein Vorwurf ist nicht gerecht, ich freue mich, wenn mich etwas überzeugt, aber ich möchte überzeugt werden. Der Film hat mich nicht überzeugt, und ich bin verärgert, weil das tragische Schicksal Gottschalks nicht adäquat gegeben wurde. Ich schätze ihn als einen sensiblen, noblen Schauspieler, ob er es auch privat war, weiß ich nicht."

„Jetzt wird mir auch klar, warum du gestern nach dem Kino so schweigsam warst."

„Ja, ich sah deine Anteilnahme, aber war mir noch nicht klar, woher meine zwiespältigen Gefühle kamen."

„Und jetzt weißt du es?!"

„Ich denke doch: Der darstellerisch potente Klinger konnte seine Potenz nicht einbringen, weil der passive Charakter Gottschalks nichts zuließ, und die darstellerischen Ausdrucksmittel der Steppat reichten nicht aus, um die Jüdin in der Situation glaubhaft zu machen. Da die Defa den Film gedreht hat, wurde simplifiziert. Mätzig hat seinen eigenen kritischen Verstand offenbar schon eingebüßt. Ich gebe zu, das ist eine böse Bemerkung, lassen wir es also."

Rolf richtete sich auf: „Nebenbei haben wir nicht nur geschwiegen, wir haben uns doch sehr lebhaft über die Wochenschau unterhalten und über die braven Bürger amüsiert, die uns zeigen mußten, wie die so bösen Amerikaner gerade eben Kartoffelkäfer auf unseren fruchtbaren Ackerboden geworfen hatten, Kamera nach oben und dann ins Kartoffelkraut und in die aufgeweckten Gesichter unserer Brüder und Schwestern. Das war schon sehr überzeugend und wird ein paar Kollegen ein Tageshonorar gebracht haben."

„O Gott, daß sie das nicht lassen können!"

„Können sie nicht, Kind, Holzauge sei wachsam. Aber genug davon, laß uns nach Hause gehen."

Er stand auf, reichte ihr die Hand: „Komm, Schätzchen, sonst fallen wir bei unserem Sohn in Ungnade."

Charlotte ließ sich von ihm hochziehen: „Das können wir natürlich nicht riskieren." Sie blickte sich um: „Ein schöner Platz und leicht zu erreichen, hoffentlich können wir hier länger wohnen bleiben als in Rostock."

„Ja, hoffentlich, aber wenn es mit der Gastspieltätigkeit klappen sollte, müßte es gehen."

Am Ende der Fleischmannstraße sahen sie Ulrich vor der Haustür stehen. „Unser Herr und Gebieter wartet schon, laßt uns eilen, Meisters", bemerkte Rolf gutgelaunt.

30. Kapitel

„Rolf! Rolf! Rolfi!" Charlotte Konrad schloß die Wohnungstür heftig und stürzte ins Zimmer ihres Mannes, bevor er auf ihre Rufe reagieren konnte.

„Herr des Himmels, was ist denn los?"

Er blickte überrascht von seiner Lektüre auf. Charlotte warf erschöpft ihr Einkaufsnetz in einen Sessel und setzte sich: „In der Stadt ist was los!"

„Mein Gott, du bist ja ganz außer Puste, was ist denn los?"

„Es gehen viele Leute zum Hall-Markt runter."

„Ja und?"

„Da soll was los sein!"

„Was, was, was soll da los sein?"

„Weiß ich nicht, denke nur an die Nachrichten aus Berlin über die Unruhen: in der Stalinallee; Potsdamer Platz."

„Na ja, die roten Brüder bagatellisieren und der RIAS übertreibt, das kennen wir doch schon!"

Charlotte machte eine ungeduldige Geste: „Aber wir könnten – sehen, ob sich hier auch was tut."

„Natürlich könnten wir mal sehen, was es da gibt."

„Ja, eben. Ich lege die Sachen gleich in die Küche."

Rolf hatte Schuhe und Jacke angezogen und stand im Flur: „Was machen wir mit Ulrich, nehmen wir ihn mit?"

„Nein, auf keinen Fall, wer weiß, was es ist. Warte, ich sag' ihm, daß wir weggehen."

Uli blickte von einem dicken Buch auf: „Ist was, Vati?"

„Nein, nichts Besonderes. Was liest du denn da, Uli? Ach, den Bildband über die Erdgeschichte, geht das denn schon?"

„Ja, die Bilder sind schön und was drunter steht, verstehe ich auch, Vati."

„Na, fein, Uli, wir gehen nur mal in die Stadt, wissen aber nicht, wann wir wieder da sind, und schließen die Wohnungstür ab."

„Ist gut, ich weiß Bescheid."

Charlotte rief vom Flur: „Tschüs, Kleiner, wir sind bald wieder da!" Sie wandte sich an Rolf: „Menschenskinder, wenn wir hier auch so was zuwege bringen!"

Sie verließen das Haus. Die Reilstraße war etwas belebter als sonst und die Straßenbahn, die vom Zoo in die Stadt fährt, war stärker besetzt, aus der Stadt kam überhaupt keine mehr.

„Fahren oder gehen wir, Liebes?"

„Gehen, Rolf, wir sind zwar später unten, sehen aber mehr, was sich auf der Straße tut, meinst du nicht?"

„Wir wissen bisher noch gar nichts. Schau, rechts, da kommen einzelne Gruppen und alle gehen in die Stadt runter."

„Ob man mal fragt, Rolf?"

„Nee, einfach nur treibenlassen. Du, es werden immer mehr und von links kommen Arbeiter in Kluft und auf der Straßenmitte, siehst du. Sie fordern Zuschauer auf, mitzumarschieren", stellte Rolf mit erregter Stimme fest. „Mensch, hier ist was los, hier passiert was!"

„Aber was, Rolf?" Sie hielt sich fest an seiner Seite.

Rolf fragte ein älteres Ehepaar, das sie überholt hatten, nach dem Wohin. „Zum 'Hall-Markt', Sie doch auch! Wir machen es wie die Berliner!"

„Ja, wir auch – und da!" Laute Rufe von der Straßenmitte: „Kommt mit, kommt zum Hall-Markt!"

Je weiter Rolf und Charlotte in die Stadt kamen, um so mehr trafen sie Männer und Frauen, die sich ihnen anschlossen, ihre Zustimmung äußerten, auf dem Marktplatz zu demonstrieren. Aus den Geschäften kamen sie, vor den Geschäften standen sie und versicherten, daß sie nachkommen würden.

Sie kamen durch die Bernburger Straße in die Geisstraße, das allgemeine Ziel war der „Hall-Markt". Vom Moritzburgring stieß eine weitere Gruppe auf die Straßenmitte zu ihnen. Durch die enge Große Ulrichstraße ging es zum Marktplatz. Von weitem waren große Menschenmengen auf dem Platz zu sehen.

„Siehst du, Rolf, es sind schon Tausende und es kommen immer noch mehr, und es hat sie niemand gerufen oder aufgefordert."

Sie beschleunigten ihre Schritte, als könnten sie zu spät kommen, die letzten sein, denn das war ihnen klargeworden: Das war nicht im Parteiauftrag organisiert, hier traf man sich, um etwas zu artikulieren, etwas zu sagen, was man schon lange sagen wollte, sagen mußte, wollte die Unlust, den Unmut loswerden, die Verachtung und auch den Haß loswerden gegen die da in Berlin, gegen die Partei.

Beide mischten sich unter die Tausenden, die auf dem Platz versammelt waren. Das Denkmal Händels neben der Marienkirche fiel ihnen ins Auge. Man hatte ein Plakat daran gehängt mit der Aufschrift: „Spitzbart, Bauch und Brille, das ist nicht des Volkes Wille!" Rolf lachte grimmig, das entsprach ganz der Gemütslage. Eine nervöse Gespanntheit lag über den Tausenden, die dichtgedrängt um die Kirche herumstanden, nur hinten am Rathaus war so gut wie niemand zu sehen.

Charlotte faßte Rolf am Arm: „Wieviel mögen das sein, Rolf?"

„Ich habe wenig Erfahrungen, so etwas zu schätzen." Er sah sich um, zählte die Gruppe, die andere, überschlug hundert und noch einmal hundert, erweiterte, kam auf tausend, zehntausend und über zehntausend, „ich schätze über zehntausend bis dreißigtausend", wandte er sich an Charlotte. Knacken in einer Lautsprecheranlage war zu hören, Stimmen von Männern im Hintergrund, die übertönt wurden von lauter Zustimmung, als aus einem hohen Gebäude am Rand des Platzes Akten, Hefte und Papier auf die Straße flogen.

„Das ist eine Parteidienststelle, nehme ich an", bemerkte Rolf. Die Umstehenden applaudierten, im Lautsprecher ertönte eine Männerstimme: „Bürger von Halle, wir sind hier zu einer Protestversammlung zusammengekommen, ungezwungen und aus freien Stücken, um denen da oben zu sagen, daß wir mehr Freiheit haben wollen und freie Wahlen, um die Regierung wählen zu können, die unsere Interessen vertritt!"

Begeisterte Zustimmung bestätigte die Worte. „Nieder mit der Partei, nieder mit der SED!"

„Menschenskinder, Kleine, zwick mich in den Arm, ich kann es nicht glauben, ich träume doch!"

Rolf Konrad konnte es nicht fassen, daß da, ein paar Meter von ihm entfernt, auf einem provisorischen Podest solche Forderungen gestellt werden konnten, Tausende stimmten begeistert zu, und keine Volkspolizei war zu sehen, kam mit Knüppeln, Hallenser Bürger standen zu Tausenden und stimmten dem zu, wollten, daß endlich Schluß gemacht wird mit dem faulen Zauber einer angeblichen Volksherrschaft. Kein Parteiauftrag und kein Gebot hat sie hierhergeführt, das ist ja wie beim ollen Schiller: Wir wollen sein ein einzig Volk von Brüdern! dachte er verwundert. Weitere schlichte Sätze kamen von da vorn, einfach formuliert, das da waren keine geschulten Funktionäre, sie redeten sich etwas vom Herzen runter, sie sagten einfach nur das, was sie empfanden, was sie bewegte. Und noch mehr wurden angesagt: Arbeiter von Leuna und weitere von Buna. Beifall brandete auf, Zustimmung, immer wieder, auch wenn nur schlichte Forderungen erhoben wurden. Das zu können, einfach nur zu können, vermittelte ein starkes Gefühl, das Gefühl einer Befreiung? Und drüben am Rathaus, Konrad blickte immer wieder hinüber, aber da geschah nichts, keine Volkspolizei rückte an. Vereinzelt sah er hier und da ihre blaue Uniform in der Menge und mitdemonstrieren. Eben wurde unter großem Beifall die Öffnung der Gefängnisse mitgeteilt. Hoffentlich für die richtigen Gefangenen. Nur ein kurzer Gedanke, aber wer wollte, wer konnte das im Augenblick unterscheiden, das wird man später noch überprüfen müssen.

Eine neue Stimme im Lautsprecher verkündete, daß in allen größeren Industriestädten der DDR Protestveranstaltungen stattfinden würden. Eine überwältigende Begeisterung brach aus, ein großes Gefühl, ein starkes Gefühl erfaßte Rolf. Er drückte Charlotte an sich: „Mein Gott, Kind, wer hätte das gedacht, das ist das Ende der roten Brüder. Er blickte wieder um sich, sah die Zehntausenden, wer könnte das noch in Frage stellen, hier sprach das Volk unüberhörbar, stellte er freudig erregt fest und sah zu Charlotte, die nur verhalten zuhörte: „Was ist, freust du dich nicht, ist das nicht eine gewaltige Sache!"

„Das ist es – im Augenblick sieht es sehr gut aus", erwiderte sie zögernd, „aber wo ist die Volkspolizei?"

„Ich habe einige blaue Uniformen unter der Menge gesehen, die machen anscheinend mit."

„Vereinzelt, Rolf – und die Russen? Was ist mit denen?"
„Ja, die habe ich bisher noch nicht gesehen."
„Eben – die Russen?"
„Sind nicht zu sehen. Seid wann bist du skeptisch, Kind, das hier sieht doch alles ganz günstig aus, hier ist doch was in Gang gekommen."
Eine Durchsage unterbrach ihre Unterhaltung: Man wolle mit den anderen Demonstrationen, besonders mit Magdeburg, Kontakt aufnehmen und bitte um Freiwillige, die Verhandlungen führen können.
Lautstarke Zustimmung.
„Ob ich da mitmache, Charlotte, was meinst du? Leider habe ich heute Vorstellung. Wie geht das überhaupt?"
Er blickte zur Uhr. „Und Ulrich, mein Gott, den haben wir ganz vergessen. Wir sind schon einige Stunden weg und müssen umgehend nach Hause. Komm, wir müssen gehen, die Straßenbahnen fahren ja nicht."
„Mein Gott, ich habe auch nicht daran gedacht, laß uns gehen, aber wie geht es hier weiter?" „Wir kommen wieder!"
Sie schoben sich durch die Menge in Richtung Große Ulrichstraße/Geisstraße. Zuerst ging es nur langsam, am Ende der Geissstraße kamen sie zügiger voran. Es hatten sich schon mehr Teilnehmer auf den Heimweg gemacht, zumindest hatte es den Anschein. Warum, fragte sich Rolf, haben die auch ihre Kinder eingeschlossen?
Mehrfacher peitschender Knall und ein zwitscherndes Pfeifen stoppte sie, Mörtel spritzte an Häusern vor ihnen. Rolf riß Charlotte in die nächste Haustür. Sie blickte ihn erschrocken an: „Was ist, Rolf?" „Hier wird geschossen. Ich weiß nur nicht, woher die Schüsse kommen, hier ist der Reil und dahinten liegt die Bezirksregierung. Komm, wir laufen bis zur Poliklinik und gehen dann zügig weiter. Jetzt ist es halb drei."
Er faßte sie an die Hand und lief erst schnell und dann verhalten bis zur Klinik. Hier verschnauften sie kurz und gingen dann im scharfen Tempo die Bernburger, dann die Reilstraße bis zur Fleischmannstraße. Schnell sprangen sie zur 3. Etage hinauf. Uli stand im Flur und blickte sie unsicher an: „Da seid ihr ja, wo wart ihr denn solange, ich wußte gar nicht, was ich davon halten soll, und habe mir selbst was zum essen gemacht."
Rolf klopfte ihm anerkennend auf die Schulter: „Das hast du gut gemacht, Uli, wir waren verhindert und konnten nicht so schnell zurück. Mutti macht das Essen. Hast du etwas nur zum Anwärmen oder Spiegeleier, damit es schnell geht, Liebes?"
„Ja, ja, ich bin schon dabei!" rief sie aus der Küche, „ein viertel Stündchen wird es allerdings dauern!"
„Soll mir recht sein, ich schenk' mir inzwischen zur Feier ein Bier ein!"
„Du meinst?" Er trug sein Bier in ihr Zimmer und setzte sich in einen bequemen Sessel und trank. Nachdenklich setzte er das Glas ab.

„Irgendwie bin ich verunsichert, nicht nur wegen der Schüsse am Reil. Auf dem Hall-Markt war doch alles ganz eindeutig."

„Ja, es hatte den Anschein", schränkte Charlotte ein, „aber wo waren die Russen oder die Volkspolizei? Ich will dich nicht irritieren, aber da kommt noch was, ich fürchte die Zeit ist nicht für uns. Es ist gleich 15 Uhr, stell doch das Radio an, aber nicht nur RIAS, stell auch die roten Sender ein."

„Ja, ja, du hast recht, von denen werden wir jetzt eher erfahren, was hier läuft."

Er schaltete das Gerät ein und erfuhr noch zu Beginn der Nachrichten, daß amerikanische Agenten den seit langem vorbereiteten Tag X gestartet und Unruhe in die friedfertige Bevölkerung gebracht hätten. Zur Abwehr der faschistischen Aktionen sei in den gefährdeten Gebieten der Ausnahmezustand verhängt worden. Die Standortkommandanten der Sowjetischen Armee hätten Anweisung, jede feindliche Aktion mit allen Mitteln zu bekämpfen.

„Hörst du, Schatz?" rief Rolf zur Küche hinüber.

„Ja, ja, aber ich höre hier auch etwas von der Straße, ein Lautsprecherwagen gibt dasselbe bekannt, warte mal", sie riß ein Fenster zur Straßenseite auf. Eine plärrende Stimme wiederholte die Verhängung des Ausnahmezustandes für die Stadt Halle. Jede Ansammlung von Gruppen über 2 Personen wäre verboten und würde aufgelöst und von 19 Uhr abends bis morgens 6 Uhr sei bis auf weiteres Ausgangssperre, alle Verstöße gegen die Bestimmungen würden nach dem Kriegsrecht bestraft.

Rolf, der auch ans Fenster getreten war, ging an seinen Platz zurück. „Schließ das Fenster, Kind, was jetzt kommt, können wir uns an den Fingern abzählen."

„Wolltest du nicht noch einen westlichen Sender hören?" Wütend brach es aus ihm heraus: „Wozu noch, Kleines, die Roten sind inzwischen aufgewacht, und die Reaktionen der westlichen Seite kann ich mir denken. Wenn die Russen sich eingeschaltet haben, könnte es nur noch eine militärische Lösung geben – und die wird der Westen nicht riskieren. Das tut er nie – und wir können uns nicht einmal beklagen, weil wir vor 20 Jahren den braunen Ganoven gefolgt sind", bemerkte er bissig. Er schlug mit der Faust auf den Tisch: „Wir werden das nie mehr los!"

„Rolf, kommt essen, es ist soweit!"

„Was hat denn Vati?" fragte Uli leise.

Charlotte strich ihm leicht über den Kopf. „Ich glaube nicht, daß du das schon verstehst, mein Herz, wasch dir schnell die Hände, damit wir essen können."

Rolf setzte sich an den Tisch:

„Ob unser Nachbar schon weiß, wie es mit den Abendveranstaltungen läuft?"

„Bei Ausgangssperre werden sicher keine stattfinden, die Frage kannst du dir ersparen, guten Appetit!"

„Hast recht und die Probenarbeit, da stehen doch mehr als zwei Personen nebeneinander", lachte er grimmig.

„Berührt dich doch nicht; es laufen die letzten Proben 'Romeo und Julia' und da bist du nicht drin. Die Vorstellungen werden ausfallen, solange die Ausgangssperre besteht. Es wird für dich ein ruhiger Abschluß der Spielzeit."

„Auch mal gut. Die Generalprobe von Romeo werde ich mir ansehen, kommst du mit?"

„Ich möchte mir lieber die Premiere ansehen, das ist immer feierlicher, na, sagen wir lieber, spannender. Aber kommen wir wieder auf unsere Demonstration zurück, auf die Politik: Ist da noch was offen, Rolf?"

„Glaube ich nicht, die Roten sind inzwischen wieder am Zuge."

„War alles umsonst?"

„Es hat den Anschein, sonst könnten sie nicht mit dem Lautsprecher durch die Straßen fahren ohne Deckung der Russen."

Er blickte zur Westminster-Uhr: „Wie lange hat der Traum gedauert, fünf Stunden." Er hörte nach draußen: „Der Lautsprecherwagen fährt wieder zum Bergzoo hinauf, aber fünf Stunden waren sie weg vom Fenster."

„Wenn doch die Russen nicht wären", seufzte Charlotte.

„Das verdanken wir auch dem braunen Monstrum aus Österreich", bemerkte Rolf bissig. „Es geht immer wieder darauf zurück, es ist zum Heulen, wo hatten wir nur vor zwanzig Jahren den Verstand!"

„Was ist, Vati?"

„Ach, Ulrich, das verstehst du nun wirklich noch nicht."

„Dann erklär es mir, du redest doch sonst soviel", bockte der Junge.

„Gut, bei der nächsten Gelegenheit, ich muß da nämlich sehr weit ausholen. Jetzt werde ich mir erst mal jeden Sender anhören, um zu erfahren, wie das alles in der Welt gesehen wird. Vielleicht erfahre ich dabei auch etwas über unsere Verhältnisse hier in Halle. Nach Lage der Dinge werden wir keine Unterstützung bekommen, der Zug ist abgefahren, aber schon vor einigen Jahren. Es ist zum Verzweifeln!"

Er stand auf und ging in sein Zimmer.

31. Kapitel

Durchdringend gellte Konrads Wohnungsklingel dreimal kurz – lang.

„Mein Gott", schreckte Charlotte zusammen, „was hat er denn?"

Uli erschien in der Tür seines Zimmers: „Ist das der Vati?" fragte er verwundert.

„Offenbar", antwortete seine Mutti, „und da ist er schon. Sag mal, geht's nicht anders?"

„Das schon!" Er warf mit einem Schwung seinen Blouson an den Garderobenhaken, „aber mir ist nun mal danach!"

„Wonach? Laßt's hören, Gevatter." Sie hing sich an seinen Arm und ging mit ihm in sein Zimmer: „Der Ausnahmezustand ist doch schon lange aufgehoben."

„Ja, Gott sei Dank, das ist schon Geschichte."

„Was ist es sonst, mein Herzensschatz, nun komm schon!"

„Nun rede schon", bedrängte ihn Uli von der anderen Seite, „mach's nicht so spannend."

„Ihr laßt mich mit eurer Fragerei nicht zum Reden kommen: Ich habe in der Theater-Kantine Herrn Dietel von der Berliner Vermittlung getroffen und eine gute Unterhaltung geführt."

„Kannst du es nicht deutlicher sagen?"

„Gemach, Herzchen. Uli, hol mir doch bitte mal eine Selters aus der Küche. Also zur Sache: Dietel gab mir die verbindliche Zusage, daß ich am 1. September als Präsident in 'Kabale und Liebe' in Quedlinburg gastieren kann, die Gage ist nicht ganz so wie hier, 800 Mark. Der Vertrag läuft für die Zeit September bis November und wird mir in den nächsten Tagen zugestellt – was sagste nun?"

„Nur bis zum November – und danach?"

Er tätschelte ihre Hand: „Noch nicht ganz fest, aber mit großer Wahrscheinlichkeit schließt sich am Kleisttheater in Frankfurt ein Gastspiel als Posa im 'Don Carlos' an, mit gleicher Gage."

Er nahm einen Zug seiner Selters.

„Aber auch nur 3 Monate, nehme ich an."

„Das allerdings, aber damit sind wir noch nicht am Ende: Quedlinburg bringt im Januar/Februar 'Rose Bernd', in dem ich den Flamm spielen soll."

Er blickte sie erfreut an: „Was sagst du nun?"

Charlotte atmete erleichtert auf: „Das sind wirklich erfreuliche Nachrichten, und wenn du willst, kannst du gleich noch mal an der Haustür Alarm klingeln. Verbindlich ist zuerst einmal ab 1. September 'Kabale'."

„Ganz recht und so gut wie ist der 'Posa' und auch der 'Flamm'."

Er sah sie einen Augenblick nachdenklich an und fuhr fort: „Ich bin am Posa noch aus einem besonderen Grund interessiert: Ich muß nach Frankfurt über Berlin fahren und will dabei eruieren, wie es in Marienfelde im Flüchtlingslager läuft. Die Flüchtlingszahlen sind ja wieder angestiegen, aber wir erfahren nur, wer es geschafft hat und nicht, wer von den roten Brüdern geschnappt wurde. Ich werde mir im November selbst ein Bild machen können, so ganz nebenbei. Ich werde die Strecke ja öfter fahren müssen."

„Ach, Rolf, ich habe unseren vergeblichen Fluchtversuch in Rostock immer noch in fürchterlicher Erinnerung. Geht es nicht anders, willst du immer noch raus?"

„Aber Liebes, das steht doch nach dem 17. Juni überhaupt nicht mehr in Frage, nur der Zeitpunkt und der Weg ist es. Wir sind hier festgesetzt, und der Westen kann und wird uns nicht helfen, und ich könnte mir vorstellen, daß man alles noch dichter macht."

„Wie denn noch, Rolf?"

„Was weiß ich, die einzige Alternative zum Staat der roten Brüder mit seiner verlogenen Ideologie ist nur durch einen Krieg zu erreichen und den wird kein westlicher Staat für uns riskieren; ihre Bevölkerung läßt das niemals zu. Aber das haben wir seit dem 17. Juni oft genug besprochen."

„Ja, allerdings haben wir das, vorwärts und rückwärts. Um auf deine Gastspiele zu kommen: Ist das alles seriös?"

„Seriöser geht es nicht, die Berliner Vermittlung arbeitet ja im amtlichen Auftrag. Das einzige Haar in der Suppe liegt darin, daß wir wieder einen doppelten Haushalt führen müssen, aber mit der Gage geht es durchaus, und ich bin wieder viel auf Achse. Darauf bin ich allerdings schon studiert."

„Hast du mit Herrn Dietel solange verhandelt, Rolf?"

„O nein, das ging verhältnismäßig schnell; er hatte beim Pförtner eine Nachricht für mich hinterlassen, daß er im Haus ist, und wir konnten uns vor der Generalprobe 'Romeo und Julia' noch treffen."

„Ach ja, morgen ist die letzte Premiere der Spielzeit. Konntest du dir die Probe ansehen?"

„Ja, das Interessanteste schon."

„Und wie war dein Eindruck?"

„Recht gut."

Charlotte sah ihn spöttisch an: „Ich höre in der Überdehnung der beiden kleinen Worte leichte Einwände, oder irre ich?"

„Bist ein Teufelsweib!" lachte er.

„Laß den Teufel aus dem Spiel, in der Vokabel Weib ist auch schon einiges drin, mein Schatz."

„Oh, wie recht du hast, Höhen und Tiefen, Gründe und Abgründe. Aber darf ich die Dehnung oder Überdehnung etwas erklären?"

Sie blickte kurz zur Uhr: „Geht es in Kurzform? In einer halben Stunde möchte ich das Essen servieren."

„Gut, ich serviere zuerst, möchte dich aber bitten, den Shakespeare genau zu erinnern."

„Das tut man doch allgemein, genauso wie bei der Auswahl eines Stückes."

„Bist du da so sicher?"

„Sollte man doch, denke ich."

„Hat man hier offenbar nicht, denn die beiden Protagonisten des Stückes hat man nicht gesehen, nicht gesucht und nicht gefunden, genau genommen."

„Genau genommen. Ach, Rolf, sei nicht wieder übergenau!"

„Das bin ich nicht, Liebes, die schönste Liebesgeschichte der Weltliteratur verpflichtet, genau zu sein, und das reicht auch aus. Betrachten wir uns gleich einmal Julia, sie ist eine gerade erblühte junge Italienerin. Bei Faust ist das geliebte Wesen 'grad sechzehn Jahre alt', Julia wird noch jünger sein und die erlebt, erfährt und erleidet die erste Liebe. Himmel, was geht in diesem Wesen vor? Und haben wir in unserem Ensemble eine Darstellerin, die dem entsprechen könnte? Die Frage ist leicht zu beantworten. Und da ist der Intendant des Hauses mit einer Frau verheiratet, die dem Anschein nach es einmal gewesen sein könnte, aber jetzt ist sie es schon lange nicht mehr, sie ist viel zu reif.

Ich wundere mich, daß Jung, den ich als Theaterleiter schätze, so etwas macht." – „Du schätzt ihn?"

„Warum nicht? Daß er meinen Vertrag nicht verlängert hat, kann ich ihm nicht anlasten, er meint es für sein Theater tun zu müssen, ich bin ja nicht als Knallcharge engagiert, sondern für das wichtige Fach des 1. Helden, und als das habe ich mich nicht ausweisen können."

„Du übertreibst deine Objektivität mal wieder!"

„Nein, das finde ich nicht. Übrigens fand er für meinen König Ludwig in der 'Dubarry' ein paar freundliche Worte. Daß ich ein sehr dekoratives Kostüm ansprechend tragen kann, hat ihn offenbar überrascht. Vielleicht war es auch mein Geschick, mit dem ich die meterlange Schleppe präsentierte."

„Alter Spötter!"

„Aber kommen wir wieder auf Romeo und Julia zurück. Also, wir haben keine Julia unter unseren Frauen, und seine Frau wäre es vielleicht vor Jahren gewesen. Das kann sie jetzt nicht mehr erspielen."

„Und Romeo, wie siehst du den, wie ist Blumen?"

„Ja, das war für mich ganz interessant. Bei seinem Tempelherrn im Nathan, den ich ja ganz vorzüglich fand, hatte ich den Eindruck: Das ist deutsche Mentalität und deshalb stimmt es, und als ich erfuhr, daß er den Romeo spielen würde, war ich skeptisch – aber nur ganz leise, da er ja der Erscheinung nach ein Romeo sein könnte: groß, gut gewachsen und dunkelhaarig. Der Erscheinung nach."

„Na, das ist doch etwas!"

„Reicht aber nicht aus, das mußt du doch zugeben. Er sieht aus wie Romeo – wenn du genau hinsiehst, entdeckst du, daß auch das nicht stimmt, nicht ausreicht. Machen wir es kurz, er hat nicht die Mentalität, hat nicht die Sensibilität."

„Du meinst?"

„Er ist in seiner inneren Struktur ein Deutscher. Nach seinem Tempelherrn kann ich ihn mir als einen ausgezeichneten Ferdinand in der 'Kabale' vorstellen, dem Romeo bleibt er einiges schuldig."

„Was zum Beispiel, das ist mir zu allgemein, was du sagst."

„Er muß seelisch differenzierter sein, schneller in den seelischen Vorgängen, spritziger in den Aktionen, schlanker und beweglicher in den Dialogen. Es kommt hier nicht auf Kraft und das große Gefühl an, sondern mehr auf seelische und schnelle geistige Reaktionen. Das ist schade, aber leider die Bestätigung meiner Annahme vor einem dreiviertel Jahr."

„Nach deiner Überzeugung also kein 'Romeo und Julia'."

„Ohne Arroganz, meine Liebe, nach dem, was Shakespeare vor 350 Jahren geschrieben hat. Natürlich ist es die Handlung und Sprache, sind es dieselben seelischen und geistigen Vorgänge, aber die Interpretationen sind doch sehr unterschiedlich."

„Auslegungssache?"

„Nein, nicht, wir müssen den Intentionen des Dichters folgen. Wieviel wir davon umsetzen, das liegt bei uns und in uns."

„Dann brauche ich mir die Vorstellung gar nicht anzusehen."

„Warum nicht, Kleine, außer den beiden sind doch noch mehr beteiligt, die Freunde, die Familien, der Pfaffe, die Amme und, nicht zu vergessen, die Ausstattung. Es ist die Zeit der Renaissance und darin wird sehr Erfreuliches auf der Bühne angeboten, jedenfalls mehr als im 'Tell' unseligen Angedenkens. Nein, nein, es ist insgesamt eine gute Vorstellung, und Jung hat eine gute Arbeit geleistet. Die Problematik in den beiden zentralen Gestalten hat er allerdings nicht gesehen."

„Also soll ich es mir doch ansehen!"

„Um Himmels willen, du s o l l s t überhaupt nichts tun oder unterlassen; ich habe nur meine Eindrücke geschildert und meine kritischen Einwände gemacht. Ansehen können wir uns die Inszenierung auf jeden Fall."

„Na, bestens, dann kannst du uns ja Karten zurücklegen lassen."

Sie stand auf, „und jetzt muß ich in die Küche, mich um unser leibliches Wohl kümmern."

„Übrigens", Rolf hielt sie am Arm zurück. „Ich traf Hassel, er erzählte mir, daß seine Hochzeit mit der Deutscher, die am 20. Juni angesetzt war, wegen des Ausnahmezustandes vom 17. Juni auf Anfang Juli verlegt werden mußte. Deine Kartenlegerin hatte also recht, als sie sagte, daß die am 20. Juni angesetzte Hochzeit zu dem Zeitpunkt nicht stattfinden würde; sie hat also recht behalten."

„Siehst du, wir hätten uns doch die Zukunft vorhersagen lassen sollen!"

„O rühret nimmer an den Schlaf der Welt." Er stand ebenfalls auf und ging in das andere Zimmer, um noch etwas zu lesen.

32. Kapitel

Rolf Konrad hatte seine Koffer an der Gepäckaufbewahrung des kleinen Bahnhofs in Quedlinburg abgegeben und trat auf den Vorplatz hinaus, schaute nach rechts und links und ging geradeaus die Bahnhofstraße, um zum „Volkstheater" im Marschlingerhof zu kommen. Es war ein müder Spätsommertag und die Stadt im östlichen Harzer Vorland wirkte leicht verschlafen. Der Beamte an der Gepäckaufbewahrung hatte ihm den Weg zum Marschlingerhof gewiesen: über den Vorplatz und die Bodebrücke gleich dahinter, die Bahnhofstraße, der Markt, die kurze Marktstraße, und gleich links würde der Marschlingerhof liegen und das Volkstheater. Die Bode zog träge und reichlich verschmutzt nach Norden, und die Straßen waren eng und meist mit Kopfstein gepflastert, bei den alten Fachwerkhäusern, Wahrzeichen Harzer Kleinstädte, fehlte Farbe. Es fiel ihm auf, da er vor rund zwei Jahrzehnten oft mit dem Fahrrad das Harzer Vorland durchstreift und alles in freundlicherer Erinnerung hatte. Schade, sehr schade, stellte er fest, aber im Grunde überraschte es nicht weiter, die Zeit war nicht spurlos vorübergegangen und vor allem die Lebensumstände, die Verhältnisse nicht.

Er stand vor dem „Volkstheater" und sah auf die Uhr: Es war kurz vor 15 Uhr, und das Intendanzbüro war besetzt, eine junge Frau hatte „Stallwache" und wußte Bescheid, als er sich vorstellte. Der Herr Achterberg und der Regisseur Herr Walter aus Berlin seien ebenfalls schon da. Der Intendant Tretow würde um 17 Uhr im Haus sein, und außerdem habe sie eine Adresse für ihn, wo er während des Gastspiels wohnen könne. Sie reichte ihm den Zettel. Es sei ein älteres Ehepaar Münchmeyer in der Heilig-Geist-Straße, das schon öfter Gäste des Theaters aufgenommen hätte, und der Kapellmeister Nowawes wohne auch dort.

„Vielen Dank, Fräulein", er steckte den Zettel in die Tasche. „Ich gehe gleich vorbei und hole dann meinen Koffer vom Bahnhof und komme um 17 Uhr, um mich vorzustellen, wenn Sie das dem Intendanten ausrichten wollen."

„Werde ich, Herr Konrad. Zur Heilig-Geist-Straße müssen Sie wieder über den Markt."

„Herzlichen Dank, Fräulein ..." er blickte sie an –

„Schulte, Herr Konrad." „Fräulein Schulte, auf Wiedersehen."

Er ging die Strecke über den Markt, bog in die Heilig-Geist-Straße ein zum Haus Nummer 15. Münchmeyers wohnten in der 1. Etage. Das Haus fiel etwas auf, stammte aus der Gründerzeit. Im Parterre waren Schaufenster eines früheren Ladengeschäftes, vielleicht Uhren oder Wäsche. Jetzt war es geschlossen, Vorhänge deckten die Fenster ab. Neben den Türen waren noch helle Stellen an den Hauswänden zu sehen, an denen sicher das Gewerbe vermerkt war. Auf der 1. Etage öffnete auf sein Läuten eine ältere, mütterlich wirkende Frau. Konrad stellte sich vor. Man hatte ihn schon erwartet, war nach ihren Worten dem Theater öfter gefällig, Gäste zu beherbergen, im Augenblick wohne noch ein Kapellmeister des Theaters bei ihnen. Der Hausherr kam hinzu, grauhaarig, beweglich und freundlich in der Ausstrahlung. Die Unterbringung war akzeptabel, ebenso der Preis. Man händigte ihm Haus- und Wohnungsschlüssel aus, und er ging zum Bahnhof, seine Koffer zu holen. Für ihn war das alles wie gehabt, wie schon öfter bei Gastspielen und Theaterwechsel. Gelassen erledigte er seine Wege, richtete sich in seiner neuen Bleibe ein und konnte sich noch eine Stunde auf die Couch legen, die außer dem Bett noch im Zimmer stand. Stimmung und Tendenz waren freundlich, ein Auftakt, wie er ihn leider nicht immer erlebt hatte. Er stellte seinen Reisewecker sicherheitshalber, um gegen 17 Uhr im Theater zu sein. Im Grunde war alles überschaubar, Ort, Zeit und Geschehen, alles ein bißchen klein, klein, aber ertragbar, sinnierte er, seine Wirtsleute machten einen angenehmen Eindruck, freundlich, zurückhaltend, nicht geschwätzig oder überpenibel. Gehörten früher wohl zum Mittelstand, der im Arbeiter-und-Bauern-Staat gerade noch so geduldet wird. Das Haus wird ihnen gehören – noch gehören, denn „Eigentum ist Diebstahl", nach marxistischer Ideologie. Nein, wegnehmen wird man ihnen ihr Haus nicht, das sie sich in ihrem langen Leben erarbeitet haben, möglicherweise waren es auch ihre Eltern, die es taten, aber die Mieten müssen sie niedrig halten, nicht effizient, um ihren Besitz zu pflegen und zu erhalten, sondern weil der sozialistische Mensch nicht vom Besitz und nur von der Arbeit leben darf. In diesem Haus sind 6 Wohnungen, vom Mietzins der 5 Wohnungen könnten die beiden Alten recht gut leben, wenn – ja, wenn nicht das sozialistische Dogma bestehen würde. Und sie sind ja so stolz auf ihre sozialen Leistungen, auf Kosten anderer, und es ist schon erkennbar, daß alte Hausbesitzer fällige Reparaturen nicht mehr finanzieren können. Konrad erinnert sich an die Klage einer guten Bekannten, die vor 4 Jahren darüber klagte. Inzwischen wird sie es nicht mehr können, und ihr Haus, recht ansehnlich, auch aus der Gründerzeit, wird langsam und sicher verfallen. Vielleicht hat sie auch schon der Stadtverwaltung ihr Haus angeboten, natürlich umsonst, und die wird es gern annehmen, ob es dann erhalten wird in seiner Substanz, in seinem Wert, ist für mich zumindest zweifelhaft, für diesen Staat und seine Ideenträger selbstverständlich, denn Karl Marx hat das alles schon bedacht.

Ein bißchen sauer unterbrach Konrad seine Überlegungen. Wie komme ich eigentlich auf dieses unerfreuliche Thema, fragte er sich verwundert. Wir hatten in dieser Hinsicht keine Schwierigkeiten, nicht in Erfurt, nicht in Halberstadt, in Rostock und Halle auch nicht? Die Vermieter in Rostock und Halle haben wir allerdings nicht kennengelernt; ich habe die Miete nur auf irgendein Konto überwiesen. Aber wer waren die Konto-Inhaber – ich weiß es nicht, sicher auch solche Leute wie hier Münchmeyers oder schon irgendeine Abteilung in der Stadtverwaltung. So betrachtet ist die Vermietung von Einzelzimmern für das alte Ehepaar Münchmeyer noch eine leidliche Lösung, schloß er seine unerfreulichen Betrachtungen ab, der Zimmerpreis, einschließlich Bad- und Küchenbenutzung zum Frühstück, ist für mich erschwinglich und für die alten Leute ein gutes Zubrot. Mittag und Abend werde ich im Lokal essen, vielleicht im 'Bunten Lamm' in der Schmalen Straße, das lag ja nicht weit vom Marschlingerhof entfernt.

Rolf Konrad stand auf, zog Schuhe und Jacke an, warf sich den Trenchcoat über die Schulter und verließ das Haus.

Der Straßenverkehr war nicht lebhafter. Hier und da blieb mal ein Fußgänger stehen und betrachtete am Markt ein Fachwerkhaus, Tourist oder Bürger, der den langsamen Verfall konstatiert? Ein böser Gedanke, stellte Konrad selbstkritisch fest. Von einem Fremdenverkehr war doch kaum noch zu reden. Vor über 2 Jahrzehnten war er als junger Mann an den Wochenenden oft mit dem Fahrrad kreuz und quer durch den östlichen Harz gefahren, kannte die reizvollen Harzer Städtchen, kannte Wernigerode, Thale, Ballenstadt, Ilsenburg und war auch in Quedlinburg gewesen, und damals sah alles anders aus, freundlicher, heiterer, jetzt herrscht Tristesse, unabhängig vom etwas grauen Spätsommer.

Er hatte den Marschlingerhof und das Theater erreicht und trat in das kleine Intendanzbüro.

„Da ist Herr Konrad", wies die junge Frau vom Nachmittag auf ihn.

Neben ihr stand ein mittelgroßer, schlicht wirkender fünfzigjähriger Mann, der ihn freundlich anblickte und sich vorstellte: „Tretow, Sie sind schon da, Herr Konrad, ich freue mich, Sie kennenzulernen."

Er reichte ihm die Hand und öffnete die Tür zu seinem Büro: „Kommen Sie zu mir herein und nehmen Sie Platz."

Persönliche Anspruchslosigkeit ist sein Merkmal, registrierte Konrad und war angenehm berührt.

„Der Herr Achterberg ist seit Vormittag schon hier, sie kennen ihn doch, er sagte, daß Sie gleich nach dem Krieg 45/46 in Nordhausen engagiert waren."

„Herr Achterberg – ja, ich erinnere mich, er war früher am Nationaltheater Weimar und hatte, glaube ich, in der ersten Zeit Auftrittsverbot, weil er in der Partei war. Wenn ich mich richtig erinnere, war er auch Staatsschauspieler, hat bei Barnowski und auch bei Reinhardt gearbeitet, aber das wissen Sie sicher auch."

„Ja, ja, er spielt den Miller. Die Regie hat Gerhard Walter, der Leiter der Schauspielschule des 'Deutschen Theaters'. Kennen Sie ihn?"

„Nein, leider nicht, aber wir werden uns ja kennenlernen", fügte Konrad hinzu.

„Als dritten Gast haben wir Doris Meyer als Lady Milford engagiert. Sie ist schon seit gestern hier. Die anderen Rollen haben wir mit Darstellern unseres Hauses besetzt. Am Schwarzen Brett ist alles andere zu lesen, Strichprobe morgen früh um 10 Uhr und am Abend auf der Bühne Stellprobe, die Kollegen von der Oper und Operette proben auf der Probebühne. Das wäre das Dienstliche", schloß er, „und wie sind Sie untergekommen? Haben Sie sich schon Quedlinburg ansehen können?"

„Ich kenne Quedlinburg schon aus meiner Jugendzeit, Herr Tretow."

„Das ist ja schön. Waren Sie auch auf dem Hexentanzplatz?"

„Allerdings als Tourist und nicht als Theaterbesucher."

„Da ist Ihnen aber etwas entgangen, Herr Konrad, es ist eine herrliche Naturkulisse."

„Zweifellos, aber es hat sich damals – es ist über zwanzig Jahre her – nicht ergeben."

Ein leises Klopfen an der Tür unterbrach die Unterhaltung und in der Tür erschien ein schlanker, großer, ungefähr zehn Jahre älterer Mann: „Störe ich, Kurt?"

„Oh, nein, du kommst gerade recht, Gerhard, Herr Konrad und ich haben uns eben kennengelernt, setz dich zu uns – oder hast du etwas anderes vor?"

„Nein, ich wollte nur hören, ob die Proben wie geplant morgen stattfinden können."

„Ich denke doch, es sind jetzt alle da, und die Premiere ist am 25. September", bemerkte Tretow lakonisch. Konrad und Walter machten sich bekannt und nahmen wieder Platz.

Intendant und Regisseur scheinen sich gut zu kennen, stellte Konrad fest, keine altgedienten Schauspieler, eher Theaterwissenschaft und Dramaturgie.

Walter hatte sich Konrad gegenüber gesetzt: „Sie haben den Präsidenten noch nicht gespielt, Herr Konrad?"

„Doch, doch, Herr Walter, vor 8 Jahren in Nordhausen."

„So früh schon? Da waren Sie doch noch ein früher Dreißigjähriger."

„Genau, ich war 32."

„Herr Achterberg kennt ihn noch von daher, Gerhard."

„Hat der den Miller gespielt?"

„Nein, das war Herr Böning, auch vom Weimarer Theater. Herr Achterberg spielte in einem anderen Stück; ich weiß nicht mehr, was es war."

Walter blickte Konrad skeptisch an: „Immerhin, der Präsident spricht von seinem fünfzigjährigen Kopf."

Konrad lachte amüsiert: „Es war kein Problem, Herr Walter, ich brauchte nur meine Hungerfalten nachzuzeichnen."

„Ach ja, an die Möglichkeit habe ich gar nicht gedacht. Wer hatte es inszeniert?"

„Der Intendant Roland."

„Ach der! Seine Frau ist doch am Deutschen Theater."

„Ja, ich glaube. Ferdinand war Rolf Henniger, der jetzt in Köln ist. Das Besondere an der Inszenierung war, daß sie von dem Lyriker Rudolf Hagelstange, der damals in Nordhausen lebte, in der Presse besprochen wurde."

„Interessant. Und?"

„Er hatte Einwände gegen Henniger, der würde zeitweise die Kontrolle verlieren und den Rahmen etwas sprengen. Ich fand es ebenso, aber die Inszenierung würde vom Miller des Herrn Böning getragen. Das war auch mein Eindruck. Ich habe bisher keinen stärkeren Miller gesehen."

„Wie fand Hagelstange Sie?"

„Ich muß da mal überlegen: Wenn ich mich recht erinnere, hatte er 'klischeehafte Neigungen' festgestellt. Konrad lächelte die beiden Herren an: „Ich hatte eine Hinrichtung erwartet und hatte das Gefühl, glimpflich davongekommen zu sein."

„Inzwischen sind über sieben Jahre vergangen", tröstete Tretow.

Konrad sah ihn lächelnd an: „Wesentlicher scheint mir, daß ich die Kommißstiefel nun schon längere Zeit nicht mehr anhabe und auch jetzt über mehr Ausdrucksmittel verfüge."

Die beiden Herren blickten ihn überrascht an.

„Die haben wir beide nicht angehabt, nicht wahr, Kurt", stellte Walter fest.

„Ich wollte, ich hätte sie auch nicht anziehen müssen, meine Herren."

Walter sah ihn nachdenklich an: „Interessant ist Ihr Gedankengang auf jeden Fall."

Tretow blickte auf die Uhr: „Es ist schon nach sechs, ich habe mich mit meiner Frau im 'Lamm' zum Abendessen verabredet. Kommst du mit, Gerhard?"

„Ach, ja, könnte ich machen."

„Und Sie, Herr Konrad, wo essen Sie?"

„Im Augenblick weiß ich es noch nicht, aber wenn Sie nichts dagegen haben, würde ich mich anschließen."

„Einen Augenblick, ich muß meiner Sekretärin noch etwas sagen." Tretow trat schnell in ein Nebenzimmer.

„Gehen wir voraus." Walter trat mit Konrad auf die Straße.

„Sind Sie gut untergebracht?"

„Ich glaube ja."

„So vorsichtig, Herr Konrad."

Der lachte: „Ja, denn ich weiß noch nicht, ob in der Nachbarschaft nicht eine Werkstatt mit Sägen und Schleifmaschinen ist oder die Mieter oben oder unten, links oder rechts nebenan nicht im permanenten Kriegszustand leben."

Walter lachte: „Sie sind ein Pessimist!"

„Ich würde sagen, Skeptiker, Herr Walter."

Sie waren bis zur Schmalen Straße gekommen und drehten sich um, als sie Tretows Schritte hinter sich hörten.

„Ich habe Frau Behrendt noch mal gesagt, daß der Bühnenmeister sich rechtzeitig die Grundrisse vom Bühnenbildner holen soll und nicht erst vor der Stellprobe am Abend. Man nimmt es hier nicht so genau. Sagen wir mal, man hat es bisher nicht so genau genommen. Zugegeben, die technischen Voraussetzungen für Schauspiel und Musiktheater sind kaum ausreichend."

Sie waren am Speisehaus „Buntes Lamm" angekommen.

„Warum eigentlich 'Buntes Lamm'?" fragte Konrad belustigt beim Eintreten, denn bunt war es keinesfalls, gemütlich wirkte es innen, Wände und Decken waren in Holz ausgeführt, gediegen und verhalten wirkte der Gastraum, allerdings etwas dunkel.

Tretow steuerte mit Walter zu einem Stammtisch in einer Ecke, mit reichlich Blattgrün eingefaßt, hinter dem eine Frau in mittlerem Alter saß und ihnen zuwinkte.

Konrad hängte seinen Mantel an einen Garderobenständer, neben dem an einem Tisch der Kollege Achterberg mit seiner Frau saß und ihn ansprach: „Auch im Land, Herr Kollege?"

„Ach, Herr Achterberg!" Er begrüßte ihn und wurde seiner ersichtlich jüngeren Frau vorgestellt.

„Setzen Sie sich doch für 'nen Augenblick, Herr Konrad."

„Ja, gerne, ich kann ja später zum Intendanten gehen. Der hat mich mitgenommen. Ich suche sowieso ein Speiselokal, wo ich für die Zeit hier Mittag- und Abendessen einnehmen kann."

„Nehmen Sie doch das. Wir wohnen seit gestern hier und das Essen ist gut und preiswert." Er winkte und grüßte zum Intendanten hinüber und wandte sich wieder an Konrad: „Auch schon wieder einige Jahre her, als wir nach dem Krieg bei Fisch in Nordhausen wieder anfingen." Er strich müde über sein volles graues Haar. „Inzwischen ist alles ein bißchen besser geworden, bis aufs Altern, trotzdem hoffe ich noch ein wenig arbeiten zu können."

Er strich leicht über die Hand seiner Frau: „Nicht war, Christine?"

Sie nickte ihm ergeben zu.

Wie alt mag sie sein, überlegte Konrad, da liegen doch mindestens zwanzig Jahre dazwischen. Eine Kriegerwitwe vielleicht, es gab ja genug, die sich nach dem Wahnsinnskrieg durchschlagen müssen, allein, oder eben wie hier, die schmale und zurückhaltende Frau Achterberg. Er wandte sich an ihn: „Hat Ihnen der Herr Dietel das Engagement vermittelt?"

„Ja, ich will nur noch gastieren, mir die Stücke und Rollen aussuchen und nicht jeden Mist spielen müssen."

„Ach so, ich verstehe." Achterberg strich sich das markante Kinn und lächelte ihn skeptisch an: „Dann wissen Sie wohl nicht, daß Tretow und Walter Moskauer Emigranten sind? Übrigens ist Tretow am 17. Juni beim Aufstand in Leipzig in einer Straßenbahn von Arbeitern verprügelt worden, als er sie daran hindern wollte, politische Plakate abzureißen. Er wurde dabei an den Augen verletzt."

„Und als Anerkennung bekam er die hiesige Intendanz?"

„Ja, so hab' ich es gehört. Aber ehrlich gesagt, er macht nicht den Eindruck, als würde er jeden Morgen einen bösen Kapitalisten verspeisen", lachte er leise.

„Nebenbei ist er mit der Witwe eines Offiziers der Deutschen Wehrmacht verheiratet, der im russischen Gefangenenlager verstarb. Er war da Dolmetscher und hat ihr die Nachricht überbracht."

Konrad sah zum Stammtisch hinüber, an dem Tretow, Walter und eine sympathisch aussehende Frau in seinem Alter saßen. „Ist sie das?"

„Ja, ja, ich habe sie gestern kennengelernt. Scheint eine ganz patente Frau zu sein – aber als Offiziersfrau mit einem überzeugten Kommunisten zusammenzuleben – auch wenn er ein Idealist sein sollte –, tut mir leid, lieber Konrad, das kann ich mir nur schwer vorstellen. Sie waren doch auch Offizier."

„Das liegt allerdings schon sehr weit zurück, Herr Achterberg."

Er blickte zu den anderen hinüber. „Auf jeden Fall bin ich Ihnen für die Informationen sehr dankbar, da weiß man doch, woran man ist. So, jetzt werde ich mich rübergeben."

Er stand auf: „Ich wünsche Ihnen und Ihrer Gattin noch einen angenehmen Abend."

Am anderen Tisch stellte ihn Tretow seiner Frau vor und bot ihm Platz zwischen ihm und seiner Frau an. Er bestellte beim Ober noch ein Bier und Essen.

„Mein Mann sagt, daß Sie vor sieben Jahren mit Herrn Achterberg zusammengearbeitet haben."

„Ja, in Nordhausen. Der frühere Schauspieldirektor von Königsberg, Erich Fisch, war vom Krieg dahin verschlagen worden und hatte eine kleine Kammerbühne aufgezogen, eine mehr literarische Bühne. Die Russen hatten nach dem Krieg die Theater in Thüringen umgehend eröffnen lassen, und mit wenig Personal, kleiner Spielfläche, entsprechenden Stücken und großer Begeisterung ging es manchmal recht gut, wenn man die Grenzen beachtete."

„Und wie kamen die Weimarer Kollegen dahin, hatte sie auch der Krieg verschlagen?" Die Frage von Regisseur Walter klang etwas naiv. Der Ober trat an den Tisch und servierte Konrads Bier und Bauernfrühstück. „Erlauben Sie, daß ich mich vorher kurz stärke."

„Oh, bitte, Herr Konrad, wir haben ja schon gegessen."

Die Unterhaltung wurde zwischen Tretow und Walter fortgesetzt, bis Konrad seinen kurzen Imbiß eingenommen hatte.

„Darf ich also zu Ihrer Frage zurückkommen, Herr Walter? Natürlich waren die Herren nicht nach Nordhausen verschlagen worden, sondern waren als ehemalige Parteigenossen für eine Zeit in der kleinen Provinz untergetaucht. Man nahm es in Nordhausen nicht so genau und sie waren wohl politisch nicht aktiv gewesen, nehme ich an. Meines Wissens und nach meiner Erfahrung bringt am Theater mehr der Opportunismus als politische Überzeugung die Kollegen in die Parteien."

„Eine noble Nachsicht, Herr Konrad, aber Sie haben wohl auch nicht so sehr darunter zu leiden gehabt, Sie waren bei der Wehrmacht."

„Das ist richtig, Herr Walter, unter der Partei habe ich nicht zu leiden gehabt." – Da er dem Artikel „der" eine kleine Betonung gegeben hatte, ergänzte er den Satz: „In der Wehrmacht haben wir ein gerüttelt Maß anderer Schuld auf uns geladen."

„Seltene Einsichten, um auf Nordhausen zurückzukommen, Herr Kollege, Sie sprachen von Otto Roland und Erich Fisch als Intendanten in Nordhausen."

„Ja, Fisch hatte das kleine Theater Ende 45 gegründet und ein halbes Jahr geführt, wurde dann abgelöst und dafür kam dann Roland. Der ist ja Österreicher und damit Ausländer und obendrein noch erstes Opfer der Nazis."

„Eine pikante Note", lachte Walter.

„Übrigens, Herr Walter, was meinen Präsidenten angeht, ich habe ihn vor drei Jahren noch einmal spielen müssen."

„Kein Mißverständnis, Herr Konrad, ich habe keinen Zweifel, daß Sie die Aufgabe bewältigen, aber wir sind uns doch darüber einig, als Älterer hätte man es leichter."

„Ich gehöre zu jenen, die es sich gern ein bißchen schwer machen", erwiderte Konrad selbstironisch.

Tretow sah nach seiner Armbanduhr: „Mir ist eingefallen, ich muß noch mals ins Theater, ihr könnt ja noch bleiben. Kommst du mit, Margarete?" wandte er sich an seine Frau.

„Gern, Kurt." Sie erhob sich, Walter und Konrad standen ebenfalls auf, zahlten und brachen auf.

„Guten Abend, Herr Achterberg", grüßten sie den Kollegen mit seiner Frau und traten auf die Straße.

Das kleine Städtchen lag still, sehr still. Einige Sterne blinkten herab, und eine milde Luft zog durch die engen Gassen. An der Ecke zum Marschlingerhof trennte man sich in freundlichem Wohlwollen und Einverständnis.

33. Kapitel

Rolf Konrad blickte wiederholt zur Bahnsteiguhr des Quedlinburger Bahnhofs. Der Personenzug von Halle über Wegeleben sollte 10 Uhr fünf eintreffen, hat sich aber verspätet, glücklicherweise nur um eine viertel Stunde. Die Verbindung Halle–Quedlinburg ist verhältnismäßig gut, das hat er während der Probenzeit an den Wochenenden feststellen können, wenn er probenfrei war. Charlottes Besuch heute zur Premiere 'Kabale und Liebe' war möglich geworden, weil eine Nachbarin Uli zum Wochenende betreuen will. Die Fahrt dauert ja nicht lange und war auch nicht anstrengend, stellte er fest, ungefähr 2–3 Stunden, und morgen mittag kann sie wieder zurückfahren. Er unterbrach seine Überlegungen, das Eintreffen des Zuges wurde angesagt, und er kam auch schon in Sicht. Das halbe Dutzend Fahrgäste fand sich auf dem Bahnsteig bereit, um nach Neinstedt oder Thale weiterzufahren. Die üblichen Geräusche setzten ein, Lautsprecher-Informationen dröhnten, der Zug quietschte mit Bremsen, Dampf wurde abgelassen, er stand.

In einem Fenster des zweiten Wagens erschien kurz der Kopf Charlottes, er ging zu ihr und half beim Aussteigen, gab ihr einen leichten Kuß und übernahm ihre Reisetasche. „Da bist du, Liebes, wie war die Fahrt?"

„Ohne Probleme, haben wir es weit?"

„Nein, nein, wir können zu Fuß."

Er machte eine Geste: „Du hast uns schönes Wetter mitgebracht; ein richtig schöner Spätsommer ist es noch geworden."

Sie gingen durch die Sperre und traten auf den freundlichen Vorplatz. „Wir müssen geradeaus über die Bodebrücke und den Ebertplatz in die Bahnhofstraße, dann kommen wir schon zur Heilig-Geist-Straße, und links liegt das Haus Nr. 15."

Charlotte blickte geradeaus und links und rechts: „Ein reizendes Städtchen, wie ich sehe."

„O ja, leider hat es schon etwas an Reiz und Glanz verloren, aber das merkt nur, wer es von früher kennt."

„Unser altes Lied, Rolf."

„Drum laß uns was anderes singen. Wie geht es mit Uli, kann Frau Schauer sich um ihn kümmern und akzeptiert er sie auch?"

„Aber sicher, Schatz, sie wird ihm nicht über den Kopf streichen und Herr Schauer ihn nicht 'Kleiner Stammhalter' nennen. Das würde auch gar nicht zu dem passen."

„Das stimmt. Wenn ich nicht irre, wird er aber Uli stolz das Album von der Olympiade 36 zeigen und nachdrücklich die 'großen Zeiten' schildern."

„Dann hört er mal was aus der Zeit."

„Auch das, aber wir sind am Ziel, hier wohne ich."

Er deutete auf das Haus Nr. 15, „1. Etage".

„Was für ein Geschäft war das früher, Rolf?"

Er öffnete die Haustür und stieg in dem dunklen Treppenhaus nach oben.

„Das kann ich dir nicht einmal sagen."

Sie schüttelte lächelnd den Kopf: „Typisch, das kann man doch erfragen."

Er öffnete die Wohnungstür und führte sie in sein Zimmer: „So, hier wohne ich. Wie findest du es?"

Sie sah sich um: „Ach, recht gut. Sag mal, willst du mich deinen Wirtsleuten nicht gleich vorstellen?"

„Du hast recht, komm."

Er trat in den Flur und klopfte an die Tür seiner Wirtsleute: „Frau Münchmeyer, darf ich Ihnen meine Frau vorstellen?"

Münchmeyers erschienen sofort, offenbar hatten sie Charlottes Eintreffen mitbekommen.

„Das ist sie, meine Frau, Frau und Herr Münchmeyer. Wir sind Ihnen für das Entgegenkommen sehr dankbar. Meine Frau fährt morgen nachmittag wieder nach Halle."

„Wollen Sie nicht länger bleiben, Frau Konrad? Wir haben doch noch einen schönen Herbst bekommen", forderte Frau Münchmeyer Charlotte auf.

„Es geht leider nicht, mein Sohn wartet auf mich und hat mich nur fürs Wochenende beurlaubt."

„Ja, da kann man nichts machen", stellte Herr Münchmeyer fest.

„Noch mals vielen Dank", Rolf verbeugte sich und ging mit Charlotte auf sein Zimmer zurück.

„Wenn Sie besondere Wünsche haben, sagen Sie es uns nur", rief Münchmeyer ihnen noch nach.

„Herzlichen Dank!"

„Angenehme Leute", stellte Charlotte fest, „ich leg' mich ein bißchen hin."

„Ja, tue das." Er zog sich einen Sessel heran. „Ja, meine Wirtsleute sind angenehm, ich mag sie alle beide. In einer Stunde gehen wir ins 'Bunte Lamm' zum Mittagessen, da kannst du gleich ein paar Kollegen kennenlernen."

„Muß ich das?"

„Natürlich nicht, aber zum Essen solltest du schon gehen."

Sie gab ihm einen kleinen Klaps: „Es war ja nicht ernstgemeint." Sie streckte sich wohlig aus: „Nun kannst du mich unterhalten und mir Hinweise geben, zu wem ich freundlich sein soll oder nicht, wen ich becircen soll und wen schneiden."

„Alles nach deinem Gusto, mein Schatz. Zum Essen im 'Lamm' kommen meist der Intendant mit seiner Frau, der Regisseur Walter aus Berlin und an einem anderen Tisch Herr Achterberg und seine Frau. Vielleicht auch noch Doris Meyer, die Lady Milford. Die anderen Kollegen treten da wenig in Erscheinung: Die Millerin, Luise und Ferdinand sind eine Familie, Mutter,

Tochter und Schwiegersohn, Querbach der 'Wurm' ist ein Einzelgänger, und dann ist da noch ein Mitglied aus dem früheren Ensemble unter Ulrich Velten. Den erkennt man leicht, da er gern Blouson mit Matrosenkragen trägt."

„Spielt sicher den Kalb."

„Richtig!" Rolf lachte: „Es ist übrigens ein kleiner Irrtum, wenn man meint, Vertreter dieser Gattung mit solchen Rollen zu besetzen, ein Hetero ist meist interessanter."

„Wie kommst du mit ihm aus?"

„Kollegial. Gleich zur ersten Probe fragte er mich, ob ich früher an der Oper gewesen sei. Du weißt, daß man mit so einer Frage einen Schauspieler reizen möchte."

„Hat er dich?"

„I wo! Ich habe ihm zur scharfen Beobachtungsgabe gratuliert und erklärt, daß ich tatsächlich pensionierter Heldentenor sei", lachte Rolf schallend.

„Also Stunk."

„Nein, nein, kleine Spitzen; man geht sich aus dem Weg und das kommt mir ja entgegen."

„Und was den Stückschluß angeht, wie hast du dich mit dem Regisseur verständigt? Das war doch neulich noch offen."

„Ach, du wirst es ja sehen. Ich habe mich, im Gegensatz zur 'Wurm-Szene' im ersten Akt, nicht durchsetzen können. Da ist er hart geblieben, gegen mein Argument und auch gegen Schiller. Er gab zwar zu, damit Schiller Gewalt anzutun, wenn man nicht die Einsicht und Läuterung des Präsidenten beim Tod seines Sohnes zeigt, sondern mit der Anklage Wurms 'Es soll mich kitzeln Bube, mit dir verdammt zu sein' das Trauerspiel beendet."

„Das ist doch nirgendwo so gespielt worden", versetzte Charlotte unwillig.

„Doch, doch, es ist und Walter hat ernsthaft historische Argumente für seine Auffassung: Die Feudalschicht hat noch zweihundert Jahre geherrscht und eine größere soziale und gesellschaftliche Gerechtigkeit für die Abhängigen konnte sich noch nicht durchsetzen. Nach Marx würde der Präsident gegen sein Klasseninteresse handeln, wenn er die Anklage akzeptiert."

„Aber Schiller!"

„Sah das nicht, konnte das nicht sehen, sagt der Leiter der Schauspielschule des Deutschen Theaters in Berlin." Nach einer Pause fuhr er fort: „Natürlich würde ich Schillers Schluß lassen. Wie lange die Demutshaltung des Präsidenten anhalten würde, ist allerdings nicht abzusehen. Ich würde trotzdem diesem blaublütigen Ränkeschmied sein Damskus zubilligen. – Und mal als Schauspieler gesehen: Der weiche, einsichtige Abschluß ist dankbarer zu spielen. – Doch die Regie führt nun mal Herr Walter aus Berlin. Ich bin schon froh, daß ich mich in der Szene mit Wurm im ersten Akt durchsetzen konnte – war aber leider in der Auseinandersetzung etwas zu scharf geworden."

„Ging's nicht anders?"

„Es traf mich unvorbereitet, als Walter bei der Stellprobe Wurm sich mit dem Arsch auf meinen Schreibtisch lümmeln ließ und war auch zuerst noch gelassen, indem ich ihm sagte, ich hätte als Reaktion meinen Kammerdiener rufen wollen, den Kerl rauszuschmeißen. Ärgerlich wurde ich erst über seine vordergründige Argumentation, daß Wurm alle krummen Sachen des Herrn kennen und Druck ausüben könnte. Das war natürlich saublöd. Wurm konnte sonst was wissen, aber hat überhaupt keine Macht und Möglichkeit, daraus Kapital zu schlagen; er wird also jede Provokation unterlassen, zumal der Präsident in derselben Szene droht: Wenn er plaudert, Wurm! – Nein, nein, das war eine völlig falsche Perspektive, und Walter hat am Ende auch akzeptiert."

„Mein Gott, das ist doch nervenaufreibend!"

„Das ist es und in den beiden früheren Inszenierungen, in denen ich den Präsidenten spielen mußte, hatte ich diese Probleme noch nicht. Es ist schon so, daß die ideologische Verkrustung weitergeht, und ich werde mein nächstes Gastspiel in Frankfurt benutzen, um in Berlin zu eruieren, wie wir möglichst risikolos rübergehen können."

„Ich darf gar nicht daran denken, Rolf."

„Am Ende werden wir nicht daran vorbeikommen, sie machen uns zu ihren ideologischen Bütteln. Ich habe mir zum Beispiel zur Generalprobe die Szene Luise – Lady Milford angesehen, knapp formuliert: Die Lady wird runtergeputzt, formal und handlungsmäßig geht es zu wie bei Schiller, aber gefühlsmäßig und intellektuell läuft es anders – und die merken es nicht einmal. Im 3. Akt, in dem Schillers Dramatik kulminiert, wenn er Miller den Präsidenten angreifen läßt, verbal bis zum Äußersten, und doch macht er immer wieder den Rückzieher 'halten zu Gnaden!', er vergißt für eine kurze Zeit die Gefährdung nicht – aber Schiller sieht sie, und wie er den 3. Akt gestaltet, das ist einfach genial, wie er die Spannung hochschaukeln und abbrechen läßt und den armen Untertanen ins Bewußtsein bringt, daß er nichts machen kann – 'halten zu Gnaden'. Böning in Nordhausen hatte es nach meinem Verständnis überzeugend gebracht – Achterberg bringt es nicht. Ich hätte ihn übrigens als Präsident besetzt", beendete Rolf seine kurze Analyse.

„Und du?"

„Ich müßte den Kalb spielen", lachte er und sah zur Uhr: „Wir müssen auch gehen."

Charlotte blickte ihn nachdenklich an: „Dann ist die Gastspieltätigkeit auch keine Lösung für uns?"

„Nicht ganz, Verträge habe ich inzwischen ab November für Frankfurt als 'Posa' bis Januar 54 und anschließend oder vielleicht überschneidend hier als Flamm in 'Rose Bernd'."

„Ist das schon klar?"

„Ja, vertraglich und ab Mai auf dem Bergtheater in 'Die Räuber' den Räuber-Karl, und sicher ist auch, daß ich von allen Betriebs-Interna verschont bleibe"- „bis eben auf die Interpretationsgegensätze", ergänzte Charlotte.

„Sagen wir Unterschiede, aber ich versuche da zu lavieren."

Er stand auf und zog seinen Blouson an: „Gehen wir, meine Liebe, damit ich mich am Nachmittag noch etwas hinlegen kann."

„Gut, ich sehe mir dann noch die Quedlinburger Sehenswürdigkeiten an."

Sie erhob sich ebenfalls, hängte sich ihre Kostümjacke über die Schulter und folgte ihm.

Sie betraten die wenig belebte Straße.

„Wo müssen wir langgehen, Rolf?"

Er führte sie am Arm: „Links durch die Steinbrücke zum Stadtkern, dem Markt."

Sie blickte nach halblinks. Er deutete hinüber: „Das ist die Stiftskirche mit dem Schloß. Die Kirche hat übrigens ein apartes Accessoire, oben an der Turmspitze ist noch einmal ein Türmchen. Siehst du es?"

„Ja, Doppeltürmchen mit offenen Seiten. Aber was soll's?"

„Die Frage bringt mich in Verlegenheit, ich weiß es nicht, aber du wolltest ja am Nachmittag einige Sehenswürdigkeiten besichtigen, da kannst du ja anfangen."

Sie kamen zum Markt mit seinen farbenfrohen Anlagen. „Ja, Rolf, das gefällt mir."

„Sehr schön, meine Liebe, spiel die Touristin. Leider kann ich dir über das Geschichtliche nicht viel berichten. Die Sachsenkönige haben hier hofgehalten, der erste war wohl Heinrich der Erste, der Vogler, der hier am Finkenherd saß, als man ihm die Kunde von seiner Wahl zum deutschen König überbrachte. Das muß so gegen 920 gewesen sein. Auf die Zeit geht auch die Gründung der Stadt zurück. Ehrlich gestanden, habe ich mich nicht sonderlich darum gekümmert, da die Anlagen und Bauten überwiegend in kirchlichem Besitz sind."

„Du hast nun mal die 'Antipathie'!"

„Ja, hab' ich – und da wird sich auch nichts mehr ändern."

„Auch kein Canossa-Gang wie beim vierten Heinrich", lächelte sie ihn versöhnlich an.

„Ganz und gar nicht, meine Entwicklung ist in der Hinsicht irreversibel."

„Eine Missionierung also hoffnungslos."

„Völlig, aber wir sind schon in der Schmalen Straße. Sieh, hier kommt links der Marschlingerhof und hinten das 'Volkstheater' und hier geradeaus ist das 'Bunte Lamm'."

„Warum buntes?"

„Ich weiß es nicht, und so bunt ist es auch nicht, weder draußen noch drinnen. Im Grunde ein freundliches Speisehaus."

Sie traten ein. An einigen Tischen saßen vereinzelt Gäste bei Bier und Unterhaltung.

„Vom Theater ist noch niemand hier", stellte Rolf fest. „Das kommt mir gelegen, setzen wir uns weiter nach hinten, oder möchtest du Kollegen kennenlernen?"

Er nahm ihr die Kostümjacke ab und hängte sie an einen Garderobenständer, bot ihr Platz an und setzte sich zu ihr.

„Kollegen kennenlernen, o nein, Rolfi, ich habe während unserer zehnjährigen Ehe schon reichlich kennengelernt. Laß mich mal überschlagen: Etwas über hundert sind es schon, mehr oder weniger, freundliche und auch weniger freundliche. Wenn du mal am Ende deiner beruflichen Arbeit darüber berichten willst, wird es schwerfallen, sie aufzuzählen – wenn es so bewegt weitergeht."

„Ich fürchte, es wird so weitergehen, aber ich werde trotzdem nicht darüber berichten können wie Michael Bohnen 'Zwischen Kulissen und Kontinenten'."

Charlotte lachte ihn an: „Ja, der Titel gibt etwas her, aber zu Kontinenten wird es nicht langen, es sei, du sattelst doch zur Oper um."

„Wäre mir zu dumm und außerdem bin ich nicht musikalisch genug. – Aber da kommt die Bedienung, ein bißchen spät zwar – aber sie kommt. Was möchtest du trinken – oder gehen wir der Reihe nach, was möchtest du essen? Hier ist die Karte und hier das Tages-Menü."

„Das ist leicht zu entscheiden", lächelte sie ihn an, „es stehen nur drei Angebote drauf."

„Die übliche Auswahl: Rouladen mit Rotkraut, was hältst du davon und dazu ein Bier?"

„Gut, so richtig herzhaft!"

Rolf gab die Bestellung auf und sie bekamen auch umgehend ihr Getränk.

Neue Gäste kamen, zuerst Tretow mit seiner Frau, die sich an ihren Stammtisch setzten. Frau Tretow sah sie und grüßte freundlich. Gleich darauf kam auch Achterberg mit seiner Frau. Das Lokal füllte sich und nur der Umstand oder die Voraussicht, daß sie sich etwas abseits gesetzt hatten, ergab, daß sie allein am Tisch sitzen konnten. Als der Ober, ein ruhiger und gelassen wirkender Fünfziger, ihr Essen brachte, kam auch der Regisseur Walter und setzte sich zu Tretows. Auf ihren Hinweis grüßte er freundlich. „Der Herr aus Berlin, der Kreis ist nunmehr geschlossen", bemerkte Rolf. „Wie schmeckt deine Roulade, meine Liebe?"

„Herzhaft, Rolfi, wie zu Hause. Sind das alles Theaterleute?"

„Nein, nein, Gevatter Handschuhmacher ist auch vertreten, die meisten sind von uns, mit Familie, so wie wir, Schauspiel und Oper und Orchester, aber nur vereinzelt. Neben der Tür wacht die Operette."

„Schön getrennt."

„Es ergibt sich durch die Arbeit. Am Mittwoch hat die Oper ihre Premiere: 'Der Waffenschmied' von Lortzing."

„Kenne ich gar nicht."

„Eine von Lortzings kleinen Spielopern.

Übrigens darf man nicht daran denken, daß die so wirksamen Spielopern von Lortzing seit über 150 Jahren auf 'Teufel komm raus' gespielt werden und der arme Stückeschreiber und Komponist und Theaterleiter Lortzing nahezu verhungert ist."

„Ja, mein Lieber, nicht Bach zu vergessen und Mozart und Schubert und Büchner, die Reihe ist beliebig fortzusetzen. Aber trotzdem stellte sich die Frage, ob so ein kleines Theater in Quedlinburg eine Oper haben muß."

„Ach, weißt du, das kann und möchte ich auch gar nicht beurteilen. Wir dürfen unsere Maßstäbe von Halle nicht zugrunde legen. Übrigens fällt mir da ein, daß wir uns da auch nicht alle Opern angesehen haben." „Du hast recht, ich habe nicht einmal etwas von den Händel-Festspielen gesehen und gehört."

„Ich habe, aber die 'opera seria' ist nicht unbedingt meine Sache, außerdem bin ich nicht musikalisch genug." „Übertreibst du mal wieder?"

„Aber das weißt du doch, es reicht bei mir gerade noch, um auf dem Kamm blasen zu können."

„Ach, komm, Schatz, jetzt übertreibst du wieder schamlos."

Der Ober brachte ihnen das Essen und servierte.

„Wollen wir erst unsere Unterlassungssünden in Halle aufzählen oder lieber doch essen?"

„Das ist keine Frage: Guten Appetit!"

„Wohl bekomm's, mein Lieber."

Sie lächelten sich an und verzehrten schweigsam ihre Rouladen.

Die Kollegen und Gäste im Raum führten verdeckt leise Unterhaltung, neue Gäste kamen hinzu, andere gingen. Sie hatten ihre Mahlzeit beendet. Rolf trank sein Bier aus. „Ich ringe mit mir, ob ich mir noch ein Bier bestellen soll. Ich habe mir hier nämlich eine Unart zugelegt, immer noch ein zweites Bier zu trinken."

„Hab' ich es mir doch gedacht!" Charlotte schob ihr Gedeck zurück, „du hast schon am ganzen Vormittag so ein Flackern in den Augen."

„Oh, sieht man es schon – ich bin verloren."

Sie amüsierte sich über sein pathetisches Tremolo.

„Aber ich möchte nicht mehr trinken und gehen. Willst du die Kollegen drüben noch begrüßen?"

„Du meinst?" Er blickte zu Tretow hinüber. „Nein, nein, wir sehen uns heute abend lange genug. Ich würde lieber aufbrechen, und wie halten wir es mit dem Abendessen: Ich muß um halb acht im Theater sein und eine gute halbe Stunde hier noch essen – und du?" Er blickte sie fragend an: „Willst du auch gleich mitkommen, müßtest allerdings eine halbe Stunde noch hier sitzen, einen guten Wein trinken und dann zur Vorstellung gehen. Könntest dich aber auch auf der Couch noch etwas ausruhen und später essen und in die Vorstellung gehen."

„Ich bleib' bei dir – ich hab' dich doch jetzt so selten, Lieber." Sie strich ihm zärtlich über die Hand. „Abgemacht, ich hole dich nach der Vorstellung im 'Lamm' ab."

„Übrigens, wird man feiern?"

„Ich weiß nichts, es interessiert mich auch nicht sonderlich und für dich war es dann ein langer Tag. Ich denke, das wird man akzeptieren müssen."

„Ja, das denke ich auch."

Der Ober hatte gerade am Nebentisch zu tun.

„Herr Ober, kann ich zahlen?"

„Ja, gleich, Herr Konrad." Er kam zu ihm, Rolf beglich die Rechnung, nahm Charlottes Kostümjacke, grüßte zu Tretow und Achterberg hinüber und trat mit Charlotte auf die Schmalen Straße."

„So, meine Liebe, willst du dir noch die Stiftskirche, das Schloß und Museum ansehen?"

„Nur ein bißchen en passant. Wer weiß, ob ich wieder eine Gelegenheit dazu habe."

„Gut, dann gehen wir zur Marktstraße und während ich über den Markt nach Hause gehe, mußt du die Hohe Straße gehen, da vorn ist sie schon. Von der Straße kommst du auf den Finkenherd, da wo sich Heinrich der Vogler aufgehalten haben soll, als man ihm die Kunde seiner Königswahl überbrachte. Am Ende rechts liegt dann noch das 'Klopstock-Haus', auch noch eine Sehenswürdigkeit."

„Wieso, Rolf?"

„Klopstock wurde hier geboren, war aber die kürzere Zeit seines Lebens hier. Was du dann noch auf dem Schloßberg sehen kannst, weiß ich leider nicht. Zur Orientierung: Auf dem Hinweg kreuzt du die Karl-Ritter-Straße am Finkenherd und auf dem Rückweg ein paar hundert Meter ostwärts und dann findest du dahinter die Heilig-Geist-Straße." Er zog die Wohnungsschlüssel aus der Tasche. „Nimm sie, damit du die Wirtin nicht rausklingeln mußt."

„Und du?"

„Ich klingele sie raus", lachte er sie an.

„Tschüs, auf später, vielleicht schlafe ich schon, wenn du kommst." Er sah zur Uhr: „Es ist halb zwei."

Sie ging die Wallstraße hinunter und er über die Marktstraße, den Markt zur Heilig-Geist-Straße und Münchmeyers. Frau Münchmeyer gab ihm gleich noch Bettzeug für Charlotte. Er legte sich auf die Couch zum Mittagsschlaf. -

Nach einer guten Stunde schlich sich Charlotte leise ins Zimmer, horchte auf seinen regelmäßigen Atem und legte sich aufs Bett, um ebenfalls etwas abzuspannen. Jetzt merkte sie auch die größere Beanspruchung durch die Reise und Besichtigung, auch wenn hier alles geruhsamer abläuft und die Hast und Unruhe der Großstadt fehlen. Sie betrachtete das Zimmer, das Rolf seit vier Wochen bewohnt. Er hat es noch recht gut getroffen, den Umständen und Verhältnissen entsprechend, sinnierte sie, und wie wird es im nächsten Monat sein, in Frankfurt, an der anderen Grenze der DDR, an der polnischen Grenze? Polnische Grenze bei Frankfurt an der Oder, es ist nicht zu fassen, auch für sie nicht. Da die Stadt in den letzten Kriegsmonaten stark umkämpft wurde, wird er es nicht so beschaulich antreffen wie in dem heiteren Harzstädtchen hier. Sie schüttelte nachdenklich den Kopf. Nein, nein, diese Gastspieltätigkeit ist auch aus diesem Grund keine Lösung, aber was und wie sonst? Hier wird alles enger für uns, da hat Rolf recht, und die Flüchtlingszahlen steigen schon wieder, wir werden es am Ende auch müssen, und Rolf wird sich in Berlin kundigmachen, ob und wie wir drei nach dem Westen kommen – um dann noch einmal von vorn anzufangen – und das in dem Beruf, schloß sie ihre Betrachtungen ab.

Rolf hatte sich umgedreht und die Augen geöffnet: „Du bist schon da?"

„Schon – es ist bereits vier durch, mein Schatz. Eine Frage: Können wir uns einen Kaffee machen?"

„Und ob, ich habe sogar etwas Gebäck in der Küche."

„Bestens, und wo ist das alles?"

„Auf und in der kleinen Anrichte, die linke Seite ist für mich und die rechte für den Kollegen von der Oper. Er ist Korrepetitor und Kapellmeister und ganz angenehm. Er hat eine einheimische Freundin und ist seltener hier."

„Gut für beide. Du kannst ja noch liegenbleiben und ich kümmere mich."

Sie stand auf, ordnete das Bett und ging in die Küche. Rolf hörte sie hantieren und sich unterhalten. Der Kollege von der anderen Fakultät ist doch da, und sie unterhält sich mit ihm, stellte Rolf fest und stand ebenfalls auf, ging ins Bad, und als er ins Zimmer trat, hatte sie den Kaffeetisch schon angerichtet. „Gelernt ist gelernt, Kleines, du bist von der 'Schnellen Truppe', würde man beim Barras sagen, gesagt haben."

Er ließ sich behaglich am großen Rauchtisch nieder und lächelte sie an: „Das ist hier ganz ungewöhnlich für mich."

„Ja", fügte sie resigniert hinzu, „das ist auch eine Folge, aber ich glaube, es geht so noch. Und wie wirst du es in Frankfurt antreffen?"

„Das ist noch gar nicht abzusehen. Soviel ich weiß, ist das Stadttheater auch im Krieg zerstört worden, und sie haben jetzt ein Behelfstheater, das 'Heinrich-Kleist-Theater'. Es soll etwas besser als das hier ausgestattet sein. Das frühere Stadttheater habe ich während des Krieges besuchen können. Berliner oder Filmprominenz gastierte ab und zu. Es war ein typisches Stadttheater, stammte aus dem vergangenen Jahrhundert mit Treppenaufgang und falschen Säulen davor. Es lag diesseits der Oder."

„Dann kennst du ja Frankfurt."

„Ja, etwas, ich bin gespannt, was davon geblieben ist."

„Und der Intendant?"

„Ich kenne ihn nicht persönlich, habe den Vertrag über Herrn Dietel in Berlin bekommen." – „Ist das nicht etwas riskant?"

„Weiß ich nicht einmal, meine Aufgabe ist fest umrissen, der 'Posa' und die Dauer der Verpflichtung und Gage auch. Der Ort ist allerdings nicht so idyllisch gelegen. Ein Nachteil ist allerdings die größere Entfernung."

„Aber du fährst über Berlin und hast Gelegenheit, dich zu informieren. Das wolltest du doch – oder?"

„Ja, das vor allem. Die künstlerische Arbeit dürfte auch besser sein. Ich spiele den 'Posa' trotz gewisser Einwände natürlich lieber als den Präsidenten. In der Rolle schleppe ich noch einige Unzulänglichkeiten von meinem Anfang 46 mit mir herum."

„Was hast du denn da wieder, mein kritischer Kopf?"

„Entschuldige, wenn ich dich mal wieder strapazieren muß, mein Herz, aber ich glaube, dir schon mal gesagt zu haben, daß ich damals – taufrisch im Gewerbe – mit falschen Ausdrucksmitteln gearbeitet habe."

„Das mag sein, daß du das gesagt hast, aber du hast die Rolle dann noch mal später gespielt."

„Schatz, ich glaube nicht entscheidend anders und besser." Er hob resigniert die Schultern.

„Mein Gott, Rolf, kannst du dich nie zufriedengeben?"

„Wenn du so fragst, nein, nie."

„Ein bißchen anstrengend – oder nicht?"

„Nun, wenn du möchtest, kann ich mir auch jeden Tag die Schultern klopfen und lauthals verkünden, daß ich der Größte bin."

„Nun gehst du gleich wieder ins Extrem – könnte es nicht dazwischen liegen?"

„In der Kunst", lachte er sie an, „da könnte ich doch gleich ein braves Handwerk erlernen. Womit ich nicht gesagt haben will, daß man, ohne es zu wollen oder zu merken, sich dazwischen befinden kann. Dann hat es eben nicht zu mehr gereicht. Eine gütige Göttin mag uns dann mit Blindheit schlagen und so das seelische Gleichgewicht in uns erhalten."

Charlotte sah ihn ernst an: „Rolf Konrad, du bist ein schwieriger Mensch."

Er blickte sie ebenso an: „Das, mein teures Herz, ist zwangsläufig." Dann legte er seine Hand auf ihre und lächelte sie an: „Ich weiß es und bitte dich um Nachsicht."

Die nachmittägliche Dämmerung schob sich ins Zimmer. Rolf sah zur Uhr: „Mein Gott, wo ist die Zeit verblieben, es geht auf 18 Uhr."

„Tatsächlich!" Charlotte schrak zusammen, „dann müssen wir ja gehen."

„Bald, nicht gleich. Etwas anderes: Wie bist du mit Frau Schauer verblieben? Weiß sie, daß du morgen gegen 12 Uhr wieder in Halle bist?"

„Ja, weiß sie und wollte mir sogar Kartoffeln schälen."

„Kann sie doch."

„Rolfi, wir sind zwar ein Künstler-Ehepaar, aber so etwas wollen wir doch nicht einreißen lassen. Den Haushalt machen wir doch mit links, würde Uli sagen. Den Grad der Zuwendung bestimme ich."

„Habe gar nicht gewußt, daß du so arrogant sein kannst."

„Nicht bemerkt, weil du selbst maßlos arrogant bist, mein Lieber."

„Jetzt kann ich nur noch still in mich hineinweinen, weil ich durch und durch durchschaut bin."

„Halte es noch zurück, du mußt heute abend ein unerhörter Präsident sein."

Sie stand auf, stellte die Gedecke aufs Tablett und trug es in die Küche.

„So, mein Lieber, ich glaube, wir müssen aufbrechen. Ich nehme sicherheitshalber meinen Trenchcoat mit."

Sie hängte ihn sich über die Schulter, „es könnte schon kühl werden."

„Tue ich auch."

Frau Münchmeyer öffnete kurz ihre Tür: „Hals und Beinbruch, Herr Konrad, und gute Unterhaltung."

„Oh, herzlichen Dank!"

Sie verließen das Haus und gingen über den Markt zum Speisehaus. Einzelne Passanten, dem Aussehen nach keine Feriengäste mehr, begegneten ihnen, vielleicht Personal aus Geschäften, Arbeiter, die nach Hause gingen.

Im „Lamm" waren sie die ersten Gäste und wurden vom Wirt freundlich begrüßt.

„Setzen wir uns wieder nach hinten, und was möchtest du trinken, Schatz?"

„Schauen wir erst nach dem Essen, Rolf."

„Ach, ich vergaß. Kalt oder warm, ich nehme ein Bauernfrühstück."

„Und ich ein Pilzragout."

„Damit ist die Getränkefrage beantwortet: Ich ein Bier und du einen Weißwein – oder?"

„Nicht oder, sondern ja."

Der Kellner begrüßte sie freundlich und nahm die Bestellung entgegen. Die Getränke kamen umgehend. Rolf sah Charlotte lächelnd an: „Sag', mein Herz, kann ich mit meinem Bier dir mit deinem edlen Wein zuprosten?"

„Ein echtes Problem, eine schwere Frage, ich fürchte, die werden wir heute nicht mehr beantworten können. Ich schlage vor, wir trinken erst mal, zum Wohl." Sie trank und blickte ihn verschmitzt an: „Ist dir der Gesprächsstoff ausgegangen, daß du so eine Frage konstruieren mußt?"

„Nein, das nicht, nur fiel sie mir ein, als ich die Gläser nebeneinander stehen sah: das Grobe und das Edle."

„Bist doch ein rechtes Sensibelchen, aber da kommt schon unser Essen."

Rolf sah, daß zum Pilzragout ein grüner Salat gegeben wurde. „Herr Ober, können Sie mir auch einen Salat bringen?"

„Gern, Herr Konrad."

Weitere Gäste kamen, Tretows und Achterbergs, die zu ihnen hinübergrüßten.

„Wie schmeckt dein Ragout, wird es ausreichend sein?"

„Du hast recht! Herr Ober", der wandte sich ihr vom Nebentisch zu, „könnten Sie mir noch eine Weißbrotschnitte bringen?"

„Aber gern, gnädige Frau, ich bringe sie gleich."

„Sag mal, Rolf, wie lange dauert die Vorstellung?"

„Etwas über zwei Stunden. Du kannst ja nach der Vorstellung hierhergehen und auf mich warten. Ich beeile mich und hole dich ab."

„Ja, das könntest du machen, jetzt ist es Viertel nach sieben, wenn du die

Rechnung begleichst, kommst du zur rechten Zeit." – „Werd' ich tun. Er winkte nach dem Ober. „Möchtest du noch einen Wein?"
„Nein, danke."
Rolf beglich die Rechnung. „Dann auf später, Liebes, unterhalte dich gut."
„Du auch, mein Lieber", lächelte sie ihn an, er nahm seinen Mantel, grüßte den am Tresen stehenden Wirt und ging zum Theater. Das Einerlei der Routine begann, Nervosität war zu bemerken, Unsicherheit. Kollegen wurden erwartet, andere schon da. Die Garderobieren waren bemüht, schnell zu sein, aber zugleich nicht nervös zu wirken, die Maskenbildner standen bereit, Glanz aufzulegen und Puder darüber zu decken, Perücken noch schöner oder imponierender aufzubereiten. Man konnte den Eindruck gewinnen, alles, alles geschieht zum ersten Mal und auch schon seit Jahren und Jahrzehnten in gleicher Weise.

Rolf Konrad hatte abgeschaltet, um übermäßige Spannung nicht an sich herankommen zu lassen, er machte leichte Entspannungsübungen, um sich freizuhalten für das, was in Kürze geschehen muß.

Das erste Klingelzeichen ertönte. Der Inspizient ging durch die Räume: „Meine Damen, meine Herren, es ist gleich soweit." Tretow und Walter machten die Runde und wünschten „Toi, toi, toi" über die linke Schulter. Hier noch ein freundliches Wort, dort ein Scherz, die übliche Seelenmassage und das nicht ausgesprochene Eingeständnis: Nun seht zu, wie ihr damit fertig werdet. Das zweite Klingelzeichen ertönte, noch ein schneller, kurzer Blick durchs Guckloch im Vorhang: Da unten saßen sie und warteten auf ihr „Theaterereignis". Jetzt sind wir dran, es gibt kein Entweichen, kein Entrinnen. Gelassen ging Konrad in seine Garderobe zurück, es war nicht mehr aufzuhalten, und er mußte seinen Teil dazu beitragen. Wenn in der Komödie oder beim Lustspiel Heiterkeit und Lacher über Gelingen oder Nichtgelingen etwas aussagen, beim Drama oder Trauerspiel sind es die Stille, die Pause der Spannung oder die gewalttätige, harte Entladung, die etwas davon verraten – und man hört die Reaktionen ab und wägt und wertet. Und das immer wieder, durch die Jahre hindurch, und muß hingenommen werden, von denen da unten wie von denen oben.

Der Schluß des 2. Aktes nach der hochgetriebenen Dramatik in Millers Haus, der Vorhang fiel, das Saallicht flammte auf. Keine Hand rührte sich. Langsam erhob sich das Publikum, die Spannung loszuwerden, die Anteilnahme. Die Umbauten dauern stets zu lange, sind immer zu laut für den Bühnenmeister, den Inspizienten, für den Regisseur. Die Darsteller sitzen in den Garderoben vor ihren Schminktischen, blicken sich an, wissen noch nicht, wie sie die stumme Reaktion des Publikums deuten sollen.

Herr Walter aus Berlin geht durch die Garderoben und ist sehr zufrieden, er deutet das Verhalten des Publikums richtig, die Schillersche Spannung läßt keine Entspannung zu.

Der Umbau ist beendet, es wird eingeläutet, die Zuschauer nehmen die

Plätze ein, die Darsteller ihre Positionen, das Geschehen muß zu Ende gebracht werden bis zur Anklage Wurms „Es soll mich kitzeln Bube, mit dir verdammt zu sein". Ein harter Lichtschluß und Vorhang. Konrad verharrte einen Moment, auch die Zuschauer, dann setzte Beifall ein, erlösender, entspannter Beifall. Das Bühnenlicht kam wieder, und die Realität hob die imaginäre Bühnenwirklichkeit auf. Der Inspizient sorgte für die Applaus-Ordnung, und der Vorhang öffnete sich für die Zuschauer, Respekt und Dank an die Künstler abzustatten. Entspannung, glückliche Entspannung bei ihnen und bei dem Regisseur, der sich einfand. Blumen wurden überreicht, zur Überraschung Konrads auch an ihn. Sehr aufmerksam von der Intendanz, registrierte er und ging am Schluß mit den Kollegen in die Garderobe, um festzustellen, nicht die Intendanz hatte ihm Blumen überreichen lassen. „Unserem verehrten 'Tell'", stand auf der Karte, „von Rostocker Theaterfreunden". Leicht irritiert legte er die Blumen auf dem Schminktisch ab, das hatte er überhaupt nicht erwartet.

Er schminkte sich ab, kleidete sich um, nahm den Dank des Intendanten Tretow entgegen und konnte noch nicht sagen, ob er zur Premierenfeier im „Lamm" kommen könne, da seine Frau sicher einen anstrengenden Tag hatte.

Einige Zuschauer standen vor dem Theater und warteten offensichtlich auf irgendwelche Kollegen. Er ging den Marschlingerhof hinunter zum „Lamm" und sah Charlotte vor dem Gasthof auf ihn warten.

„Warum gehst du nicht rein, Kind?"

„Möchtest du?"

„Nein, nicht unbedingt, du würdest sicher müde sein, habe ich dem Tretow gesagt."

„Gut, das bin ich dann auch." Sie wies auf die Blumen.

„Die Intendanz?"

„Nein, du wirst es nicht glauben", lachte er unsicher, „Rostocker Theaterfreunde für ihren verehrten Tell."

„Oh, das ist eine Überraschung", stellte Charlotte fest. Die Theaterwelt ist schon sehr, sehr seltsam. Was würde Herr Jung in Halle dazu sagen?"

„Daß da unten bei den Zuschauern immer noch einer sitzt, der applaudiert – und mich damit zitieren."

„Du bist und bleibst ein Zyniker."

„Ehrlich, Liebes, als ich die freundlichen Zeilen las, war ich doch verunsichert, aber das ist ein weites Feld. Inzwischen weiß ich auch, wie es in dieser Woche hier läuft: Am Dienstag haben wir Vorstellung im Haus, am Donnerstag Abstecher nach Wernigerode, wieder Vorstellung hier im Haus haben wir dann am Sonnabend. Das wäre das, und wie fandest du die Aufführung?"

„Wollen wir nicht später drüber reden?"

„Aber Kind, wer sind wir denn?"

„Nun gut: Es ist schon ein Klassenunterschied, und du hast leider recht, was die gesellschaftliche Aussage angeht und auch die Besetzungen. Ich habe mir deinen Präsidenten genau angesehen – du hast leider auch darin recht, aber ich kann dir nicht einmal sagen, woran es liegt. Vielleicht hast du mit deiner Vermutung recht, und du müßtest ihn noch einmal ganz neu arbeiten und vergessen, was du in der Rolle je empfunden, gedacht, gesagt und getan hast. Was du übrigens über den Schluß gesagt hast, stimmt, und ich hatte den Eindruck, das haben noch mehr der Zuschauer so gesehen."

Sie standen vor der Heilig-Geist-Straße 15. Er schloß die Haustür auf. „Dein Zug fährt morgen 10 vor 10 Uhr, wenn wir halb zehn zum Bahnhof gehen, müßte es reichen, was meinst du?"

„Ich denke doch." Langsam gingen sie nach oben in ihr Zimmer.

34. Kapitel

Die Wohnungsklingel bei Konrads in Halle, Fleischmannstraße, gellte zweimal kurz – lang. Charlotte, die sich zu einem zweiten Frühstück in ihr Zimmer gesetzt hatte, blickte überrascht auf: Für Uli war es zu früh, und bevor sie sich erhoben hatte, um auf den Summer zu drücken, wurde die Wohnungstür schon aufgeschlossen, und Rolf stand vor ihr.

„Nanu, du bist es!"

„Ja, ich, Kleine." Er umarmte sie, etwas flüchtig, wie sie fand, legte Mantel und Hut ab.

„Ich hatte dich erst in der nächsten Woche erwartet, aber setz dich doch und berichte, ist etwas Besonderes passiert?"

„Ist es. Ich will am späten Nachmittag auch wieder nach Quedlinburg zurück."

„Du machst mich neugierig, Rolf, was ist denn los? Oder möchtest du erst etwas essen und trinken?"

Sie stand auf und ging in die Küche. „Ich komme gleich mit und erzähle dir, gib mir nur einen Apfelsaft, dann können wir uns wieder rübersetzen."

„So, danke." Sie gingen wieder ins Wohnzimmer zurück.

„Wie du weißt, haben wir gestern einen Abstecher nach Wernigerode gehabt."

„Ja, ja, du sprachst am Sonntag davon, aber trink doch erst mal."

„Tu ick ja ooch, Kleene."

„Was war denn nun in Wernigerode?"

„Da suchte mich in der Pause ein alter Kamerad aus dem Krieg in der Garderobe auf."

„Das ist doch schon mehrere Male passiert. Wo ist das Besondere?"

„Wirst du gleich sehen. Wir haben uns dann nach der Vorstellung in einem Lokal zusammengesetzt."

„Ging denn das, du mußtest doch mit dem Bus wieder zurück."

„Es ging, er hat mich mit seinem Wagen nach Quedlinburg gebracht."

„Na ja, mal 'ne Abwechslung, Rolf, und das war's denn!"

„Nein, es war mehr."

„Dann komm zur Sache, Schatz."

„Also, Hans Kasubeck, der Kamerad, ist Leiter einer HO und wohnt in Ilsenburg, nicht weit von der Grenze."

Charlotte, die ihm mit leichter Ungeduld zugehört hatte, atmete langsam und etwas resigniert aus.

„Also, das ist es, du willst es noch mal darauf ankommen lassen."

„Das wollten wir doch sowieso – unter Umständen über Berlin, und ich wollte während meines Gastspiels in Frankfurt die Voraussetzungen prüfen."

„Und jetzt kommst du davon wieder ab", fügte sie etwas kleinlich hinzu.

Rolf spürte, wie sich bei ihr eine ambivalente Neigung regte. Er ergriff ihre Hände: „Durch die Erzählung von Kasubeck, daß er in der Vergangenheit schon einige Bekannte über die Grenze gebracht habe, daß er ihnen behilflich gewesen sei, bin ich auf die Idee gekommen. Das ist doch eine günstige Konstellation für uns. Er wohnt im westlichen Teil von Ilsenburg, und die Grenze verläuft zwei bis drei Kilometer weiter westlich. An der 'Rabenklippe' war früher der günstigste Übergang, das haben die Grenzer auch bald mitgekriegt, aber im Eckertal, das vom Süden nach dem Westen verläuft, bestehen noch weitere Möglichkeiten."

„Ist dein Kamerad …" „Er war Feldwebel in meiner Kompanie" – „nun gut, ist er vertrauenswürdig?"

„Das war er schon früher."

„Obwohl er Leiter in einem HO-Laden ist? Da ist er doch sicher in der SED?"

„Ich glaube schon, aber das ist in unserer Beziehung ohne Bedeutung. Er war damals eine verläßliche, ehrliche Haut und hat sich aufrichtig gefreut, mich wiederzusehen. Natürlich ist ein Grenzübertritt immer ein Wagnis, ein Risiko, aber das hier scheint mir kleiner zu sein als das in Rostock und mit dem überhaupt nicht vergleichbar."

Charlotte zog ihre Hände zurück, stand auf und ging mehrere Male im Zimmer auf und ab, dann blieb sie vor ihm stehen: „Du mußt zugeben, daß es eine schwere Entscheidung ist."

„Die durch Kasubeck erleichtert wird."

„Das mag sein. Wie hast du dir das gedacht und wann soll es geschehen?"

„Morgen schon."

„Was – aber das geht doch nicht so schnell."

Sie setzte sich wieder in den Sessel.

„Liebes, ob es nun morgen geschieht, übermorgen oder in einer Woche, es ändert nichts daran, daß wir rüber müssen, so wie wir sind, nur mit unseren Papieren und sämtlichem Bargeld."

„Mein Gott!" Charlottes Blick fiel auf die Möbel: „Das alles!"

„Ja, Kind, das alles müssen wir hierlassen – und drüben haben wir dann nichts!"

Sie schüttelte unwillig den Kopf: „Ach, Rolf, ich bin doch nicht tüddelig, natürlich haben wir drüben nichts mehr."

„Das Schicksal teilen wir dann mit Tausenden, die schon rübergegangen sind, aber laß mich fortfahren. Ich habe mir gedacht, daß wir von Ilsenburg über die Grenze nach Bad Harzburg gehen und uns auf der nächsten Sammelstelle melden, vielleicht ist eine in Braunschweig oder Hannover, tauschen die Ostgelder ein, fünf oder sechs zu eins, und haben dann ein paar hundert Westmark. Ich werde gleich Kontakt zu meinem Bruder Karl aufnehmen und hören, was der meint und ob er uns helfen kann. Und dann habe ich mir noch folgendes überlegt: Versuch doch noch, ein paar Kartons zu kriegen."

„Ich habe noch ein paar vom Umzug."

„Um so besser und mache einige Pakete mit Wäsche und Kleidung. – Wann kommt deine Aufwartefrau?"

„Am Montag vormittag."

„Na, das paßt doch: Du legst auf die Pakete die Mitteilung, daß wir drüben sind, und wenn wir unsere Adresse hätten, würden wir sie ihr mitteilen und sie bitten, sie dann an uns zu schicken; mit beliebigem Absender, damit man sie nicht belangen kann. Da wir am Montag schon drüben sind, mußt du ihr vor deiner Abfahrt noch den Wohnungsschlüssel zustellen. Als Grund kannst du ihr sagen, daß du am Montag vormittag beim Friseur bist. Erst wenn sie am Montag deine Zeilen gelesen hat, weiß sie, daß wir drüben sind. Leg dem Schreiben etwas Geld bei. Und ich mache es in Quedlinburg ähnlich: Nehme Kleidung aus meinen Koffern und pack' sie in Kartons; soweit es geht, lege ich auch eine Mitteilung dazu, und wenn sie wollen, können Münchmeyers die Sachen schicken – oder auch verwahren. Wenn mich morgen nachmittag Kasubeck abholt, lege ich die Zeilen und die Wohnungsschlüssel aufs Gepäck und fahre unbemerkt davon. Ich nehme an, daß sie am nächsten Morgen oder Mittag feststellen, daß ich nicht mehr da bin. Wir weisen Münchmeyers und auch Frau Röpke darauf hin, daß sie keine Risiken eingehen sollen."

Die Wohnungsklingel ertönte. „Das ist Uli, ich laß ihn rein. Er darf doch noch nichts erfahren?"

„Nein, auf keinen Fall, erst wenn wir in Ilsenburg sind."

Ulrich kam singend und gutgelaunt die Treppen hoch, sah Rolfs Mantel. „Ist Vati da?" rief er und warf den Ranzen in seinem Zimmer ab.

„Guten Tag, Vati, du wolltest doch erst in der nächsten Woche kommen, hat Mutti gesagt; aber ganz schön, daß du da bist." Er gab seinem Vater einen freundlichen Klaps, „nur frag' mich nicht nach der Schule, das ödet mich nämlich an."

„Frag' ich nicht, Uli."

„Na, dann ist es ja gut."

Charlotte schob ihn leicht in sein Zimmer: „Uli, Herzensbübchen, kannst du uns noch einen Moment allein lassen, wir müssen etwas besprechen."

„Kann ich da nicht mitsprechen, Mutti?"

„Später, Kleiner", versicherte Rolf.

„Gut, aber ich habe auch Hunger!"

„Auch das, aber Mutti muß mir auch noch etwas Essen machen, laß uns jetzt allein." Er schob ihn in sein Zimmer.

„Also noch einmal, Rolf, wie soll es ablaufen?"

„Gehen wir der Reihe nach: Ich nehme nachher alle unentbehrlichen Papiere und das ganze Ostgeld und fahre kurz vor 18 Uhr nach Quedlinburg zurück. Da mache ich mein Gepäck klar und warte, bis mich morgen am Spätnachmittag Kasubeck mit seinem Wagen von Quedlinburg abholt. Er wohnt am Rand der Stadt, Rabenklippe 13, und da treffe ich euch. In der Dunkelheit führt er uns eine bestimmte Strecke, dann müssen wir drei durchs Eckertal nach Bad Harzburg marschieren, und du fährst morgen mit Uli 12 Uhr fünf über Wegeleben direkt nach Ilsenburg und bist gegen 15 Uhr da, gehst zu Kasubeck, Rabenklippe 13, und wartest bei ihnen, bis ich komme. Zieht euch warm, aber unauffällig an. Wenn euch jemand fragen sollte, ihr wollt zu einem kurzen Besuch zu Kasubecks. Vielleicht nimmst du deine kleine Reisetasche und steckst etwas zu essen und zu trinken ein."

Rolf blickte zum Fenster hinaus: „Es kann einen Wetterumbruch geben, nehmt das Regen-Cape mit. Wenn Uli morgen früh in die Schule will, sagst du ihm, daß ihr mal kurz verreisen müßt, gib aber das Ziel nicht an. Ihr verschwindet morgen am Vormittag unauffällig und kommt unauffällig in Ilsenburg an. Da ruht ihr euch aus, der Marsch durch den Wald wird anstrengend, es sind 2 bis 3 Kilometer."

Rolf sah Charlotte an: „Das wär's, ist dir noch etwas unklar, Liebes?"

„Im Augenblick nicht, vielleicht fällt mir noch etwas ein, jetzt muß ich mich erst um dein Essen kümmern."

„Gut, ich stecke mir gleich Papiere und Geld ein und lege mich noch etwas auf die Couch."

- Rolf schreckte aus einem kurzen Schlaf auf, Charlotte blickte zu ihm ins Zimmer: „Oh, entschuldige Rolf, du bist eingeschlafen, ich wollte dir nur sagen, daß wir essen können."

„Ach ja, ich war richtig weggerutscht."

Er stand auf, ging kurz ins Bad und setzte sich an den Mittagstisch, an dem Uli schon auf ihn wartete: „Geht's nicht ein bißchen schneller, Vati? Ich habe Hunger."

„Ja, das sagtest du schon, aber ich habe in der vergangenen Nacht nur wenig schlafen können; laß es dir trotzdem gut schmecken, guten Appetit."

„Daran habe ich gar nicht gedacht, Rolf, du hast mit deinem Kameraden sicher noch mehr zu erzählen gehabt."

„Aber ja, das meiste war das andere und nur am Schluß kamen wir dann auf unser Thema. Kasubeck war mit meiner alten Division an die Italien-Front verlegt worden, als ich im Ersatzheer zum Panzergrenadier umgeschult worden war. Es interessierte mich sehr, wie es einigen befreundeten Kameraden ergangen war, mit denen ich lange in Verbindung stand und die dann plötzlich nichts mehr von sich hören ließen. Die Post blieb einfach weg, und wenn ich Glück hatte, teilten mir die Eltern oder Ehefrauen mit, daß sie schon längst gefallen waren, irgendwo in Italien oder in der Normandie oder auf dem Balkan. Es kam auch vor, daß ich Briefe von Freunden zu einem Zeitpunkt erhielt, an dem sie schon lange tot waren." Er blickte zu Uli, der sein Essen beendet hatte und auf dem Stuhl hin- und herrutschte. „Bist du fertig, Uli, na dann steh schon auf und geh in dein Zimmer, ich unterhalte mich noch ein bißchen mit Mutti." Uli war im Nu in seinem Zimmer verschwunden, öffnete aber noch mal die Tür. „Bleibst du noch oder mußt du heute wieder weg?"

„Ich muß heute wieder weg, Uli, aber ich melde mich bei dir ab."

„Gut, aber vergiß es nicht."

„Da sei Gott vor, Uli!"

Er stand auf: „Räumen wir das Geschirr ab und gehen wir zu mir rüber."

Mit ein paar Griffen hatten sie den Tisch frei gemacht und gingen in sein Zimmer.

„Um noch einmal auf Kasubeck zurückzukommen: Es ist ein glücklicher Zufall, daß ich den getroffen habe. Und wenn uns jemand helfen kann, über die Grenze zu kommen, dann ist er es, er hat Ortskenntnisse und, was ganz wesentlich ist, er hat Erfahrungen."

Sein Blick fiel auf die Westminster-Uhr: „Es ist 3 Uhr, um fünf muß ich weg, ich müßte doch noch etwas ausruhen, kannst du mich um fünf wecken und einen Kaffee machen, vielleicht esse ich auch etwas."

„Aber selbstverständlich, Rolf, ich gehe gleich in die Küche, mache meine Abwäsche und stell dir alles bereit. Um 5 Uhr wecke ich dich dann, reicht das auch aus?"

„Ich denke doch." Er zog die Schuhe aus, nahm eine Decke und legte sich in seinem Zimmer auf die Couch. -

Leise öffnete Charlotte die Tür zu Rolfs Zimmer und lauschte: Er schlief noch fest. Sie blickte noch mal zur Uhr, es ging aber nicht anders, sie mußte ihn wecken, wenn er noch etwas essen wollte. Leicht berührte sie seine Schulter: „Rolf – Rolf, du mußt aufstehen."

Er reagierte etwas nervös: „Ist es schon soweit?"

„Ja, du mußt, mach dich fertig, ich schenke dir gleich den Tee ein."

Zügig zog er sich an und setzte sich an den Tisch im Wohnzimmer.

„Eine Frage, Rolf: Soll ich dich zum Bahnhof bringen?"

Er sah sie einen Moment an: „Nein, laß nur, ich bin eigentlich nicht hier, und du bist – von morgen mittag an auch nicht mehr hier, und außerdem mußt du dich noch um die Pakete kümmern. Nein, laß nur. Wo ist übrigens Uli?"

„Unten auf der Straße, wahrscheinlich spielt er Fußball. Sein Interesse daran ist aber nicht mehr groß."

„Grüß ihn, wenn ich ihn nicht mehr treffen sollte, und sag ihm nur das Notwendigste, auch morgen auf der Fahrt nach Ilsenburg."

„Ja, gut, Rolf. Ich habe mir inzwischen auch noch einmal alles gründlich überlegt und denke, daß wir richtig handeln und daß es eine gute Gelegenheit ist."

„Ja, das glaube ich auch." Er stand auf, steckte Papiere und das Geld sorgfältig ein, zog den Mantel an und nahm den Hut.

„So, meine Liebe, wir sehen uns morgen nachmittag in Ilsenburg, auf Wiedersehen."

Sie umarmten und küßten sich. Mit leichtem Schwung drückte er sich den Hut auf und ging die Treppe hinunter zur Haltestelle der Straßenbahn.

35. Kapitel

Rolf Konrad hatte am nächsten Vormittag in Quedlinburg in der Marktstraße einen leichten Koffer gekauft, um seine Garderobe auf drei Koffer zu verteilen. Postsendungen über 14 Kilo werden von der Post nicht nach dem Westen befördert. Vielleicht würden seine Wirtsleute es doch riskieren, sein Gepäck nach dem Westen zu schicken. Im anderen Fall, den er durchaus respektierte, konnten sie die Koffer einstweilen verwahren; vielleicht könnte sich mal eine andere Möglichkeit ergeben. Er packte die Koffer um und stellte sie parat. Dann schrieb er den Brief mit den Informationen an Münchmeyers und der höflichen Bitte um Verständnis und Nachsicht für sein Verhalten, legte Geld für die restliche Miete und das Porto für eine eventuelle Übersendung bei. Dann überprüfte er noch mal, ob alles deutlich und verständlich war, und verschloß den Brief.

In einer halben Stunde gehe ich zum Mittagessen, nahm er sich vor und legte sich auf die Couch.

Das Wetter hat sich nicht geändert, stellte er fest, es ist ein trüber Herbsttag und möglicherweise wird es auch noch regnen, aber das müssen wir hinnehmen. Charlotte wird mit Uli schon im Zug nach Ilsenburg sitzen, und ich warte auf Kasubeck, und wenn der Inspizient heute abend zum Auftritt klingelt, bin ich schon auf der anderen Seite und – stehe vor dem Nichts, muß wieder von vorn anfangen, aber es geht nicht anders. Nach der Überraschung am 17. Juni haben die roten Brüder sich wieder konsolidiert und werden jetzt noch konsequenter ihre Gesellschaft an die antifaschistische Leine legen. Und wer kann sie daran hindern? Wir nicht, und die westlichen Staaten auch nicht, die denken nicht daran. – Ich bin es reichlich müde, schloß er die Überlegung.

Er stand auf, zog den Mantel an und blickte zum Fenster hinaus. Ein leichter Nieselregen hatte eingesetzt. Aus einem Koffer nahm er den Regenmantel heraus, setzte den Hut auf und ging die Treppe hinunter auf die Heilig-Geist-Straße, über den Markt zum Speisehaus „Buntes Lamm". Vereinzelt saßen noch einige Gäste beim Bier und unterhielten sich. Weder Tretow noch Achterberg waren zu sehen. An der Fensterseite saß Doris Meyer, die Darstellerin der „Lady Milford", und winkte ihm, sich zu ihr zu setzen.

„Gern, Frau Meyer, ich hänge nur noch meine Garderobe an." Er begrüßte sie und setzte sich.

„Haben Sie sich auch verspätet?"

„Ja, ich hatte einen längeren Spaziergang gemacht und mich außerdem verlaufen."

Sie strich eine dunkle Locke zur Seite. „Ich kann gar nicht genug von der schönen Landschaft hier kriegen. Außerdem muß ich fit bleiben, unbedingt fit bleiben", setzte sie hinzu.

„Aber, aber", lachte Konrad sie an, „Sie müssen doch nicht erst, Sie sind es doch. Um Ihre Figur werden Sie viele Frauen beneiden." – „Vielen Dank fürs Kompliment, Tatsache ist, ich muß mich kümmern, in meiner Verwandtschaft neigen durchweg alle Frauen – na, wie formulieren wir es am besten – sagen wir, die Frauen neigen etwas zur Fülle."

Der Ober kam an den Tisch: „Haben Sie schon gewählt, Herr Konrad?"

„Ach, nein, entschuldigen Sie." Er wandte sich an die Kollegin: „Wie war Ihr Gulasch, gut, Frau Meyer?"

„O ja, ich kann es empfehlen."

„Dann auch für mich ein Gulasch, Herr Ober, aber können Sie mir dazu Kartoffeln geben?"

„Wie Sie wünschen, Herr Konrad."

„Und einen Apfelsaft."

„Kommt gleich, Herr Konrad."

„Schön, danke, Herr Ober."

Er wandte sich wieder an die Kollegin, eine aparte Frau um die Dreißig, vielleicht etwas hohe Backenknochen, ein slawischer Typ, verheiratet mit einem Kollegen in Leipzig.

„Entschuldigen Sie, daß ich Sie unterbrochen habe, wegen der Fitneß machen Sie ausgedehnte Spaziergänge, auch bei solchem Wetter?"

„Ja, und weil wir in Leipzig nicht so eine schöne Landschaft haben, das ist auch der Grund, warum ich hier gastiere. Mein Mann meinte, dann könnte ich auch nach Kötschenbroda gehen, da sei die Landschaft ebenso."

„Tatsächlich?"

Sie lachte ihn an: „Weiß ich nicht. Gerechterweise muß man feststellen, daß hier nicht Kötschenbroda ist."

„Sie meinen unsere Aufführung 'Kabale und Liebe'."

„Na ja, das auch. Ein bißchen kümmerlich ist die Ausstattung schon, und die Inszenierung von Herrn Walter mit dem eigenwilligen Schluß ist auch nicht das Gelbe vom Ei."

„Die neue sozialistische Perspektive, nehme ich an."

„Hätte man wohl gern, aber ich weiß nicht, ob es das bringen wird."

„Heute vielleicht noch nicht, aber übermorgen kann es schon was gebracht haben und am Ende bemerken wir es nicht einmal."

„Sehen Sie da nicht zu schwarz?"

„Ich sehe eher eine andere Farbe."

Doris Meyer lächelte ihn an: „Ja, ja, ich habe gehört, daß es auf Ihren Proben unterschiedliche Auffassungen gegeben haben soll – und was hat es gebracht? Viele Zuschauer haben es nicht einmal bemerkt, daß der Stückschluß anders war als bei Schiller oder in früheren Inszenierungen, und da fragt man sich, welche Gesellschaftsschicht ist es, die neue oder die alte, die man nicht schätzt und gerne loswerden möchte."

Der Ober brachte Konrads Essen und servierte.

„Darf ich mein Gulasch so nebenher essen?"

„Nur zu, Herr Konrad, guten Appetit."

„Danke, Frau Meyer." Er blickte sie einen kurzen Augenblick an: „Eine Frage, liebe Kollegin, sind das alle Gründe, die Sie hierhergebracht haben?"

Sie sah ihn etwas überrascht an: „Nun ja, Herr Konrad, es gibt auch noch einen weiteren, einen mehr persönlichen Grund, das Gastieren ist auch eine Möglichkeit, die Ehe nicht ganz vor die Hunde gehen zu lassen. Ein gemeinsames Engagement schafft auf die Dauer gewisse Probleme. 24 Stunden Theater kann auch eine gute Ehe kaputtmachen, und als sich bei uns die Krisen wiederholten, waren wir auf diese Lösung gekommen. Vielleicht könnte es an einer Berliner Bühne besser gehen, aber mein Mann hat einen Fünf-Jahres-Vertrag in Leipzig abgeschlossen, und – nebenbei – ich möchte auch nicht als 'Knochenbeilage' engagiert werden."

Konrad sah sie überrascht an: „Was heißt das, liebe Kollegin?"

„Kennen Sie das nicht? Wenn ein Intendant nur den Mann eines Ehepaares engagieren möchte und nur zähneknirschend auch die Frau engagieren muß."

„Eine gute Metapher!" lachte Konrad, „die muß ich mir merken."

Das Lokal hatte sich inzwischen geleert. Konrad drehte sich um: „Wir sind die letzten", stellte Konrad fest, „und wenn ich nicht irre, wartet der Ober schon auf unseren Abgang. Tun wir ihm den Gefallen."

„Ja, ich muß auch noch zahlen. Herr Ober, können wir?"

„Aber gern, Frau Meyer, ich komme."

Sie zahlten, zogen die Mäntel an und verließen das Speisehaus.

„Ich muß über den Markt, und wo wohnen Sie, Frau Meyer?"

„In der Verlängerung der 'Schmalen Gasse', rechts."

„Da haben Sie es nicht weit. Wir sehen uns heute abend, auf Wiedersehen."

„Auf Wiedersehen, Herr Konrad."

Er wandte sich um und blickte zum Himmel. Der Regen hatte aufgehört, aber es sah nicht nach einer Wetterbesserung aus. Vielleicht gar nicht so schlecht für heute abend, überlegte er und ging zur Heilig-Geist-Straße in seine Wohnung, machte sich in der Küche einige Schnitten, die er als Wegzehrung in den Mantel steckte. Gegen 18 Uhr wollte Kasubeck kommen, er hatte also noch etwas Zeit, zog die Schuhe aus und legte sich auf die Couch. Das Notwendige war getan, jetzt muß nur noch Kasubeck kommen.

Eine gewisse Gelassenheit hatte sich bei ihm eingestellt: Was geschehen mußte, war geschehen, war getan und wenn alles gutgeht, werde ich mit Charlotte und Uli gegen 20 Uhr hinter der Grenze sein, schloß er seine Überlegungen ab. Jetzt war nichts weiter zu bedenken – nur die Daumen zu drücken.

Er horchte nach draußen, ab und zu waren Kinderstimmen im Flur zu hören. Sind es Münchmeyers Enkel? Haben sie überhaupt Enkel? Bisher haben sie nur von einem Sohn gesprochen, der im Westen leben würde. Er kann nicht rüberkommen und will wohl als ehemaliger Stabsoffizier der „Großdeutschen Wehrmacht" auch nicht.

Aber sie, die Eltern, würden gern mal rüberfahren, doch sie können nicht, genauer, sie dürfen nicht. Auch ihnen war auf dem obligaten Wisch mitgeteilt worden, daß daran aber der Adenauer schuld sei, spottete er in Gedanken. Er erinnerte sich, es war derselbe Text gewesen. Nun ja, das werden wir für uns heute korrigieren, solche dummen Argumente und Ausreden wird uns niemand mehr anbieten und ich, ich werde zum dritten Mal in meinem Leben von vorne anfangen müssen – und das mit Weib und Kind; es ist ein Beschiß – sei's drum!

Nur kleine Brötchen werden wir einstweilen backen können, genauso wie die Kollegen, die vor zwanzig Jahren vor den Braunen fliehen mußten – nein, er korrigierte sich, nein, nein, die waren schlechter dran, wesentlich schlechter, die mußten in fremde Länder gehen, wir gehen in die Bundesrepublik, wir bleiben in Deutschland. Gott sei Dank, das ist ein wesentlicher Unterschied, besonders in meinem Beruf, wenn ich auch Zeit brauchen werde, in dem verrückten Gewerbe wieder Fuß zu fassen.

Er grübelte weiter vor sich hin – und Charlotte, bisher habe ich überhaupt nicht an sie gedacht, ob sie nicht auch wieder in ihrem früheren Beruf als Buchhalterin arbeiten könnte? Sie könnte doch zumindest als Schreibkraft Arbeit finden. Als Sängerin sicher nicht, dazu war das Studium in Erfurt zu kurz und auch zu unergiebig gewesen, aber in einem Büro, das wäre doch auch eine Lösung für eine Übergangszeit. Also so schlecht sieht es doch auch nicht für uns aus!

Die Wohnungsklingel unterbrach seine Gedanken.

Er sah zur Uhr, sollte das Kasubeck sein? Draußen dämmerte es auch schon ein wenig. Frau Münchmeyers Stimme war zu hören: „Ja, gehen Sie nur geradeaus." Konrad öffnete die Tür: „Hier bin ich, Herr Kasubeck, kommen Sie. Vielen Dank, Frau Münchmeyer!" und zu Kasubeck gewandt: „Wollen Sie sich erst verschnaufen, oder können wir gleich fahren?"

„Wir können fahren, Herr Konrad", antwortete Kasubeck in seinem leicht müde klingenden mitteldeutschen Dialekt.

„Gut, ich mache mich gleich fertig." Dann legte er den Brief und das Geld für Münchmeyers auf einen Koffer, nahm Mantel und Hut: „Wir können!"

Kasubeck hatte seinen Wagen ein paar Häuser weiter abgestellt, sie setzten sich hinein und fuhren durch die Karl-Ritter-Straße auf die Westerhauser Chaussee.

„Wir sind hier auf der Straße 6 und können bis Ilsenburg darauf bleiben. Übrigens, Ihre Frau und der Junge sind schon bei uns."

„Sehr schön, Herr Kasubeck, danach geht alles nach Plan. Haben Sie sich freimachen können?"

„Kein Problem, ich bin soviel auf Achse und kann es einrichten, da brauchen Sie sich keine Sorgen zu machen. Übrigens wundert mich, daß ich Sie nicht schon früher auf der Bühne gesehen habe, wir sehen uns jede Theateraufführung an."

„Das ist leicht erklärt, Herr Kasubeck, ich gastiere nur in Quedlinburg. Vordem war ich in Halle fest engagiert. Es ist ein Zufall, daß wir uns in Wernigerode gesehen haben. Ich habe mich gefreut, auch über Ihre Berichte über die Kameraden, wenn es leider überwiegend unerfreulich ist und nur wenige den verdammten Krieg überstanden haben."

„Ja, das ist es. Ehrlich gestanden, erinnere ich mich ungern an die Zeit, das alles ist für mich abgeschlossen."

„Hat man Sie nicht auch nach dem Krieg als Kriegsverlängerer beschimpft."

„Ja, aber das hat sich bald geändert, als die SED gegründet wurde und ich ihr beitrat."

„Sind Sie politisch aktiv?"

„Ach wo, man kann auf uns nicht verzichten und will es auch nicht. Jetzt fragt keine Sau mehr danach, ob ich Landser oder Unteroffizier bei der Wehrmacht war, und die ehemaligen Offiziere hat man in der Nationaldemokratischen Partei vereinnahmt. Ist man nicht auch an Sie herangetreten?"

„O ja, aber ich habe einen alten Führerausspruch zitiert: Gebt mir vier Jahre Zeit, und die vier Jahre sind noch nicht um", lachte Konrad.

„Etwas anderes. Wie lange fahren wir?"

„Durch Blankenburg sind wir schon durch und vor uns liegt Wernigerode, dann kommt Ilsenburg. Insgesamt sind es vierzig Kilometer, jetzt ist es halb sieben, wir werden gegen sieben Uhr da sein. Leider fängt es verstärkt zu regnen an." Er stellte den Scheibenwischer stärker an.

„Ist das günstig für uns?"

„Weiß ich nicht einmal, man hört und sieht zweifellos schlechter, aber das gilt für beide Seiten."

„Hat es in Ilsenburg beim Grenzübertritt schon Schwierigkeiten gegeben?"

„Sie meinen, ob man welche geschnappt hat? Nein, jetzt nicht mehr. Vor einigen Jahren gingen viele an den Rabenklippen rüber und auch zurück. Das hat sich bei den Grenzsoldaten rumgesprochen und die haben da besonders dichtgemacht. Die Folge ist, daß man weiter nördlich im Eckertal rübergeht."

Kasubeck blickte angestrengt nach draußen. „Ich fürchte, der Regen bleibt Ihnen erhalten. Jetzt kommt Wernigerode. Wir können auf unserer Straße bleiben, dann kommt noch Darlingsrode und danach Drübeck."

„Ich bin Ihnen sehr dankbar, daß Sie uns behilflich sind, nach drüben zu kommen."

„Ach, Herr Konrad, das ist doch nicht der Rede wert, ich freue mich, daß ich Ihnen helfen kann. Beim Barras habe ich manchen krummen Hund kennengelernt, Sie waren es nicht, Sie gehörten zu den menschlichen, den angenehmen Vorgesetzten. Wissen Sie, was mich und auch andere Landser beeindruckt hat? Sie werden es nicht glauben, Ihr Humor, Sie lachten oft und das war so gänzlich unkommißmäßig."

„Vielen Dank, mein Lieber, jetzt hoffe ich nur, daß unser Übertritt klappt und Sie keine Unannehmlichkeiten haben." – „Hatte ich bisher nicht und das wird heute nicht anders sein. Ich weiß ja, wie die Grenzer ihre Streifen gehen, und bleibe bei Ihnen bis hinter dem Tuchfeldtal. Ich habe zu Hause eine große Karte von dem Gebiet, die können wir uns ja noch mal ansehen. Wenn wir draußen im Wald sind, wird sie uns dann nicht mehr nützen, da müssen Sie stur nach dem Westen laufen, leise und unauffällig. Aber das wissen Sie ja selbst."

„Es ist verdammt duster geworden", stellte Konrad fest.

„Noch ein paar Kilometer, dann sind wir daheeme, Sie ruhen sich eine Stunde aus und dann tigern wir los, allgemeine Marschrichtung West."

„Warum sind Sie, Herr Kasubeck, noch nicht rübergegangen?"

„Warum sollte ich? Hier ist meine Heimat, ich habe eine gute Arbeit, mein Haus, und wir fühlen uns wohl."

„Und politisch, zwackt es da nicht manchmal?"

„Wo zwackt es nicht? Wissen Sie, wir haben uns in den Verhältnissen hier eingerichtet und stellen keine großen Ansprüche, das tun die Harzer Leut sowieso nicht, und wenn es mal ganz dicke kommen sollte – kommt es nicht für uns. Wissen Sie, die Nazizeit und der Krieg, den die angefangen haben, war für uns eine Lehre."

„Sind Sie sicher, daß so etwas nicht wiederkommt?"

„Sicher, was ist schon sicher heutzutage, eines ist bestimmt sicher, die Nazis kommen nicht wieder, die sind den Bach runter, und so ganz nebenbei, was die da drüben im Westen tun, ich weiß nicht, so großartig ist das auch nicht."

Konrad lachte spöttisch: „Nein, großartig ist es wirklich nicht, aber doch freier, denke ich. Und was meinen Sie zu unserem Verhalten?"

„Ja, wenn Sie mich schon fragen: Gut finde ich es nicht, und ich hätte auch nicht geholfen, wenn Sie es nicht wären."

„Der Offizier, der ungeniert lachen konnte, der von der angenehmen Sorte."

„Ja, ja, so ist es."

„Wie Sie sagten, haben Sie auch schon anderen geholfen."

„Ja, das habe ich."

„Republikflucht ist ein strafbares Delikt, mein Lieber, ich bekomme langsam Skrupel."

„Brauchen Sie nicht, das nehme ich auf meine Kappe, aber da sind wir schon."

Kasubeck gab Lichtzeichen, bog nach links ab, fuhr an einem Teich vorbei und hielt vor einem Einfamilienhaus. Bevor Konrad seinen Mantel vom Rücksitz genommen hatte, kam Ulrich aus dem Haus gestürzt: „Vati, wo bleibst du nur, wir warten schon auf dich!"

„Na, dann wollen wir schnell reingehen, Uli."

Charlotte stand an der Tür und begrüßte ihn: „Ist alles gut gegangen, Rolf?"

„Ja, alles nach Plan." Er blickte auf seine Armbanduhr: „Es ist neunzehn Uhr, ich denke, wir können in einer Stunde."

Frau Kasubeck, eine schlanke, blonde Frau, dreißig Jahre könnte sie sein, trat auf ihn zu: „Guten Abend, Herr Konrad, seien Sie herzlich willkommen. Wenn Sie abgelegt haben, können wir gleich essen, ich brauch' den Tee nur überzubrühen."

„Machen Sie sich unseretwegen keine großen Umstände, Frau Kasubeck."

„Sind keine, Herr Konrad."

Kasubeck trat ebenfalls ins Wohnzimmer, an dessen Seite ein Abendbrottisch gedeckt war. Er übernahm Hut und Mantel Konrads und hängte sie in den Flur.

„Tun Sie so, als wären Sie zu Hause."

„Vielen Dank, Frau Kasubeck."

Er sah Charlotte an: „Wie ging es bei euch auf der Fahrt?"

„Ohne Probleme, Rolf, auch mit Uli."

„Das freut mich."

„Hier ist der Tee, bitte langen Sie zu und guten Appetit."

Sie setzten sich ohne weitere Umstände und griffen zu.

Nach einer geraumen Zeit blickte Konrad Kasubeck an und schüttelte den Kopf: „Ehrlich gestanden, Herr Kasubeck, wenn uns vor rund zehn Jahren gesagt worden wäre, daß wir unter den Umständen einmal zu Tisch sitzen und Abendbrot essen würden, dann hätten wir schallend gelacht und uns an den Kopf getippt."

„Das glaube ich auch, wir hätten ihn für geisteskrank erklärt, vor allem, wenn man die Umstände betrachtet."

„An die Umstände darf ich überhaupt nicht denken. Hinter uns haben wir das Hängen und Würgen von einer Notsituation in die andere, und wir dürfen uns glücklich schätzen, daß es nicht noch mehr war – und was haben wir jetzt vor uns?"

„Vielleicht geht es drüben besser, als Sie denken."

„Vielen Dank, daß Sie uns trösten wollen, Frau Kasubeck, aber für uns geht es hier nicht weiter. Vielleicht in einem anderen Beruf, in meinem geht es leider nicht. Ich sehe nirgendwo eine Alternative, und es ist auch nur ein schwacher Trost, daß tagtäglich 200–300 über Berlin nach dem Westen gehen. Übrigens, wie der Staat das auf die Dauer verkraften will, das ist mir schleierhaft." Er blickte entschuldigend zu Kasubeck: „Natürlich sind das nicht mehr unsere Sorgen, aber die Schuld, daß es dazu kommen konnte, die haben wir auch drüben zu tragen, die werden wir nie wieder los."

Er sah auf die Uhr: „Ich glaube, wir müssen auch aufbrechen. Was meinen Sie, Herr Kasubeck?"

„Gut, ich hole noch mal schnell die Karte, daß Sie sich die Strecke ansehen können." Er ging in ein Nebenzimmer und breitete die Karte von Ilsenburg und Umgebung auf dem Rauchtisch aus.

„Sehen Sie, wir müssen südlich vom Saatberg in das Tuchfeldstal, da gehen wir etwas nach dem Süden und zwischen diesen beiden Jagen nach dem Westen, bis dahin, hier verlasse ich Sie und Sie gehen dann weiter die große Kurve. In der Mitte der Kurve müssen Sie quer durch die fünf Jagen zu diesem Waldweg, auf dem die Streifen gehen, Sie warten die Streife ab und gehen rüber zum Eckertal, das parallel zum Waldweg verläuft. Da müssen Sie über die Grenze."

„Ist da ein Grenzzaun?"

„Vor einem halben Jahr war noch keiner an der Stelle errichtet, was nicht ausschließt, daß zwischenzeitlich einer da ist. Dann müssen Sie vor Ort entscheiden: drüber oder eine freie Stelle suchen."

„Ja, das leuchtet mir ein."

Kasubeck blickte kurz zur Tür hinaus: „Der Regen hat nachgelassen, ziehen Sie trotzdem Ihr Regen-Cape über."

Ulrich sah etwas hilflos und unsicher zu seinen Eltern: „Wo geht es hin, Vati?"

Charlotte tätschelte ihm die Wange: „Aber das habe ich dir doch schon erklärt, Uli, wir müssen zu Fuß durch den Wald."

„Im Dunkel?"

„Kleiner, du brauchst keine Angst zu haben, wir nehmen dich in die Mitte, und es dauert auch nicht lange, dann sind wir drüben."

Konrad wandte sich an Frau Kasubeck: „So, Frau Kasubeck, wir sind Ihnen für Ihre Gastfreundschaft sehr dankbar und werden von uns hörenlassen."

„War gern geschehen, Herr Konrad. Ich wünsche Ihnen Glück und einen guten Start, ich drücke Ihnen den Daumen."

„Herzlichen Dank." Charlotte und Uli verabschiedeten sich von ihr und gingen zu den Männern, die am Gartentor warteten.

Kasubeck dämpfte die Stimme: „Wir müssen hintereinander gehen, ich gehe voraus, dann Sie, Frau Konrad, mit dem Jungen und Sie am Schluß, Herr Konrad."

„Ich habe mir eine Taschenlampe eingesteckt."

„Die lassen Sie lieber stecken, Frau Konrad", flüsterte Kasubeck und ging über die Straße und eine freie Fläche in den Wald in westlicher Richtung zwischen zwei Jagen. Nach einer kleinen Strecke drehte sich Kasubeck um: „Drehen Sie sich alle hundert bis zweihundert Meter um und achten Sie auf Geräusche."

Rechts von ihnen war ganz schwach die Silhouette eines Berges wahrzunehmen. Nach zwei-, dreihundert Metern blieb Kasubeck stehen: „Hier ist das Tuchfeldstal. Wir gehen jetzt zweihundert Meter nach links. Hier zwischen den beiden Jagen müssen wir wieder direkt die westliche Richtung gehen."

Die Tannen rechts und links ihres Weges waren kaum wahrzunehmen. Langsam, für Rolf Konrad zu langsam, ging es voran. Kasubeck blieb immer nach hundert Metern stehen und lauschte aufmerksam.

Ungefähr 500 Meter hinter dem Tuchfeldstal wartete er.

„So, bis hierher habe ich Sie gebracht", flüsterte er, „jetzt müssen Sie allein weiter, folgen Sie dem Weg, der eine Kurve macht, in der Mitte der Kurve gehen Sie quer durch fünf Jagen in westlicher Richtung und stoßen am Waldrand auf einen größeren Waldweg, der vom Süden kommt und nach dem Norden führt. Über diesen freien Streifen müssen Sie rüber, sehr schnell und leise, auf der anderen Seite ist das Eckertal. Auf dem etwas breiteren Waldweg gehen die Streifen, die nächste müßte bald kommen. Leise müssen Sie sein, unbedingt leise. Zu sehen ist wenig, Sie müssen sich mehr aufs Hören verlassen und lieber langsam voran, dafür aber sicher. So, das wär's. Wenn Sie drüben sind, lassen Sie von sich hören und viel Glück für den Start drüben."

Er sah kurz zur Uhr und verschwand in der Dunkelheit. Konrad horchte aufmerksam in die Runde, nichts war zu hören.

Uli drückte sich ängstlich an die Eltern: „Es ist so dunkel."

„Wir sind doch bei dir, Uli. Ich gehe voran, Mutti folgt mit dir."

Vorsichtig gingen sie weiter in westlicher Richtung, Rolf und Charlotte mit Uli an der Hand, blieben ab und zu stehen, horchten, blickten in das schwarze dunkle Niemandsland. In der Mitte der Kurve blieb Rolf stehen: „Hier müssen wir quer durch den rechten Jagen, dann treffen wir auf den zweiten, dritten, vierten und fünften", flüsterte er, „bleibt dicht hinter mir."

Es wurde noch schwieriger voranzukommen, die Grenzen der einzelnen Jagen waren in der Dunkelheit kaum zu erkennen, daß Konrad mehr auf Verdacht in die westliche Richtung gehen mußte. Immer wieder blieb er stehen, horchte angestrengt und versuchte sich zu orientieren, schließlich sah er, schwach erkennbar, den Waldweg. Da! Das müßte er sein! Der Waldweg, der parallel zur Ecker vom Süden nach dem Norden verläuft. Erleichtert atmete er auf.

„Das ist der Weg", flüsterte er Charlotte zu, „gehen wir vorsichtig auf ihn runter – siehst du ihn?"

„Ja", gab sie zurück, doch ehe sie weitersprechen konnte, hörten sie Stimmen.

„Die Streife!" Rolf drückte sich mit Charlotte und Ulrich in den Schutz der nächsten Fichte und wartete atemlos, bis die Streife nicht mehr zu hören war. Vorsichtig tastete er sich mit Charlotte und Uli an den Waldweg heran, verharrte einen Augenblick, horchte angestrengt – es blieb ruhig. Die sind weg, dachte er erleichtert, sah noch mal in die Richtung und wartete: Da war nichts mehr zu sehen und zu hören.

„Kommt schnell!" rief er leise und trat vorsichtig auf den Waldweg, sah noch mal in die Richtung, in die die Grenzer verschwunden waren, dann schob er sich in die mannshohen Fichten der anderen Seite des Weges, dahinter mußte die Grenze liegen – nur 50 Meter entfernt.

„Halt – wer da?" – von links kam der Ruf. Dann lauter: „Da sind Flüchtlinge, Kurt! – stehenbleiben! Bleiben Sie stehen – ich schieße!"

Rolf Konrad erstarrte: „Also doch! Charlotte, Uli – kommt her!"

„Rolf, wo bist du – wo?" angstvoll rief sie nach ihm, der sich hastig durch die Fichten zwängte.

„Rolf! – Rolf!" sie schien in die nördliche Richtung zu laufen.

„Bleiben Sie stehen, verdammt noch mal! Kurt, die will abhauen! Mensch, bleiben Sie stehen, ich schieße – bleiben Sie stehen!"

Ein Schuß fiel – und gleich ein zweiter – ein dumpfer Fall. Ein Schrei: „Mutti – Mutti!"

Rolf schrie: „Charlotte – ich komme – ich komme!"

Er stürzte durch die Fichten hindurch und stand auf dem Waldweg.

Der zweite Posten schrie ihn an: „Bleiben Sie stehen, ich schieße!" Ulis Angstschreie gellten durch den Wald. Rolf sah Charlotte liegen, hörte Ulis Schreie: „Vati! Vati! Mutti!" und stürzte hinüber.

„Bleiben Sie stehen!" brüllte der Grenzer, „ich schieße!"

Er retirierte mit erhobener MPi. Sein Kamerad schrie ebenfalls von hinten: „Stehenbleiben – geben Sie auf, bleiben Sie stehen, ich schieße!"

Rolf sah Charlotte liegen, stürzte in ohnmächtiger Wut auf den Grenzer, der andere Grenzer schrie: „Bleib stehen, verdammter Kerl, ich schieße!"

Rolf lief weiter und brüllte in ohnmächtiger Wut: „Ich bringe dich um, ich bringe dich um, du elendes Schwein!"

Er hörte keine Warnung, sah Charlotte am Boden – „Ich bringe dich um, du elendes Schwein!" Zwei Schüsse fielen.

Rolf Konrad brach sofort zusammen.

Die beiden Grenzer blieben stehen und senkten die Waffen – Rolf lag regungslos neben seiner Frau. Uli stürzte sich mit hilflosen Schreien zu ihnen.

Die Grenzsoldaten verharrten einen Augenblick, dann sah der Gefreite Bahrendt den Unteroffizier Becker an: „Ich habe ihr doch zugerufen, daß ich schieße, schießen muß – verdammter Mist – ich konnte doch nicht anders!"

Unteroffizier Becker kam langsam und betreten näher: „Ich doch auch, Karl, der hätte dich doch glatt umgebracht, wenn ich nicht geschossen hätte."

„Ja, war völlig durchgedreht. Guck doch mal, ob sie noch leben", ehe sich der Unteroffizier bücken konnte, sprang Uli an ihm hoch und schlug besinnungslos auf ihn ein.

„Du hast sie erschossen, du Schwein, du Schwein!"

Unteroffizier Becker packte ihn an den Händen: „Nun hör schon auf, du Giftzwerg, das haben wir nicht gewollt. Halte ihn fest, Karl!" und beugte sich zu den beiden hinunter. „Mensch, da ist nichts mehr zu machen, die sind tot. Ach du verdammte Scheiße! Er hat einen Kopf- und Halsschuß", und drehte Charlotte um: „.... die einen Herzschuß. Da ist nichts mehr zu machen, Menschenskinder, das ist doch ein Malheur!"

Uli riß sich wieder los und stürzte auf seine Eltern. Hysterisch und fast besinnungslos schrie er: „Ihr habt sie umgebracht – was haben sie euch denn getan!"

„Mensch Junge, töt uns nicht den Nerv, das haben wir nicht aus Vergnügen gemacht, du kleine Rotznase. Hier darf niemand durch, das weiß doch jeder. Ach, was soll das ganze Theater. Karl, geh mal an die Alarmstelle und ruf den Stützpunkt an. Melde den Vorfall, die sollen die beiden und den Jungen abholen. Mach schnell. Mein Gott, wird das wieder 'ne Aufregung geben!"

„Wir haben doch nur unsere Pflicht getan, Kurt, da kann uns keiner."

„Ja, ja, das ist klar. Nun mach schon. Der Notruf ist ungefähr zweihundert Meter weiter auf der rechten Seite."

„Ich weiß Bescheid."

Der Grenzer machte kehrt und ging in schnellen Schritten zum Notruf, sein Kamerad setzte sich an den Wegrand und sah zum Jungen, der wimmernd bei seinen Eltern lag. Er hatte nichts begriffen, nichts verstanden – als nur das eine, daß seine Eltern totgeschossen auf dem Weg lagen, eine Katastrophe, die nicht zu begreifen war, nicht von dem hilflos weinenden Jungen.

Unteroffizier Becker blickte verlegen zu ihm hinüber, der da verständnislos „Vati und Mutti" wimmerte und nichts verstand, nichts verstehen konnte.

Becker war formal alles klar – und trotzdem fühlte er sich verlegen und unsicher. „Ein Grenzübertritt muß mit allen Mitteln verhindert werden!" Hundertmal war es eingebleut worden. Republikflucht ist strafbar – aber die beiden da, haben sie etwas Strafbares begangen? Die wollten über die Grenze, und er wollte Karl umbringen und hätte es auch getan, wenn ich nicht geschossen hätte – hätte. Aber sie, die kleine Frau da? Ein verdammt blödes Kommando ist das hier!

Er horchte nach rechts. Karl kommt, stellte er fest und stand auf. Weiter hinten blitzten Scheinwerfer durchs Dunkel. Haben sich diesmal rangehalten, stellte er fest.

„Kurt, wo bist du?"

„Na, wo schon, Mensch!"

Er ging ihm entgegen. „Da hinten kommen sie schon."

Karl wandte sich um: „Tatsächlich, jetzt geht's Affentheater los: „Konntet ihr nicht – und warum habt ihr nicht – du wirst schon sehen!"

Ein Kübelwagen und ein Schnelltransporter blendeten kurz vor ihnen auf und blieben stehen.

Ein Offizier sprang heraus, von zwei anderen Dienstgraden begleitet. Unteroffizier Becker wollte das „Besondere Vorkommnis" melden …

„Geschenkt – geschenkt, wo sind sie?"

„Da, Genosse Oberleutnant!" Er führte ihn zu den beiden Toten.

Uli richtete sich auf und schrie: „Ihr habt sie umgebracht, ihr Schweine – Schweine!" Der Oberleutnant drehte sich ärgerlich um: „Sie haben nicht gemeldet, daß noch ein Kind da ist, warum nicht, verdammt noch mal!"

Uli sprang auf: „Ihr seid Mörder – Mörder! Ihr habt sie totgeschossen!"

„Unteroffizier Becker, schaffen sie ihn weg, los, los, machen Sie schon!"

Uli wehrte sich mit Händen und Füßen, schlug wild um sich und schrie:

„Mörder! Mörder!"

Wütend herrschte der Offizier den Unteroffizier an: „Wird's bald!"

Der andere Streifenposten griff zu, und sie trugen Uli zum Transporter und sperrten ihn ein. Der Oberleutnant beugte sich zu den Toten und leuchtete sie mit einer Stablampe an: „Kopf und Hals bei dem Mann, und die Frau", er drehte Charlotte um, „ein Herzschuß. Die waren sofort tot – verdammter Mist, ging das nicht anders?"

Er winkte ab: „War nur 'ne rhetorische Frage. Haben Sie die Papiere?"

„Nein, nicht, Genosse Oberleutnant."

Der Grenzoffizier tastete die Brusttasche Rolfs ab: „Ach, da sind sie", und richtete sich auf: „Regisseur und Schauspieler Rolf Konrad – und sie: Charlotte Konrad, Halle/Saale, Fleischmannstraße 8."

„Die sind vom Theater!" Unteroffizier Becker schüttelte den Kopf: „Warum wollen die denn rüber, versteh' ich nicht, denen geht es doch bei uns gut!"

„Ja, sollte man meinen", stimmte der Oberleutnant zu, steckte die Papiere ein: „So, schafft sie zum Stützpunkt und überlegt, was ihr aussagen wollt."

„Die Wahrheit, Genosse Oberleutnant, die Wahrheit: Die Frau ist nicht stehengeblieben, der Gefreite Bahrendt hat einen Warnschuß abgegeben – „Nein, zwei, weil ich schon entsichert hatte, löste sich der erste Schuß."

„... und erst der zweite ging in die Luft", ergänzte der Oberleutnant, „war es so?"

„Allerdings, Genosse Oberleutnant."

„Haben Sie gepennt, Mensch! – Und der Mann?"

„Stürzte sich wie ein Wilder auf den Genossen Bahrendt", meldete Unteroffizier Becker, „und wollte ihn umbringen. Da habe ich geschossen. Das war glatte Notwehr. Das kann ich beeiden. – Karl", er wandte sich an seinen Kameraden, „so war es doch."

„Jawohl, Genosse Oberleutnant, der hätte mich glatt umgebracht!"

„Dann bleibt bei euren Aussagen: die Frau durch einen unglücklichen Zufall beim Warnschuß und der Mann aus Notwehr. Aber bleibt bei der Aussage. Schafft sie in den Transporter." – Seine Begleitung und die beiden der Streife trugen die Toten zum Transporter, wo Ulrich sich ängstlich in einer Ecke verbarg. Als die toten Eltern zugeladen wurden, stürzte er schreiend zu ihnen und klammerte sich an ihnen fest.

Der Fahrer schloß den Wagen, die Streifenposten salutierten dem Oberleutnant und gingen ihre Streife weiter in südliche Richtung. Der Oberleutnant wendete den Kübelwagen und fuhr zum Stützpunkt zurück.

Am 15. Oktober 1953 meldete der Norddeutsche Rundfunk, daß in der Nacht vom 13. zum 14. Oktober im Grenzbereichskommando Braunschweig ein Grenzübertritt bei Bad Harzburg gescheitert sein muß. Die Grenzbeamten hörten Schreie eines Kindes und mehrere Schüsse. Fahrzeuge brachten danach Personen nach hinten.